ভগবদ্গীতা থেকে শিখুন সফলতার সূত্র

ডাঃ কপিল কক্কড়

ডায়মণ্ড বুক্স

প্রকাশক ঃ ডায়মণ্ড বুক্স *(প্রা.)* লিমিটেড
X - 30, ওখলা ইণ্ডাস্ট্রিয়াল এরিয়া, ফেজ - II
নূতন দিল্লী - 110 020
ফোন ঃ 011- 40712200
ই-মেল ঃ sales@dpb.in
ওয়েবসাইট ঃ www.diamondbook.in

BHAGWATGITA THEKE SIKHUN SAFALTAR SUTRA (BENGALI)
by : Dr. Kapil Kakkar

উৎসর্গ

এই পুস্তকটি সেই

ঈশ্বর

কে উৎসর্গ করা যিনি এটা আমার এবং আমার

মা

স্বর্গীয় শ্রীমতি সরিতা কক্কড়

কে দিয়ে লিখিয়েছেন। এর সাথেই আমি আমার

পিতা বোন এবং স্ত্রীকেও

তাঁদের সম্পূর্ণ সাহায্যের জন্য

ধন্যবাদ দিতে চাই।

প্রস্তাবনা

যখন আমি এই বই লিখেছিলাম, তখন কল্পনা পর্যন্ত করতে পারিনি যে এত অল্প সময়ে এটা এতটা জনপ্রিয় হয়ে যাবে, এই কথাটি আমাকে আরো বিস্মিত করে দেয়। যখন লোকেরা এটা পড়ার পর, আমার অফিসে এর পাঁচ থেকে দশটি কপি কেনার জন্য আসতে থাকে। জিজ্ঞাসা করার পর সবাই প্রায়ঃ একই উত্তর দেয়, "বইটি তাঁদের খুবই প্রভাবিত করেছে কেননা এটা তাঁদের প্রারম্ভিক ধ্যান-ধারনা তথা বিশ্বাসগুলিকে চেলেঞ্জ দেওয়ার সাথে সেই সব কথাগুলি সম্পর্কে সচেতন করেছে বিষয়ে তারা এখন পর্যন্ত জানতেন না, এখন তাঁরা এই জ্ঞানকে নিজের প্রিয়জনের সাথে আলোচনা করতে চাইছিলেন।"

এটা আমাকে অধ্যায়গুলিতে নতুন সামগ্রী যুক্ত করার সাথে সাথে 'রহস্যউদ্‌ঘাটন' নামক অধ্যায় কে যুক্ত করার জন্য ও উৎসাহিত করে। এই নতুন অধ্যায় দেখিয়ে দিচেছ যে আমরা নিজের মন ও সৃজনশীলতাকে কেমন করে আরো প্রখর করতে পারি এটা মস্তিস্কের কার্য্যের ওপর আলোকপাত করছে তার সাথেই এতে যুগের গণনাও দেওয়া হয়েছে কেননা বেশী ভাগ লোকের মত হচেছ যে আমরা কলিযুগে আছি। এই পুস্তকের বিষয় বস্তু এমন আছে যা মহান ঐতিহাসিক মহাকাব্য ও আমাদের জীবনের মধ্য পত্যক্ষ সম্পর্ক স্হাপন করছে। এটা আমাদের বর্তমান জীবনের জটিল সুবিধাগুলির উত্তর খুঁজে বের করতে সাহায্য করছে।

ভগবদ্‌গীতা বিবেক, বুদ্ধি ও প্রভার এমন গ্রন্থ, যেটায় সমস্ত বেদ ও সম্মিলিত হয়ে আছে। এটা এক এমনই পুস্তক যা লক্ষ লক্ষ লোক পাঠ করেছে এবং কোটি কোটি লোক এ সম্পর্কে শুনেছে। যদিও শ্রীমদ্ভাগবদের প্রতিটি উধৃতি আমাদের জীবনের সাথে যুক্ত কিন্তু আমি সেই পাঠ বাছাই করেছি, যেটা সহজেই জীবনের সাথে কার্যকরী করা যায়। এখন তো মনৌবিজ্ঞান ও ন্যূরোলজি যথেস্ট উন্নতি করেছে, কিন্তু আপনি এটা দেখে আশ্চর্য্য হবেন যে ভগবদ্‌গীতা বর্তমান জীবন তথা মানব মনোবৃত্তির মাঝে কেমন প্রাকৃতিক মেলবন্ধন।

প্রসঙ্গ

এক ধনী কৃষক এক যুবককে কাজে রেখে নেয়। সেই ব্যক্তিটিকে প্রতিদিন পাঁচটি বৃক্ষ কাটতে হতো। প্রথম দিনের কাজের পর যুবকটি দেখল যে সে ছয়খানি বৃক্ষ কেটে ফেলেছে, যা তার লক্ষ্যের চাইতে বেশী ছিল। সে খুবই খুশি হয় এবং মালিকের কাছে নিজের উপলব্ধি বয়ান করার লোভ সামলাতে পারে না। সে মালিকের কাছে নিজের কৃতত্ব প্রকাশ করে। সে মালিকের কাছে প্রতিশ্রুতি দেয় যে আগামী দিনে সে বেশী বেশী বৃক্ষ কেটে ফেলবে।

পরের দিন, খুবই আশা এবং উৎসাহের সাথে বৃক্ষ কাটতে শুরু করে কিন্তু দিনের শেষে সে দেখতে পায় যে সে কেবল পাঁচখানি বৃক্ষই কাটতে পেরেছে। সে নিজেকে সান্তনা দেয় যে মনে হচ্ছে আজ তার দিন ভাল ছিল না। কালকে সে সত্যি সত্যি সাতখানি বৃক্ষ কেটে ফেলবে। পরের দিন যখন সে চারটে বৃক্ষের বেশী কাটতে না পারার দরুন সে আশ্চর্য্য হয়ে যায় সে দিনে দিনে পরিশ্রম করা সত্ত্বেও বৃক্ষের সংখ্যা কমে আসছিল। সে হতাশ হয়ে মালিকের কাছে যায় এবং সমস্ত কথা বলে। মালিক তাকে জিজ্ঞাসা করে যে, তুমি শেষবার কবে নিজের কুড়ুলে সান দিয়ে ছিলে ?

বর্তমান প্রতিদ্বন্দ্বিতাগুলি

আমাদের ও মাঝে মধ্যে এ ধরনের চেলেঞ্জগুলির মুখোমুখী হতে হয়, যখন কঠিন পরিশ্রম করা সত্ত্বেও বাঞ্চিত ফলাফল দেখা যায় না। আমরা বাধ্য হয়ে এটাই চিন্তা করতে থাকি যে আমাদের সাথে এসব কেন হচ্ছে। আমরা মাঝে মধ্যে সমস্যা কে নিয়ে স্হির হয়ে যায় এবং ভুলে যাই যে সমাধান ও আত্মনিরীক্ষণই জীবনের চেলেঞ্জগুলির তালা খোলার চাবিকাঠি।

প্রতিটি ফেলে আসা দিনগুলির সাথে সাথে জীবন ও অনেকটা কুহেলিকা হয়ে যায় কেননা এটা নিজের সাথে পুরস্কার ও চেলেঞ্জ দুটোই সঙ্গে করে আনে। আমরা মানুষরা যতই বুদ্ধিমান ও অভিজ্ঞ হলেও, এই সম্ভাবিত কিন্তু রহস্যময়ী প্রকৃতির সামনে বিবশ হয়ে যাই। আমাদের প্রতিক্ষনে চেলেঞ্জগুলির মুখোমুখী হতে হয় এবং আমরা তা কাটিয়ে ওঠার জন্য অথক প্রয়াসে লেগে থাকি। আমরা সব রকম বাধার মুখোমুখী হবার জন্য তৈরী থাকি যাতে নিজের পরিবারের সদস্যদের বাঞ্চিত সুখ-সুবিধা দিতে পারি।

সম্ভবতঃ আমরা সব রকম বাধা কে কাটিয়ে ওঠার মনোভাবও

পোষন করি, কিন্তু কখনো কখনো এমনও সময় আসে যখন আমাদের কিছু বিচিত্র প্রশ্ন ঘিরে ধরে যে জীবনকে কি ভাবে চলা উচিত অথবা কোন নিশ্চিত পদ্ধতি দ্বারা কেন চলা উচিত। আমরা নিজের জীবনকে সুচারুভাবে চালনা করার লোভে ভুল পদ্ধতি অবলম্বন করে থাকি এবং কখনো কখনো তো নিজের মুল্যবোধকে বাজী লাগিয়ে দি, ফলে আমরা দুস্ট হয়ে যাই এবং নিজের কর্মের ওপর আফসোস করা ছাড়া কিছুই পাইনা।

অর্জুনের ধর্মসংকট

মহারাজ পাণ্ডুর পুত্র অর্জুন, কুরুক্ষেত্রের রনভূমিতে যুদ্ধের জন্য তৈরী ছিলেন, কিন্তু তিনি যুদ্ধের দুই পক্ষের মাঝে দাঁড়ানো নিজের পিতামহ গুরুজন, মামা, ভাই ভাইপো, বন্ধু, শ্বশুর ও শুভচিন্তকদের দেখেন তখন তাঁর মন দ্বিধাগ্রস্হ হয়ে যায়। নিজের পরিবারজন, মিত্র ও আত্নীয়দের দেখার পর তিনি করুনা তথা দয়ায় বিগলিত হয়ে যান।

নিজেকে এমন এক অবস্হায় দাঁড়ানো দেখে যেটার তিনি কল্পনা পর্যন্ত করতে পারেননি। তাঁকে নিজের লোকজনদের সাথেই যুদ্ধ করতে হতো। তিনি তাঁদেরই আর্শিবাদের দ্বারা বড় হয়ে ছিলেন তাঁদেরই সাথে কেমন করে যুদ্ধ করতেন। এটা ভাবতেই তিনি মানসিকভাবে ভেঙ্গে ? পড়েন যে যেসব ব্যক্তিরা তাঁকে ধনুক-বান চালাতে শিক্ষা দিয়েছিলেন, আজ তাঁকে তাঁদেরই ওপর ধনুকের দ্বারা আক্রমণ করতে হবে। তিনিসেই বিচিত্র অবস্হায় দ্বিধাগ্রস্ত হয়ে দাঁড়িয়েছিলেন তিনি বুঝতে পারছিলেন না যে কোথায় যাবেন কি করবেন। তিনি এই বিষয়ে করো কাছ থেকে কোন আশ্বাশন পাচিছলেন না যে তাঁকে এসব কেন করতে হবে।

প্রথম অধ্যায়ের 28তম লোকে অর্জুন বলছেন, আমার প্রিয় কৃষ্ণ, নিজেরই বন্ধু বান্ধবদের তথা মিত্রদের নিজের সম্মুখে যুদ্ধের ? করার জন্য প্রস্তুত দেখে আমার শরীর কাঁপছে এবং গলা শুকিয়ে আসছে।'

প্রথম অধ্যায়ের 29তম শ্লোকে অর্জুন বলছেন, 'আমায় সম্পূর্ণ শরীর কাঁপছে, আমার লোম দাঁড়িয়ে গেছে, গাণ্ডীব ধনুক আমার হাত থেকে ফসকে যাচেছ এবং আমার ত্বচা জ্বলছে।'

প্রথম অধ্যায়ের 29তম শ্লোকে অর্জুন বলছেন, 'আমি এখানে বেশীক্ষণ পর্যন্ত দাঁড়িয়ে থাকতে পারব না। আমি নিজেক ভুলে গেছি এবং আমার মস্তিস্ক ঘুরছে। হে, কৃষ্ণ, কেসরী রাক্ষসের বধকর্তা, আমি তো কেবল এই দুভার্গ্যের কারণগুলিকে দেখছি।'

প্রথম অধ্যায়ের (37-38) শ্লোকে অর্জুন আরো বলছেন, 'হে জনার্ধন, যদিও এসব মানুষরা লোভে গ্রস্থ, এরা মিত্রদের সাথে লড়তে কিংবা করেও পরিবারকে হত্যা করতে পিছপা হয়না, কিন্তু আমি কোন পরিবারকে নষ্ট করা পাপ জানা সত্ত্বেও, এই পাপ কর্মে কেন রত থাকা উচিত ?'

আজ আমরা তিন প্রকারের রনক্ষেত্রে আছি, সবার আগে তো আমরা নিজের সঙ্গেই লড়ছি এবং জানতে চাইছি যে আমরা কে, আমাদের কি করা উচিত, কোনটা ঠিক, কোনটা ভূল, দ্বিতীয় আমরা আসে-পাশের লোকজনদের সাথে সংগ্রামেরত যাতে তাঁকে বলতে পারি যে আমরা যা কিছু চিন্তাকরছি, সেটা সঠিক এবং ভালো কেন। তৃতীয় আমরা ভৌতিক বস্তুগুলির জন্য সংগ্রামেরত এই পিপাসা কেবল এই জন্য নয় যে আমাদের সেগুলি চাই বরং এজন্যও যে অন্যের কাছে সেই সবগুলি আছে। এই পুস্তক সেই সব অস্পষ্টাগুলির ওপরে ও আলোকপাত করছে, যে গুলির সাথে আমরা সময়ে-সময়ে মুখোমুখি হই।

অর্জুন একজন ধীর গম্ভীর ও সৎ ব্যক্তি ছিলেন, যিনি নিজের আত্মীয়দের শত্রুতা সম্পর্কে জানার পর ও নিজের রাজকীয় অধিকার ও ভৌতিক নাম পর্যন্ত ছাড়ার জন্য তৈরী ছিলেন যাতে তাঁকে তাঁদের সাথে যুদ্ধ করতে না হয়। ভগবান কৃষ্ণ খুবই ধর্য্যের সাথে তার মনের সমস্ত জটগুলিকে সমাধান করছেন এবং তার কতর্ব্যের দিকেও অঙ্গুলি নির্দেশ করছেন।

কৃষ্ণ–প্রত্যেকের পরামর্শদাতা

বর্তমান যুগে, আমাদের মনের জটিলতাগুলির সমাধানের জন্য কৃষ্ণ আমাদের সঙ্গে নেই কিন্তু আমরা একলা ও অসহায় ও নই। **গীতার দশম-অধ্যায়ের 20তম শ্লোকে প্রভু বলছেন, 'আমিই সেই মহান আত্মা যা প্রতিটি জীবিত প্রাণীর হৃদয়ে বাস করছে। আমিই হচ্ছি সমস্ত জীবের শুরু মধ্য ও শেষ।'**

আজ আমাদের সবার মধ্যে এক অর্জুন আছে যে নিজের আসে-পাশে কোন কৃষ্ণ অথবা গুরুর খোঁজে আছে। আমরা অবচেতন রূপে কোন এমন ব্যক্তির খোঁজ করছি যে আমাদের অসুবিধার মধ্যে মার্গ দর্শনের সাথে সাথে আমাদের উৎপাদকতা ও ক্ষমতার বৃদ্ধি ঘটাতে পারে। আমাদের সবার সাথে কৃষ্ণই সেই পরামর্শদাতা যিনি সেই সত্যিকারের জ্ঞানের স্বামী, যার জোরে অজ্ঞানের অন্ধকারের নাশ হতে পারে। এ

ছাড়া আমাদের গবেষনা ও অন্যান্য বৈজ্ঞানিক অনুসন্ধানে ও তাঁর সহযোগিতা প্রাপ্ত হতে পারে।

আমাদের সবার মধ্যে ঈশ্বর বাস করেন, সুতরাং আমাদের নিজের সমস্যার সমাধানের জন্য, নিজের ভেতরই তাকাতে হবে এবং সেই সর্বোচ্চ সত্তার সামনে নিজের কর্মের ও পরিস্থিতিগুলির সম্পর্ন করার ও, লক্ষ্যের প্রতি সম্পূর্ণ নিষ্ঠার সাথে কাজ করতে হবে। লক্ষ্য স্থির করার পর তার প্রতি নিজের শ্রম ও নিষ্ঠা অর্পিত করা তো আবশ্যয়ক কিন্তু সেই সব ফলাফলের আশা করা ভুল, যার দাবীদার হয়তো আপনি নন। যদি আপনি সম্ভাবিত ফলাফলগুলির প্রতি চিন্তা করতে থাকবেন তখন না কেবল কাজের প্রক্রিয়া থেকে আপনার নজর সরে আসবে বরং আপনি এটাও ভুলে যাবেন যে আপনি কি পাবার যোগ্য এবং কি জিনিস আপনি পেতে পারেন না।

এই পুস্তকটি কি রূপে আপনাকে সাহায্য করছে। এটা গীতার সেই জ্ঞানকে সামনে নিয়ে আসছে যা জীবনকে বুঝতে সহায়ক হবে। তার সাথেই সেই সব মনোবৈজ্ঞানিক ও বৈজ্ঞানিক গবেষণার ওপরেও জোর দিচ্ছে যে অনুযাই আপনার মধ্যে যে কোন সমস্যার সমাধান অর্জিত করার ক্ষমতা লুকিয়ে আছে। এটা জানাও অনিবার্য্য যে সমস্যাগুলি ও অবস্থাগুলির সাথে কার্যকরী ভাবে কেমন ভাবে মুখোমুখি হওয়া যায় এবং এই পুস্তকটি আপনাকে না কেবল এই শিক্ষা দিচ্ছে যে আপনাকে কি করত হবে বরং এই শিক্ষা ও দিচ্ছে যে আপনাকে তা কি ভাবে করতে হবে।

লেখকীয়

এটা বলার অপেক্ষা রাখে না যে প্রতিটি লোক জীবনে অর্থ, সম্মান তথা সাফল্য চায়, কিন্তু খুবই কম লোক তা প্রাপ্ত করতে পারে। মানুষ এটা চিন্তা করতে বাধ্য হয়ে যায় যে সর্বশক্তিমান প্রভু অর্থ, আনন্দ, খুশি তথা সম্মান দেওয়ার সময় কৃপন কেন হয়ে যান। এই পুস্তকটির দ্বারা আপনি বৈজ্ঞানিক তথা আধ্যাত্মিক খোঁজ পেতে পারেন। এই আধ্যাত্মিক জ্ঞান শ্রীমদ্ভগবদ গীতা ভিত্তিক। আমি বিজ্ঞান তথা অধ্যাত্ম এর পার্থক্য কে কম করার প্রয়াস করেছি কেননা আমার ধারনা যে মানব বিজ্ঞান, আধ্যাত্মিক বিজ্ঞানের এক ছোট অংশ।

শ্রীমদ্ভগবদ গীতাই কেন ?

যেমনটি আপনারা সবাই জানেন যে ভারতীয় ধর্মগুলি তথা পুরানে বহু দেবী-দেবতাদের বিষয়ে জানা যায়, কিন্তু কোন ও দেবতাই সম্পূর্ণ সৃষ্টির সৃষ্টিকর্তা হবার ঘোষনা করেননি। এটা কেবল ভগবান শ্রীকৃষ্ণই বলেছেন। শ্রীমদ্ভগবদ গীতার শ্লোকগুলির অধ্যয়নে আপনি জানতে পারবেন যে, প্রভু না কেবল সচ্চা জ্ঞান প্রদান করেছেন বরং সম্পূর্ণ সৃষ্টির নিয়ন্তা হবার ও ঘোষনা করেছেন। এটা কোন ধার্মিক পুস্তক নয় কেননা ধর্ম তথা অধ্যাত্মে যথেস্ট পার্থক্য আছে। ধর্মকে মানুষ তৈরী করেছে কিন্তু অধ্যাত্ম তো প্রভুর অবদান।

প্রভু ভগবদ্গীতায় পরিস্কার ভাবে বলেছেন যে তিনি না তো পক্ষপাতি আর নই বা কৃপন। নবম অধ্যায়ের শ্লোক সংখ্যা 9এ তিনি বলেছেন, **'এই সমস্ত কর্ম আমাকে ধরে রাখতে পারে না। আমি এই সব ভৌতিক গতিবিধি থেকে অনাসক্ত।'** আপনি জিজ্ঞাসা করতে পারেন যে যদি প্রভু পক্ষপাতি নয় তাহলে জগতে কিছু লোক ধনী অথবা গরীব কেন ?

বিগত জীবনের কর্মের ভিত্তিতেই মানুষ বিভিন্ন বাতাবরণে জম্ম নেয়, কিন্তু যদি আমরা প্রকৃতির নিয়মগুলির পালন করি তাহলে অবশ্যই সফল হব, আমাদের জম্ম যেখানেই হোক না কেন।

একজন মানুষ অন্যের তুলনায় কঠিন পরিশ্রম করে থাকতে পারে

সম্ভবতঃ তাই সে ভালো ফলাফল পেয়েছে।

মস্তিস্কের দ্বারা নির্গত চিন্তাগুলিকে মুর্তরূপ দিয়ে আমরা বাঞ্চিত ফলাফল অর্জিত করতে পারি। এই পুস্তকটিতে আপনি মস্তিস্কের বৈজ্ঞানিক অংশ তথা শ্রীকৃষ্ণের বানীগুলি সম্পর্কে জানতে পারবেন। এই পুস্তকটিতে সম্মিলিত সমস্ত বিষয় জীবনভিত্তিক। যদি আপনার আধারই দূর্বল তাহলে প্রার্থনায় ও কোন কিছু হবে না।

সমস্ত বয়শ্রেণীর জন্য লেখা এই পুস্তকটি ছাত্রদের জন্য বিশেষ উপযোগী কেননা এর দ্বারা তাঁদের ব্যক্তিত্বের বিকাশ হবে তথা উত্তেজনা ও কমে আসবে। চেলেঞ্জযুক্ত কার্য, রাজনীতি, কাজের ফলে উত্তেজনা তথা মানসিক ভাবে পরিশান্ত ব্যক্তিদের জন্যও এটা সহায়ক প্রমানিত হবে। এই পুস্তকটি সেই সব গৃহনীদের জন্য লেখা হয়েছে যারা অসন্তুস্ট, উত্তেজনাপূর্ণ উপেক্ষিত তথা কাজর অতিরিক্ত বোঝার ফলে ভীত হয়ে থাকেন।

আমি শ্রীমতি রচনা ভোলা 'যামিনী'র পক্ষে নিজের কৃতজ্ঞতা জ্ঞাপন করছি যিনি এই পুস্তকটিকে বাংলা পাঠকদের জন্য প্রস্তুত করতে আমাকে সাহায্য যুগিয়েছেন।

কপিল কক্কড়

অনুক্রমনিকা

অধ্যায় 1

রহস্যোদঘাটন

বিভিন্ন দেশ জয় করার পর যখন সিকান্দার ফিরছিলো, তখন ফেরার সময় তার অবস্হা হঠাৎ খারাপ হয়ে যায় এবং সে মৃত্যুর দোড় গোড়ায় পৌঁছে যায়। মৃত্যুর মুখোমুখি হয়ে হঠাৎ যেন তাঁর সমস্ত উপলব্ধিগুলি সম্পদ ও জয় নিরর্থক হয়ে যায় এবার সে যে কোন ভাবে নিজের মায়ের কাছে বাড়ীতে পৌঁছাতে চাইছিল। যদিও সে জানতো যে তাঁকে তার রুগী শরীর সেখান পর্যন্ত যেতে অনুমতি দেবে না।

নৈরাশ্যজনক অবস্হায় সে নিজের সেনাপতিরদের ডেকে বলে, 'আমি খুব শীঘ্র এই জগত থেকে বিদায় নেব, আমি চাই যে তোমরা আমার তিনটি শেষ ইচ্ছা পূর্ণ করো।'

আমার প্রথম ইচ্ছা আমার বৈদ্যই আমার কফিন তুলবে। দ্বিতীয় ইচ্ছা যে পথে আমার কফিনকে কবর পর্যন্ত নিয়ে যাওয়া হবে, সেই পথে সেই সব সোনা-রূপো ছড়িয়ে দেওয়া হোক, যা আমি লুণ্ঠন করে সংগ্রহ করেছি।

তারপর সে একটি নিঃশ্বাস নিয়ে বলে, 'আমার তৃতীয় এবং শেষ ইচ্ছা এটাই যে আমার দুই হাত কফিনের বাইরে ঝুলতে থাকবে।' উপস্হিত লোকজন রাজার এইসব বিচিত্র কথাগুলি শুনে চমকে যায় কিন্তু কেউই জিজ্ঞাসা করার সাহস পায় না। তার প্রিয় সেনাপতি রাজার হাতে চুমু খেয়ে বলে, 'আমর অপানার সব ইচ্ছাগুলি অবশ্যই পুর্ন করবো। কেবল এইটুক বলে দিন যে আপনিএমন ইচ্ছা কেন ব্যক্ত করলেন?' সিকান্দার তারপর গভীর নিঃশ্বাস নিয়ে উত্তর দেয়, 'আমি দুনিয়াকে সেই তিনটি শিক্ষা দিতে চাইছি, যা অমি এখন শিখেছি।'

প্রথম শিক্ষা–'আমি চাই যে বৈদ্য হাকিমরাই আমার কফিন তুলুক যাতে লোকেরা বুঝতে পারে যে, কোনও চিকিৎসক রুগীকে বাস্তবে সুস্হ্য করতে পারে না এবং মৃত্যুর হাত থেকে রক্ষা করতে পারেনা, সুতরাং **'জীবন কে গম্ভীরভাবে গ্রহণ করতে শেখা উচিত।'**

দ্বিতীয় শিক্ষা–'কবরাগাহের পথে ছড়ানো সোনা-রূপোকে দেখে লোকের মনে হবে যে এতসব ধন-সম্পদ থাকা সত্ত্বেও আমার সঙ্গে কিছু

যাচেছ না।'

আমি সব কিছু এখানেই ফেলে যাচিছ। **সুতরাং অর্থের পেছনে দৌড়ানো ও তাকে জীবনের লক্ষ্য মনে করা, কেবল সময়ের অপচয়।**

তৃতীয় শিক্ষা–'কফিনের বাইরে আমার ঝুলতে থাকা দুটি হাত দেখে লোকেরা বুঝবে যে **আমি এই জগতে খালি হাতে এসেছিলাম এবং খালি হাতেই যাচিছ...'** এবং এটা বলেই সে মৃত্যুর কোলে ঢলে পড়ে।

সিকান্দার মহান জীবনের এই পরম সত্যকে তখন জেনেছিলো যখন তাকে মৃত্যুর ভয়ানক থাবা জড়িয়ে ধরে ছিলো। আমরা এই তথ্যকে কবে জানতে পারব? জীবনে কত কিছু আছে, তাকে অদেখা করে, আমরা নিজেরই জগতে ডুবে থাকি।

যখন জীবনে কোন মারাত্মক দুর্ঘটনা ঘটে কিংবা আমরা কোন প্রিয়জন হারাই, তখনই আমরা জীবন সম্পর্কে এই ভাবে চিন্তা করি। এছাড়া আমরা এই ভাবে জীবন সম্পর্কে এই ভাবে চিন্তা করি। এছাড়া আমরা এই ভাবে চলি, যেন জীবন এক নিরন্তন চলা প্রক্রিয়া এবং সম্ভবতঃ আমাদের জীবনে সব কিছু স্থায়ী।

নিশ্চিতভাবে আমি আপনাকে নিজের মতো করে বেঁচে থাকার জন্য নিরুৎসাহিত করছি না, বরং আমি বলতে চাইছি যে যদি আমরা জীবনের সার্থক অর্থ কে জেনে নি, তাহলে আমরা এটাকে আরো বেশী সার্থক করে তুলতে পারি। এই ভাবে আমরা নিজের চেস্টায় আগের তুলনায় অধিক খুশিতে ভরা ও সাফল্যও পেতে পারি।

মনোবৈজ্ঞানিক বিজ্ঞান মনো বিজ্ঞান ও পরা-মনোবিজ্ঞানের ক্ষেত্রে যথেস্ট প্রগতি করেছে। যার ফলে আমরা মন-মস্তিস্কও তার সাথে যুক্ত ক্রিয়াকলাপগুলিকে ভালোভাবে জানতে পেরেছি। বর্তমানে, গোটা বিশ্বে অসংখ্য স্বাবলম্বন কার্যশালা পরিচালনা করা হচেছ। এমন কি কর্পোরেট জগত ও কর্মচারীদের জন্য ব্যবহারগত প্রশিক্ষণ ও কৌশলের গুরুত্বকে নাকচ করতে পারে না।

মন-মস্তিস্কের কার্যবিধির গভীর খোঁজ জীবনকে ভৌতিক ও আধ্যাত্মিক রূপে প্রগতির পথে অগ্রসর করার অপূর্ব টেকনিক বিকশিত করেছে। বর্তমানে, ভৌতিকবাদ তথা অধ্যাত্ম সহ-অস্তিত্বে আছে, যেখানে সম্পূর্ণতা ও কল্যাণ দুটির ওপরে ও জোর দেওয়া হচেছ।

রণনীতি

জীবন হচেছ একটি রণনীতি আমাদের সাফল্য-ব্যর্থতা, উত্তরাই-চড়াই এবং আমাদের অবস্থা-দশা, সেইসব রণনীতিরই পরিণাম, যার পরিকল্পনা আমরা তৈরী করছি ও যেগুলিকে আমরা প্রয়োগ করছি। যদি জীবনে সবকিছু শ্রেস্ঠ তাহলে এর অর্থ হবে যে আমর ভালো রণনীতি গ্রহণ

করছি কিন্তু যদি আমরা সংঘর্ষরত অবস্থায় থাকি তাহলে এর সুচক হবে যে আমাদের রণনীতিতে কোথায় কোন ত্রুটি আছে, আমাদের তা খুঁজে বের করে দূর করতে হবে। যদি আমরা স্বয়ং নিজের নির্ণয় নেওয়ার পরিবর্তে, নিজের জীবনের রাশ অন্যের হাত দিচ্ছি, তাহলে এটাও এক গ্রহণীয় রণনীতি হবে।

ঠিক এই ভাবে, আমরা নিজের জীবনে পরিকল্পনা তৈরী করতে থাকি, সেগুলির মধ্যে কিছু ফলাফল কখনো আমাদের পক্ষে যায় এবং কখনো বিপক্ষে। দুই বালকের মধ্যে কোন একজন অন্যের তুলনায়, পরীক্ষায় বেশী অংক আনতে পারে এখানে ওই দুই জনারই নিজের রণনীতি যা একজনের জন্য কাজ করে কিন্তু অন্যের জন্য সে কাজে আসে না।

ভাবনাত্মক (EQ), আধ্যাত্মিক লব্ধি (SQ)র ওপর কর্পোরেট প্রশিক্ষণ কার্যশালাগুলি ও ট্রেন দি ট্রেনর (TTT) ওয়ার্কশপ আয়োজিত করা ছাড়াও আমি ছাত্রদের জন্য ব্যক্তিগত পরামর্শ ও মনো দৈহিক পরীক্ষণ (সাইকোমৈট্রিক টেস্ট) ও আয়োজিত করে থাকি। আমার অভিজ্ঞতা ওপর ভিত্তি করে, সেই মাতা-পিতা নিজের বাচ্চাদের মনোদৈহিক পরীক্ষণ ও পরামর্শের জন্য নিয়ে যায়, যে নিজের জীবন তথা ব্যবসায়ে খুবই সফল থেকেছে। অধিকাংশ ছাত্রদের মাতা-পিতা বৈজ্ঞানিক, ডাক্তার সি.এ.ও. ইঞ্জিনিয়ার ইত্যাদি আছেন, তারা নিজের বাচাদের বিভিন্ন জায়গায় নিয়ে যান যাতে বাচ্চা নিজের সহজ যুক্তিকে বিকশিত করার সাথে শৈক্ষনিকভাবে আরো সক্ষম হতে পারে। মাতা-পিতা তাদের জন্য এই রণনীতি গ্রহণ করেন।

ডাক্তার অথবা বৈজ্ঞানিকের পুত্র ডাক্তার কিংবা বৈজ্ঞানিকই হবে, এটা পৈতৃক ভাবে নিশ্চিত হয়না, এটা অনেকটা পিতা-মাতার রণনীতির ওপর নির্ভর করে। এই সব ব্যবসায়ীদের বাচ্চারা কেবল নিজের বুদ্ধিমত্তার জোরে ভালো প্রদর্শন করেনা, তাদের নিজের মাতা-পিতার রণনীতি থেকে ও পরোপুরি সাহায্য মেলে।

যদি আপনার রান্না করার আছে, তাহলে রান্নার স্বাদ অনেকটা এর ওপর নির্ভর করে যে আপনি সেটা কি ভাবে রান্না করছেন এই রণনীতিতে আপনার দক্ষতা, অভিজ্ঞতা কত লোকের জন্য রান্না করতে হবে, আপনার দিক থেকে নেওয়া পদক্ষেপ, আপনার একাগ্রতার স্তর, মুড (নিজের ইচ্ছায় রচনা করছেন অথবা রান্না করতে বাধ্য হচ্ছেন) ইত্যাদি বিষয়গুলি আছে। যদি আপনি মুডের নেতিবাচকতাকে প্রভাব ফেলতে দেন অথবা আপনি আগে থেকে 50 জন লোকীর জন্য রান্না করার বিষয়ে জানেন না, তালে এটা এক অবচেতন রণনীতি হবে, আপনি এটা ভালোভাবে করতে পারবেন না। আমরা সব সময় চেতন অথবা অবচেতন ভাবে রণনীতি তৈরী করতে থাকি।

ধ্যান ধারনা ও রণনীতি

আমরা কোনটি রণনীতি গ্রহণ করছি ? আমরা কি এমন ধ্যান ধারনার সাথে যুক্ত রণনীতি গ্রহণ করছি, যেমন–'কেউ আমার নিয়তি পরিবর্তন করতে পারে না।' 'আমি তো সেটাই পাব, যা আমার ভাগ্যে লেখা আছে।' কিংবা আমি আমার ভাগ্যের নিয়তা কিংবা 'আমার জীবনের জন্য দায়ী।' আমাদের এইসব ধ্যান ধারনাগুলি তথা চিন্তাই আমাদের জীবন গড়ে তোলে। আমরা আগামী অধ্যায়ে এই বিষয়ে বিস্তারিত চর্চা করব।

ভাবনাত্মক লব্ধি (Emotional Quotient)

প্রথম-প্রথম বুদ্ধি লব্ধের (Intelligence Quotient-IQ) ওপর যথেস্ট জোর দেওয়া হতো। যদিও আজও এর গুরুত্ব কম নয়, কিন্তু এর সাথেই ভাবনাত্মক ও আধ্যাত্মিক লব্ধির ওপর ও যথেস্ট নজর দেওয়া হয়। এই দুটির সংযোগেই ব্যক্তিকে সফলতা ও চেতনার উচ্চ স্তরে নিয়ে যায়।

ভাবনাত্মক লব্ধির দ্বারা আমরা নিজের মনোভাবগুলিকে চিহ্নিত করে তার ব্যবস্হাপনা করে থাকি। পর্যাবিরন ছাড়া মানুষ কিছু নয়, আস-পাশের পরিবেশ থেকে তার সংবাদ বহুমূল্য হয়, কোননা এতে তার ভাব ও যুক্ত থাকে। এটা নেতিবাচক অথবা ইতিবাচক, যে কোনটাই হতে পারে, আমাদের তা সামলাতে হবে। নিজের পক্ষে কিছু ঘটলে অধিক উত্তেজিত হবেন না তথা কিছু বিরুদ্ধে গেলে পর শান্তি বজায় রাখুন। যখন আমাদের মনে প্রতিদিন গড়ে 60,000 চিন্তা আসে তাহলে ভাবনাত্মক লব্ধির গুরুত্ব আরো বেড়ে যায়।

ভাবনাত্মক লব্ধি কে নিয়ন্ত্রিত করার উপায় (PRICECARO)

বাংলায় 'PRICECARO'র অর্থ হবে 'মুল্যায়ন করা', যদি আমরা সঠিকভাবে জীবেনের মুল্যায়ন করি তাহলে আগের থেকে বেশী উৎপাদ ও হাসিখুশি থাকতে সাহায্য মিলবে। নীচে দেওয়া প্রতিটি গুণ আপনাকে নিজেকে পবিত্র করার প্রক্রিয়ায় সহায়ক হবে–

উদ্দেশ্যপূর্ণ চিন্তা (Purposeful thinking) একটি উদ্দেশ্যের সাথে উচিত দৃষ্টিকোনে চিন্তা করাই সবচেয়ে বড় চাবিকাঠি। যদি আপনি মনের নিয়ন্ত্রণে থাকবেন, তাহলে এটা সম্ভব হয়ে উঠবে না যদি আপনি মনকে নিয়ন্ত্রণ করতে জেনে যান তাহলে আপনি সর্বদা উদ্দেশ্যপূর্ণ চিন্তনের পথে এগিয়ে যেতে পারবেন। আপনাকে সৃজনশীল ভাবে এটা চিন্তা করতে হবে যে আপনি জীবন তথা নিজের বিষয়ে আরো ভালো

ভাবে জানতে পারেন। নিজের সাথে সম্পর্কিত কথাগুলি কে আরো সার্থক ও অর্ন্তদৃষ্টির সাথে কেমন ভাবে যুক্ত করতে পারেন।

অহেতুক চিন্তা আমাদের ব্যর্থতার দিকে নিয়ে যায় সুতরাং সার্থক চিন্তন দ্বারা আপনি নিজের চিন্তাগুলিকে অনেক সুক্ষ্মতার সাথে নীরীক্ষণ করতে পারেন মনে রাখবেন যে একটি উদ্দেশ্যপূর্ণ চিন্তার পর অন্য সার্থ চিন্তা সামনে আসে।

সম্যুহান নমনীয়তা (Resilience) থামস এডিসন নিজের বিদ্যুতের আবিস্কারের পূর্বে দশ হাজার বার ব্যর্থ হয়েছিলেন, যদিও তিনি কখনো বলেননি যে তিনি ফেল হয়ে গিয়েছেন। তিনি এটাই বলেন যে সে দশ হাজার উপায় খুঁজে বার করেছেন, যার দ্বারা সেই কাজ হতে পারে না তিনি এটাও বলেন, 'যদি আমি বলতাম যে আমি এটা করতে পারব না।' আমি হেরে গেছি তাহলে হয়তো তিনি সেই দিনেই ব্যর্থ হয়ে যেতেন।

প্রতিটি ক্ষেত্রে কাজের সময়কালে চড়াই উত্তরাই হতে পারে। এমন কি সচিন তেণ্ডুলকারের মতো খেলোয়াড় ও যখন খেলার মাঠে নামেন তখন তার ভাবের প্রেরণা ও উৎসাহের স্তরে পার্থক্য হয়। মাঠে হাজারো লোকজন ও টি.ভি.র মাধ্যমে কোটি-কোটি দর্শক তাঁকে দেখছে কিন্তু তাহলেও তাঁর মধ্যে নীরসতা ওঠে যায় কেননা তাঁর জন্য লোক, প্রশংসক ও মিডিয়া ইত্যাদিরা সাধারণ হয়ে গেছে। সুতরাং তাঁর জীবনে ও কখনো কখনো এমন সময় আসে, যখন তিনি প্রেরণা তথা উৎসাহের ঘাটতি অনুভব করেন। নমনীয়তা কিংবা সম্যুস্হান শক্তি ব্যক্তিকে আত্ম-প্রেরণা দ্বারা নেতিবাচক ভাব তথা ভাবনাগুলি আওতা থেকে বাইরে নিয়ে আসে যে সময়ে আপনি নিজেকে হীন অনুভব করেন, সেই সময় এই শক্তি আপনাকে ফের দৌড়ের মধ্যে এনে দাড় করায় যখন নাকি বাকী লোকেরা এটাই চিন্তা করতে থাকে যে আপনি রেসের বাইরে হয়ে গেছেন।

উদ্যোগ-শক্তি (Initiative) যখন আপনি কোন উদ্যেগ নেন, তখন দুনিয়া যা কিছু ভাবুক না কেন, আপনি মনে রাখবেন এই উদ্যোগ আপনাকে শেখার আরো একটি অভিজ্ঞতা দিয়েছে। এটা আপনাকে নিজের উদ্দেশ্যর এক কদম কাছে ও নিয়ে যায়। উদ্যোগ গ্রহণ করতে কখনো স্বিধাগ্রস্হ হবেন না, বিশেষ করে যখন মন ও শরীর আপনাকে এর জন্য উত্তেজিত করে চলেছে, আপনি কাজের বিষয়ে অন্তর্মুখীই হোন না কেন, আপনাকে উদ্যোগ নেওয়ার অভ্যাস সচেতনভাবে বিকশিত করতে হবে, যারা উদ্যোগ নিতে ভুলে যায়, দুনিয়া ও তাঁর বিষয়ে কিছু জানতে পারে না।

সক্ষমতা (Competence) এটা জানাও খুবই গুরুত্ব রাখে যে আপনি কতটা জানেন এবং আপনি তা দিয়ে কি করতে চলেছেন। যদি আপনি অক্ষম, এবং ভেতর থেকে নিজের বিশেষজ্ঞতা বিষয়ে ঘাটতি অনুভব করছেন, তাহলে এতে নেতিবাচকতা ও ভয় সৃষ্টি হবে যা কাজের জন্য নেওয়া প্রথম পদক্ষেপ নেওয়ার আগেই আপনাকে পঙ্গু বানিয়ে দেবে অর্থাৎ আপনি সেই কাজকে করে উঠতে পারবেন না।

সুতরাং নিজের ক্ষেত্রে গভীর গবেষনা ও অধ্যায়ন করুন, এতে না কেবল সক্ষমতার স্তর বৃদ্ধি পাবে বরং আপনার আত্মবিশ্বাসের ও বৃদ্ধি ঘটবে। হেনরী ফোর্ড কখনো কোন আনুষ্ঠানিক শিক্ষা পান নি কিন্তু ম্যাকেনিজমের ক্ষেত্রে তার অপূর্ব দখল দিল।

সমানুভূতি (Empathy) আপনাকে প্রথমে নিজের প্রতি সংবেদনশীল হতে হবে, তখনই আপনি অন্যের প্রতি সংবেদনশীল হতে পারবেন, সুতরাং আত্মবিশ্লেষণকরুন, নিজের ব্যবহারে ভাবনাগুলি ও চিন্তাগুলির ওপর প্রশ্নচিহ্ন দিন। অন্যের মনোভাবকেও সম্মান জানান। অন্যের মনোভাকে সম্মান জানানোর অর্থ এটা নয় যে, আপনি তার সঙ্গে একমত। অন্যের দৃষ্টিকোন থেকে দেখার সাথে জয় এর অবস্থা অর্জিত করার প্রয়াস করুন। সমানুভূতির অর্থ হবে পরের বেদনাকে জানা। অন্যের কথাকে পুরো সহনশীলতা ও বোঝা ছাড়া নিজের চিন্তা তার ওপর কখনো চাপাবেন না।

কয়েকটি ক্ষেত্রে লোকেরা সমানুভূতিকে সহানুভূতি মনে করে বসে, সহানুভূতি এক এমন ভাবনা, যেখানে আপনি কোন অন্যের প্রতি সহানুভূতি না দেখিয়ে ও তার নজরে ভালো হয়ে থাকার জন্য, এমন নাটক করতে পারনে, কিন্তু সমানুভূতিতে আপনি সামনের লোকের ব্যাথাকে বুঝতে পারেন। সঠিক অর্থে তার বেদনা কে জানেন।

বিশ্বাস (Confidence) যা কিছু করুন, সম্পূর্ণ বিশ্বাস ও দৃঢ় ধারনার সাথে করুন। এই বিশ্বাস আপনার বাহ্যিক আচরনেই শুধু নয় বরং আপনার চিন্তা, অভিজ্ঞতা এবং কাজে ও প্রকাশ হওয়া চাই। আপনি কোন অবস্থাতে বহু বিকল্পীয় প্রশ্নগুলির উত্তর দিয়ে নিজের বিশ্বাসের স্তরকে মাপতে পারেন। কোন অবস্থার সম্ভাবিত ফলাফল দ্বারা নিজেকে যাচাই করুন ও নিজের মানসিক বিশ্লেষণ করুন। এক অধ্যায়ে এই বিষয়ে বিস্তারিত আলোচানা করব।

অনুকূলনশীলতা (Adaptability) আমরা অবচেতনভাবেই নিজের জন্য সুবিধা ক্ষেত্র তৈরী করে নিই। আজ যদি রাত্রি 9.30 মিনিটে আপনার দরজায় বেল বাজে, বিশেষ করে যখন আপিন টি.ভি দেখে থাকেন তখন সবার আগে মাথায় এটাই আসে যে, 'এই সময়ে কে জ্বালাতন করতে এল ?' যখনই দরজা খোলার পর আত্মীয়কে দেখতে

পান তখন আপনি চেহারায় মুচকি হাসি এনে তাকে স্বাগত জানান, কেননা আমরা নিজেদের জন্য সুবিধা-ক্ষেত্র তৈরী করে নিয়েছি। আমরা আগে থেকেই ঠিক করে নিই যে সেই সময় কি করতে হবে, রেগে যাই যার ফলে অতিথি ও অসহজ অনুভব করে।

মুডের উঠা-নামার সাথে আমাদের সুবিধা-ক্ষেত্রর বিষয়ে জানা যায়। এটা তখন হয় যখন আমরা মনের নিয়ন্ত্রণে থাকি। আমাদের দেখা উচিত যে মুড আমাদের সুবিধা ক্ষেত্রকে প্রভাবিত করতে না পারে এবং আমাদের নিজের সুবিধা-ক্ষেত্রের বিস্তার করাও শিখতে হবে। এই ভাবে আমরা স্বয়ংকে যে কোন অবস্থার অনুকূল করে উঠতে পারব, জীবনে আগের থেকে বেশী নমনীয়তা তথা ব্যবহারিকতা হয়ে উঠবো, আমরা নিজেকে নিয়মিত সুবিধাগুলি থেকে একটু একটু বঞ্চিত করে সুবিধা-ক্ষেত্রের বিস্তার করতে পারি, যেমন টি.ভি. শো ছেড়ে অন্য কোন কাজ করা অথবা কোন অনপেক্ষিত কাজের প্রতি অস্বীকৃতির পরিবর্তে স্বীকৃতির মনোভাব গড়ে তোলা।

ঘনিষ্ঠতা (Rapport) বাইরের ও ভেতরের গ্রাহকদের দ্বারা কোন সংগঠন তৈরী হয়, ভেতরের গ্রাহক হচেছ, সেগুলো যারা সংগঠনে আপনার বরিষ্ঠ সহকর্মী কিংবা অধীনস্ত রূপে কার্যরত আছেন, বাইরের গ্রাহক হচেছ তারা যাদের আপনি উৎপাদ পরিষেবা প্রদান করেন। আপনাকে বাইরের ও ভেতরর, দুই ধরনের গ্রাহকদের সাথে ঘনিষ্ঠতা ও সম্পর্ক বজায় রাখতে হয় যারা আপনার ব্যবহার দ্বারা আপনার প্রদর্শনের স্তর আকেন। আমাদের প্রত্যেকের সাথে ঘনিষ্ঠতা বজায় রাখা উচিত যদি কোন ব্যক্তি বিশেষ পছন্দ না করে তাহলে ও তার প্রতি ব্যবহারে রুক্ষ হওয়া উচিত নয়। এটা তো ঠিক যে আপনি ইতিবাচক, হাশিখুশি ও অন্যের প্রতি ভালো ব্যবহারকারীদের সাথে থাকতে চাইবেন। ঠিক সেই ভাবে যদি আপনি তাদের মতো, তাহলে সবাই আপনার সাথে থাকতে চাইবে।

আশাবাদী (Optimism) ব্যক্তিকে সর্বদা আশাবাদী হওয়া উচিত। আপনাকে ইতিবাচকরূপে আশাবাদী হয়ে চিন্তা করা উচিত যে সব কিছু আপনার অনুকূল হবে। তার সাথেই আপনাকে প্রবৃতির নিয়মগুলিকে মনে রাখতে গিয়ে এতটা ব্যবহারিকতা ও গ্রহণ করতে হবে যে, প্রকৃতি আপনাকে আপনার মনোবাঞ্চিত নয় বরং ততটাই দেয়, যতটা আপনি প্রকৃত দাবীদার। মনে রাখবেন যে নৈরাস্য আমাদের কাজ করতে বাধা দেয় এং চিন্তার দিকে ঠেলে যখন আশাবাদিতা আমাদের নিরন্তন কর্মের প্রেরণা দেয়। সাফল্য তাঁদেরই সাথে সম্পর্ক রাখে, যারা কর্ম করেন। **আপনি 'মন' নামক অধ্যায়ে, এই বিষয়ে বিস্তারিত জানতে পারবেন।**

কৌশল বনাম অভিবৃত্তি (Skill Vs Attitude) আমি বরাবর নিজের কার্যশালায় অংশগ্রহণকারীদের বলি যে তারা নিজের 'রোল মডেল' এর বিষয়ে চিন্তা করুক। রোল মডেল সে হয়, যাকে আপনি চাইছেন যার মতো হতে চাইছেন, তার মতো গুণাবলী এবং গুরুকে পেতে চাইছেন। সে সব লোকেরা নিজের রোল মডেল এর গুণাবলী কে দেখাতে গিয়ে বলছেন–সাহসী সময়নুবর্তিতা, সমর্থক, সহযোগী, দয়ালু পরিশ্রমী ইত্যাদি। তারপর আমি তাদেরকে বলি যে, যে খোঁজ নিন, এগুলির মধ্যে কোন গুণটি শৈক্ষনিক রূপে অর্জিত করা যেতে পারে, এর অর্থ হচেছ যে কোন বৈশিষ্ঠগুলি কিংবা গুণাবলীকে স্কুল-কলেজের আনুষ্ঠানিক শিক্ষার দ্বারা অর্জিত করা যেতে পারে। একটি কিংবা দুটি গুণাবলীর নাম করা যেতে পারে, সেগুলিও পাকা হয় না। তাহলেও তাদেরকে অন্যান্য গুণাবলী সম্পর্কে জিজ্ঞাসা করি তখন এক নিঃস্তৎতার পর উত্তর আসে যে এগুলি তো মনোবৃত্তি আছে।

আমরা নিজের রোল মডেলকে তার সফলতা কিংবা উপলব্ধির কারণে নয় বরং তার দ্বারা প্রদর্শিত অভিবৃত্তির কারণে পছন্দ করি। অভি-বৃত্তি আমাদের ব্যবহার পর্যন্ত নিয়ে যায় এবং এটাই হচেছ ভাবনাত্মক লব্ধির চাবিকাঠি যখন ব্যক্তিটি শৈক্ষনিক রূপে বুদ্ধি লব্ধি অর্জিত করে।

একবার আমি ফর্চুন 500 সংস্হার জেনারেল মেনেজারের কাছে বসেছিলাম, তিনি আমাকে বলেন, 'কোন ব্যক্তি হোক না সে আই.আই.এস কিংবা আই.আই.টি আমাদের জন্য প্রতীকাত্মক হয়, সেটাও ততক্ষন পর্যন্ত, যতক্ষন সে আমাদের কাছে সাক্ষাৎকারের জন্য না আসে। আমাদের সংগঠনের একটি অঙ্গ হবার পর, আমাদের জন্য এটা এরকোন অর্থ নেই যে সে কোথা থেকে লেখা পড়া করেছে কেন না–এখন তার অভিবৃত্তি এবং প্রদান করার যোগ্যতাই আমাদের কেন্দ্র বিন্দু হয়।'

এই ভাবে, এক সময়ে আমি 2 লক্ষ্য কোটি টার্ন ওভারের সংগঠনের ডাইরেক্টারের সাথে কথাবার্তা বলছিলাম, তিনি বলেন, আমাদের কাছে আই.আই.টি ও অন্যান্য বড় সংস্হাগুলি হতে যথেস্ট নিযুক্তি হয়, কিন্তু আমি নোট করেছি যে এসব ব্যক্তিগন আমাদের সাথে অধিক সময় পর্যন্ত কাজ করতে পারে না কেননা যখনই সংগঠন তাঁকে বাইরের অঞ্চলে পাঠাতে চায়, তখন তাদের এ ধরনের অভিবৃত্তিই হয়না।"

আধ্যাত্মিক প্রাপ্তি (Spiritual Quotient)

সব কিছু অভিবৃত্তি ও ভাবনাত্মক লব্ধির সাথে যুক্ত। কয়েকবার

যখন আমাদের ভয়, উদ্বেগ অনিশ্চিয়তা উত্তেজনার মতো নেতিবাচক মনোভাব ঘিরে ধরে তখন ভারসম্য করার প্রয়োজন পড়ে যাতে নিজেকে উত্তেজনা মুক্ত করে নিজের কায়াকল্প করতে পারি। এই ভাবে আমাদের নমনীয়তা বৃদ্ধি পায় এবং আমরা সঠিক অর্থে উচিত অভিবৃত্তিকে গ্রহণ করি। এটাই আমাদের আধ্যাত্মিক দিক কিংবা আধ্যাত্মিক লব্ধি। এটার আমাদের জীবনে খুবই গুরুত্ব আছে কেননা আমরা এমন এক প্রতিযোগী জগতে বসবাস করছি, যেখানে প্রত্যেককে একে অপরের আগে যাওয়ার প্রতিযোগীতায় রত আছে। যদিবা এই দৌড়ে তীব্রতার সাথে দৌড়ানো জরুরী কিন্তু কয়েক দফা আমাদের অবস্থা সেই গাড়ীর মতো হয়ে যায় যার ভালো পিকআপ হওয়া সত্ত্বেও, জ্বালানী শেষ হবার কারণে বন্ধ হয়ে যায়। আমাদের গাড়ীর জ্বালানী হচেছ, আধ্যাত্মিক লব্ধি যার শক্তি আমাদের জীবন্ততা প্রদান করে।

আমি ভগবদ্গীতা থেকে শ্লোক নিয়েছি আমার পূর্ণ বিশ্বাস যে সে অপানার মধ্যে আবার জীবন্নতার জ্বালানী ভরতে তথা ঈশ্বর ও তাঁর নিয়মকে বুঝতে সহায়ক হবে। আপনি পুর্নদমে কাজ করতে পারবেন। নিজের দিকটি বজায় রাখার সাথে অন্যের প্রতি বিজয়ী হওয়া শিখবেন। এই পুস্তকটি আপনাকে জীবনের বিসঙ্গতিগুলিকে দূর করতে সহায়ক হবে।

হোক না সে ভাবনাত্মক লব্ধি অথবা আধ্যাত্মিক লব্ধি, এগুলির মধ্যে কোনটিই মানুষকে 'মন' ছাড়া স্বতন্ত্র রূপে চালিত কিংবা নিয়মিত করতে পারে না।

যদিও এই বিষয়ের ওপর আমি পরের অধ্যায়ে আলোচনা করেছি, কিন্তু এখানে আমি আপনাকে মস্তিত্স্কের কার্য-বিধির বিষয়ে বোঝাতে চাইব, যা হচেছ মনের এক ছোট অংশ।

মস্তিস্ক ও এর অঙ্গ

পরের অধ্যায় পর্যন্ত যাওয়ার আগে আমাদের মস্তিস্কের কার্যক্ষমতাকে জেনে এই খোজ করতে হবে যে আমরা একে নিজের ভালোর জন্য আরো বেশী কার্যকরী কি ভাবে তৈরী করতে পারি। আমরা মস্তিস্ক ব্যবহার সম্পর্কগুলির মাধ্যমে জানতে পারি যে মস্তিস্ক কিভাবে, সংরচনা তথা স্নায়ু নেটওয়ার্কের মাধ্যমে, ব্যবহার ও মানসিক প্রক্রিয়াগুলিকে উৎপন্ন ও নিয়ন্ত্রিত করছে, যে গুলির মধ্যে ভাবনা, ব্যক্তিত্ব, চিন্তন, শেখা, স্মরণে রাখা ও সমস্যা সমাধান ইত্যাদি ও যুক্ত আছে। এটা

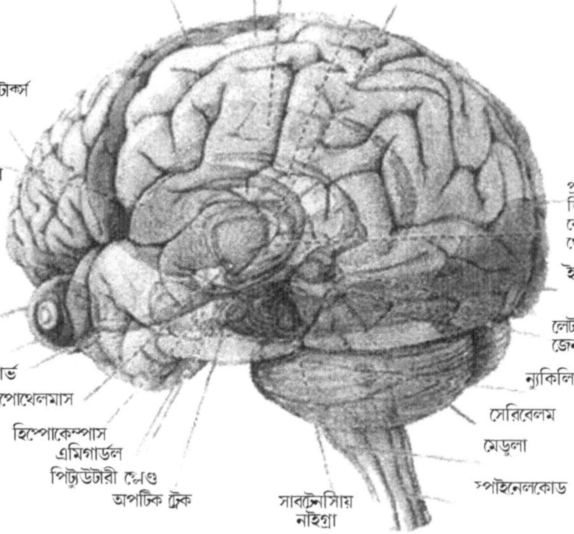

বৌদ্ধিক প্রক্রিয়াগুলি ও ব্যক্তিত্বের জন্য উত্তরদায়ী ব্যবহারের জৈবিক কারণগুলির (সৃজনশীল বুদ্ধিমতা থেকে মানসিক রোগ পর্যন্ত) চিহ্নিতকরণেও সহায়ক হয়।

মস্তিস্কই হচেছ সেই প্রারম্ভিক বিন্দু, যেখান থেকে আমাদের সম্পূর্ণ মানসিক বিষয়ের ওপর কাজ হয়। এখানে এটা বিভিন্ন ইন্দ্রিয়গুলির সক্রিয় মেলের নিউট্রান কে সুস্থ্য রাখার সাথে, বৃদ্ধাবস্থার মুখোমুখী হবার জন্য ও তৈরী করে। স্নায়ু কোশিকাগুলি একটি বৃক্ষের মতো হয়, যখনই সেটা বুড়ো হয়, শাখাগুলি দূর্বল হয়ে পড়ে যায়, কিন্তু যদি এইসব কোশিকাগুলিকে নিশ্চিত কাজে সক্রিয় রাখা যায় তখন তার আসে-পাশের কোশিকাগুলি নতুন নেটওয়ার্ক তৈরী করে তথা আগের গুলো কেও বজায় রাখে। এসব কোশিকাগুলি ডোপামাইন, সেরোটোনিন, নোবপাইজফ্রাইন, গাবা, ওপিওড্রস ও টারীন ইত্যাদি স্বাস্থ্য রসায়নের উৎপাদনেরও সহায়ক হয়।

মস্তিস্ক তিনটি প্রমুখ অংশ দিয়ে তৈরী অগ্র মস্তিস্ক, মধ্য মস্তিস্ক তথা পশ্চাদ মস্তিস্ক। সামনের অংশে সেরীব্রম, পৈলসম ও হাইপো-থৈলমস (লিম্বিকা তন্ত্রের অংশ) থাকে, মাঝের অংশে-টকটম, টেগমেন্টম থাকে তথা পেছনের অংশে সেরিবেলন, পান ও মৈডুলা থাকে। প্রায়ঃ মধ্য-মস্তিস্ক পান ও মৈডুলা কে নিয়ে বেনস্টম ও বলা হয়।

সেরীব্রম

মানব মস্তিস্কের সবচেয়ে বড় অংশটি সেরীব্রম, চিন্তা ও কাজ করার মতা উচ্চতর মস্তিস্কের কাজের সাথে যুক্ত। এটা স্বৈচ্ছিক চালক গতি, ভারসাম্য ও সাম্য তথা পেশীয় শক্তির সংযোজনে ও যুক্ত থাকে। এটা মস্তিস্কের পেছনের দিকে তথা ব্রেনস্টেম এর ঠিক ওপরে অবস্থিত থাকে। সেরীব্রল কার্টেকস চারটি খণ্ডে বিভক্ত অগ্র, ভিত্তীয়, পস্পক পাল, কান ও চোখের মধ্যবর্ত্তী অংশ।

অগ্রখণ্ড (Frontal Lobe) ঃ একে ভাবনাত্মক নিয়ন্ত্রণ কেন্দ্র বলা হয়, আমাদের ব্যক্তিত্বের সাথে ও এর গভীর সম্পর্ক, এটা মোটর গতিবিধি, সমস্যা সমাধান সহজতা স্মৃতি, ভাষা, উদ্যোগ, ন্যায়, আবেগ নিয়ন্ত্রণ, সামাজিক ও কাজ সম্পর্কিত ব্যবহারে যুক্ত থাকে।

ভিত্তিই খণ্ড (Parietal Lobe) : বোধ ও সংবেদনে যুক্ত থাকে তথা সংবেদিক তথ্যকে দৃশ্য তন্ত্রের সাথে এক করে।

কানের আসেপাসের খণ্ড (Temporal Lobe) : টেম্পারল লোব শ্রবন সম্পর্কিত প্রক্রিয়ায় যুক্ত হয় তথা এটা বানী ও দৃশ্য ক্ষমতার অর্ধগত প্রক্রিয়ার জন্য ও গুরুত্বপূর্ণ এটা দীর্ঘকালীন স্মৃতি নির্মানে গুরুত্বপূর্ণ ভূমিকা পালন করে তথা পশ্চাদ কপাল খণ্ড আমাদের দৃশ্য বোধ তন্ত্রের কেন্দ্র হয়।

লিম্বিক, তন্ত্র

একে 'ভাবনাত্মক তন্ত্র' ও বলা হয়, এটা সেরীব্রমে চাপা অবস্হায় থাকে। এটা ভাবনা, ব্যবহার, দীর্ঘকালীন স্মৃতি ও ঘ্রানশক্তি ইত্যাদি গতিবিধিকে সমর্থন করে থাকে। এই 'লিম্বিক' শব্দটি লেটিন ভাষার শব্দ 'লিম্বিস' দিয়ে তৈরী, যাকে প্রায়ঃ 'বর্ডর' কিংবা 'বেল্ট' বলা হয়। থৈলসম, হাইপো-থেলমস এমিগডলা ও হিপ্পোকৈম্পস ও এই তন্ত্রে যুক্ত থাকে।

থৈলমস সংবেদী ও চালক গতিবিধিগুলিকে খেয়াল রাধে তথা হাইপোথৈলমস খিদে, পিপাসা, ব্যাথার প্রতিক্রিয়া আনন্দের স্তরগুলি, কাম সন্তুষ্টি, ক্রোধ ও আক্রমক ব্যবহার ইত্যাদির জন্য দায়ী থাকে।

এমিগডলা বিধির ভাবনাত্মক ব্যবহারগুলিতে যুক্ত থাকে। এর ওপর যথেস্ট গভীর গবেষণা ও অধ্যয়ন করা হয়েছে যেগুলিতে ব্যবহারকে প্রোৎসাহন ও প্রেরিত করতে এর প্রয়োগ সম্পর্কে জানা গেছে। এর বিভিন্ন অংশটি শেখার ও উৎসাহ দানের প্রক্রিয়ার সাথে যুক্ত, যদিও

ভয় এর বিষয়ে এর ভূমিক কিছুটা আলাদা।

এটা ভাবনাত্মক ঘটনাগুলির তথ্য একত্র করে, সুতরাং বলা যায় যে এটা ভাবনাত্মক স্মৃতিতে নিজের যোগদান দেয়। ভাবনাত্মক স্মৃতিকে স্মৃতির অবচেতনরূপে দেখা যায়, যা না কি হিপ্পোকৈম্পস-এর ঘোষণাত্মক স্মৃতি বিপরীত হয়।

মস্তিষ্কের ডান ও বাম অংশ

যদি আপনি মনে রাখেন, এক সমান গতিতে গাড়ী চালানোর সময় আপনি কারোর সাথেই সহজ কথাবার্তা বলতে পারেন, কিন্তু রাস্তার মোড় আসার সময় আপনি এক মুহূর্তের জন্য চুপ করে যান। আপনি কি কখনো চিন্তা করেছেন এমনটা কেন হয় ?

এটা এরজন্য হয় কেননা যখন আপনি গাড়ী চালান তখন আপনার ডান মস্তিস্কটি স্থানিক সজাগতায় রাস্তার খেয়াল রাখে যখন নাকি বাম-মস্তিস্কটি কথাবার্তা ও শব্দ কৌশলের প্রতি খেয়াল রাখে। যখন যাতায়াতের কাঠামোয় কেউ আপনার নজর টানে তখন আপনাকে নিজের প্রাথমিক কেন্দ্র শব্দগুলি (বাম মস্তিস্ক) থেকে সরিয়ে (ডান মস্তিস্ক) স্থানিক সজাগতার দিকে আনতে হয় যাতে সেগুলিরা মুখোমুখি হওয়া যায়। মস্তিস্কটিকে এই পরিবর্তন ও তার ফিরে অসার মুহূর্তে কিছুক্ষন লাগে তখনই দিয়া পরিবর্তনের সময় কথাবার্তা বন্ধ হয়ে যায়।

এইভাবে ডান ও বাম মস্তিস্কের ভূমিকার খুবই গুরুত্ব যদি আমরা মানব মস্তিস্কের অধ্যয়ন করি তখন দেখতে পাব যে এতে অসীম সম্ভাবনা লুকিয়ে আছে, যা বাইরে আসার জন্য প্রতীক্ষারত। ডান ও বাম মস্তিস্কটি নিজের-নিজের ভাগের কাজ, বিভিন্ন সন্দর্ভে করে থাকে। প্রায়ঃ শতকরা 95% ভাগ লোকের মধ্যে, বাম অংশটি তর্ক তথা বিস্তার কেন্দ্রীত হয় তথা ডান অংশটি নমুনাকে চেনার সাথে দৃশ্য কেন্দ্রিত হয়। ডান অংশটি ছবি ও দৃশ্যকে গ্রহণ করে যখন নাকি বাম অংশটি এই সব ছবিও দৃশ্যগুলিকে শব্দে পরিবর্তন করে। মস্তিস্কের ডান ও বাম অংশটির কার্যসূচী নিম্নলিখিত।

শৈক্ষিকভাবে, মস্তিস্কের ডান অংশের তুলনায়, বাম অংশটিকে অধিক প্রশিক্ষিত করা হয়। অংকগণিত ও শব্দকৌশলের ওপর অধিধক খেয়াল রাখা হয় যখন নাকি সঙ্গীত, কল্পনা ও অন্তর্জাত বিকাশের ওপর এতটা নজর হয় না।

ডান অংশ	বাম অংশ
স্থানিক সজগতা	তর্ক
কলাত্মক সঙ্গীত, স্মৃতি স্বপ্ন	ক্রম
বস্তুকে উচিত জায়গায় পরখ করা	বোধ
ত্রিআয়ামী স্থান	বুদ্ধিসম্পন্ন, বিবেকবান
শরীরের অবস্থা জানা	সুস্পস্টতা
যা কিছু করি কিংবা দেখি,	ভাষার বোধ ও প্রয়োগ
তা বোঝা ও মনে রাখা	(শোনা, পড়া, বলা, লেখা)
সমস্ত তথ্যের অংশ জড় করে	বলা ও লেখা বার্তার
সম্পূর্ণ ছবি তৈরী করা	স্মৃতি/তথ্যের বিস্তারিত
শরীরের বাম অংশটিকে	বিশ্লেষণ
নিয়ন্ত্রিত করে।	শরীরের ডান অংশটিকে
	নিয়ন্ত্রণ করে।

মস্তিস্কের ডান অংশটির সাথে সঙ্গীতের সম্পর্ক আছে। আপনার স্মরণে আছে কি বহু বছর আগে শোনা গান ও আপনি কত সহজে গাইতে পারেন। আপনি হয়তো তা দীর্ঘদিন না গেয়ে থাকতে পারেন।

আপনি তা এত সহজে কি ভাবে গাইতে পারেন? ডান মস্তিস্কটির কাছে এর উত্তর আছে, যেখানে সঙ্গীতের অভিজ্ঞতা তথা স্মৃতি সুরক্ষিত থাকে। আপনাকে সঙ্গীতের লিরিককে মনে করার জন্য মস্তিস্কের বাম অংশটির ব্যবহার করতে হয়নি। যখন আপনি গানটি শোনেন সেটা মস্তিস্কের ডান অংশটির মধ্যে তৈরী হয়েছে, সেই দিককার স্মৃতিতে বসে গেছে, কয়েক দশক পর তা পুণরায় গাওয়ার জন্য পড়ে থাকে।

এইভাবে, মস্তিস্কটির ডান অংশটির মাধ্যমে আপনার আধ্যাত্মিক সম্পর্ক ও বিকশিত হয়। ধ্যান আভ্যন্তরীন শান্তি ও অন্তজাতি শক্তির বিকাশ ঘটায়। যার ফলে জীবনের পথে অবশ্যয়ক অন্তজাতি অর্জিত হয়।

সুতরাং মস্তিস্কের ডান অংশটিকে বিকশিত করে ব্যক্তিকে সুপ্ত যোগ্যতাগুলিকে জাগ্রত করতে হবে তথা আধ্যাত্মিক দৃষ্টিকে প্রখর করতে হবে।

মস্তিষ্কের ক্ষমতা সংশোধনের উপায়

পড়া

আপনার ব্যবসায়িক ক্ষেত্র অথবা স্বাবলম্বনের সাথে যুক্ত পুস্তক পড়লে না কেবল আপনার জ্ঞান বাড়বে বরং মস্তিস্ক নতুন চিন্তা উৎপন্ন করার চেলেঞ্জের মুখোমুখি হবে এবং সে ক্ষমতাবান হবে।

পাঠ্যক্রম

পড়ার জন্য বয়সের প্রয়োজন নেই। সেই সব বিষয়ের কোর্স করুন, যা আপনি পড়তে চান, এটা ছোটবেলার কোন অপূর্ণ ইচ্ছা ও হতে পারে যা আপনি সেই সময় করে উঠতে পারেননি, এইভাবে আপনি মস্তিস্কটিকে কিছু শেখার জন্য আগ্রহশীল করার সাথে আরো বেশী করে সক্রিয় হবার জন্য উৎসাহিত করতে পারেন।

কাজগুলিকে ভিন্ন ভাবে করা

মস্তিস্কের কার্যক্ষমতা বৃদ্ধি করতে চান তাহলে কাজগুলি কে ভিন্ন ভাবে করুন। যদিও আপনি সব কাজ উল্টোভাবে করতে পারেন না কিন্তু আপনি নিজের রুমাল বা পকেটে রাখেন তাহলে তাকে ডান পকেটে রাখতে শুরু করে দিন। যদি ঘড়ি বা হাতে পড়েন তাহলে ডান হাতে পরতে শুরু করে দিন। নিজের আংটিগুলি আলাদা-আলাদা আঙ্গুলে পরুন। আপনার মনে হতে পারে যে আপনি এই পরিবর্তিত অবস্হায় কিছুটা অসহজ অনুভব করছেন। এটাই হচ্ছে সেই মুহুর্ত যখন আপনি মস্তিস্ককে কিছু ভিন্ন করার জন্য উত্তেজিত করছেন।

উপুড় হয়ে বসা

এটা হচ্ছে এমন এক টেকনিক যা স্নায়ু পথকে খুলে দেয়। যেমন ক্লাসে অধ্যাপক ছাত্রকে শাস্তি দেওয়ার সময় বসায় সেই ভাবে উপুড় হয়ে বসা। এতে কানের গোড়ার একুপাংচার বিন্দু সক্রিয় হবার ফলে স্নায়ু পথটি উত্তেজিত হয়। বাম হাত দিয়ে ডান কান তথা ডান হাত দিয়ে বাম কানটি ধরুন। এবার হাটু মুঁড়ুন, দাঁড়ান তথা বসুন। নীচে ঝোকার সময় নিঃশ্বাস ভেতরে টানুন, তথা দাঁড়ানোর সময় নিঃশ্বাস ছাড়ুন। এটা লাগাতার 5 মিনিট পর্যন্ত পুণরায় করুন। ই.ই.জি স্কেন রিপোর্ট থেকে জানা যায় যে এতে মস্তিস্কের ডান ও বাম অংশটির তারতম্য বৃদ্ধি পায়।

জল পান করা

মস্তিস্কের কোষে 85% ভাগ জল আছে। সুতরাং মস্তিস্কের

কার্যক্ষমতা জল ওপর নির্ভর করছে। এটাও হতে পারে যে আপনি খুব বুড়ো অথবা মতিভ্রমের শিকার না হয়ে থাকেন, শুধু আপনাকে বেশী বেশী করে জলের পানের প্রয়োজন আছে। অধ্যয়নে জানা যায় যে, দীর্ঘ সময় পর্যন্ত জলের অভাবে মস্তিস্কের কোষ গুটিয়ে যায়। মস্তিস্কের জন্য জল খুবই জরুরী খিদে ও জল পিপাসা ও আপনাকে মস্তিস্কের প্রয়োজনের দিকে ইঙ্গিত করে থাকে। যদি আপনি যথেস্ট পমিাণে জল পান না করে থাকেন তাহলে হয়তো শরীরের জলের প্রয়োজনের জন্য আপনি বেশী বেশী করে আহার নিতে শুরু করে দেবেন।

যখনই আপনার খিদে পাবে প্রথমে কয়েক গ্লাস জল পান করে নিন হতে পারে আপনার খিদে পায়নি।

মস্তিষ্ক বিন্দুগুলির ব্যায়াম

এক হাতটি এভাবে খুলুন যে বুড়ো আঙ্গুল ও তর্জনীয় মধ্যে যথেস্ট জায়গা থাকে। নিজের তর্জনী ও বুড়ো আঙ্গুলের হাঁসলী (Collarbone) থেকে কিছুটা নীচে উশেস্হি (Sternum) পাঁজরের সাথে যুক্ত চ্যাপটা সরু হাড়, ব্রেস্টবোন দুই দিকে রাখুন। এর ওপর হাল্কা চাপ দিন। সেই সময়ে অন্য হাতটি পেটের নীচে নাভির জায়গায় রাখুন। এইসব বিন্দুগুলির ওপর 2 মিনিট হাল্কা চাপ দিন। মস্তিস্কের দিকে রক্ত প্রবাহে উন্নতি হলে তার সক্রিয়তা বাড়বে। এতে বৃদ্ধি পাওয়া রক্ত প্রবাহে লেখা পড়া ও বোঝার জন্য প্রয়োজনীয় একাগ্রতার কৌশল-এর উন্নতিতে সাহায্য পাবেন।

হাত এবং হাটুর ব্যায়াম

দাঁড়িয়ে যান অথবা বসে যান। বাম হাঁটুকে ওঠানোর সময়, তার ওপর ডান হাতটি রাখুন। তারপর ডান হাঁটুকে তোলার সময় বাম হাত রাখুন। নিজেকে এইভাবে দোলান, যাতে মনে হয় আপনি প্যারেড করছেন। এটা বসে অথবা দাঁড়িয়ে 1 মিনিট পর্যন্ত করুন। এতে মস্তিস্কের ডান তথা বাম অংশটির সংযোজনে সংশোধন হবে। দুটি গোলার্দ্ধে সূচনার প্রবাহের ব্যায়াম হলে একাগ্রতার উচ্চতর স্তর পেতে ও সাহায্য মিলবে।

গোড়ালীর হাড় তথা আঙ্গুলের ব্যায়াম

দাঁড়িয়ে থাকুন কিংবা বসুন। ডান হাতের কব্জিকে বাম ঠ্যাং-এর গোড়ালীর কাছে ভাঁজ করুন। নিজের ডান কব্জিকে বাম কব্জির ওপর এইভাবে ভাজ করুন ও আঙ্গুলগুলিকে এই ভাবে জড় করুন যে ডান কব্জি ওপরে থাকে। কনুই বাইরের দিকে ভাঁজ করার সাথে আঙ্গুলগুলি ভেতরের দিকে আনুন ও আরামে বুকের মাঝখানে টেকা দিন, এই মুদ্রায়

থাকুন। গোড়ালীর হাড় ও কব্জি ও এই মুদ্রায় কয়েক মিনিট নিঃশ্বাস নিন। আপনি এরপর নিজেকে যথেষ্ট শান্ত ও সহজ অনুভব করবেন।

এ ছাড়া ড্রইং পেন্টিং, ক্রসওয়ার্ড, ও সুডোকুর মতো ব্যায়াম ও মস্তিষ্কের কার্যক্ষমতা বৃদ্ধি করে।

মাইণ্ড কোচ

আমার দ্বারা তৈরী মাইণ্ড কোচ, একটি মোবাইল সফ্টওয়েয়ার যা অপছন্দ মনোভাবের মুখোমুখী হয়ে তাকে বাঞ্ছিত ইতিবাচক ব্যবহার পরিবর্তনে সাহায্য করে। এতে বৈজ্ঞানিক গবেষনা ভিত্তিক মনোবৈজ্ঞানিক প্রশ্ন তথা সমাধান আছে। এটা আপনার মস্তিস্কটিকে এইভাবে উত্তেজিত করে যে আপনার কাছে করা প্রশ্নের উত্তর দেওয়ার প্রয়াস করা ছাড়াই মস্তিস্কটি উত্তর দিয়ে দেয়, ধীরে ধীরে এটা আপনাকে ব্যবহার ও বুদ্ধিসম্পন্নতার উচ্চ স্তর কিংবা প্রিয় রং জিজ্ঞাসা করলে আপনার উত্তর চিন্তা করার আগেই মস্তিস্কটি অটোমেটিক ভাবে প্রতিক্রিয়ায় উত্তর জানিয়ে দেবে। এই ভাবে মাইণ্ডকোচে ও মস্তিস্কটিকে উত্তেজিত করার প্রশ্ন বাক্য তথা সমাধান আছে, যা নেতিবাচক মনোভাবগুলির ওপর আধিপত্য করে তাকে বাহিরে বের করে দেয়।

মনোবৈজ্ঞানিক রূপে জানা গেছে যে প্রতিটি মানুষ সংসাধনপূর্ব তথা যে কোন মনোভাবের ওপর নিয়ন্ত্রণ করার যোগ্যতা রাখে। হতে পারে যে মানুষ তার পদ্ধতির বিষয়ে জানেনা। এখানে বৈজ্ঞানিক মনোবৈজ্ঞানিক পদ্ধতির মাধ্যমে অপরিচিত শক্তিশালী ভাবগুলি থেকে মুক্তি পাবার পদ্ধতি দেওয়া হয়েছে। সেই পদ্ধতি হচেছ, আত্মবিশ্লেষণ দ্বারা আত্ম-সশক্তিকরণ।'

প্রায় ক্রোধ কিংবা ভয়াক্রান্ত মানুষ সমস্যা কিংবা উক্ত ব্যক্তি বিষয়ে প্রতিঘৃণার মনোভাব পোষন করে থাকে এবং সমাধান ভাবতে পারেনা। এখানে সমাধান পাবার জন্য টেকনিকের মদতে প্রশ্ন করা হয় যাতে ব্যক্তিকে সেই মনোভাবের বাহিরে আসার যোগ্য করে তোলা হয়, প্রতিটি প্রশ্নের উত্তর দেওয়ার পর ব্যক্তিটি আগের তুলনায় ভালো অনুভব করে এবং অভ্যাসের শেষে নেতিবাচক মনোভাব থেকে মুক্ত হয়ে যায়।

এটা ক্রোধ ভয়, অনিশ্চিয়তা, মানসিক চাপ, নির্ণয় নির্ধারণ, আত্মবিশ্বাসে ঘাটতি, উদ্বেগ, উপেক্ষা ও অধীরতা ইত্যাদি মনভাবগুলির ওপর কাজ করে। এটা মনোভাবে স্তরের মুল্যায়ন করা, লুকিয়ে থাকা কারণ খোঁজা ও তা থেকে মুক্তি পাবার জন্য কার্যকরী টেকনিক দিতে সহায়ক। একে সেলুলার ফোনের ব্যবহারে কখনো প্রয়োগ করতে পারেন। আপনি এ বিষয়ে আরো তথ্য পাবার জন্য w.w.w.corporate trainingindia.net এর ওপর খোঁজ করতে পারেন।

যুগগুলির মাধ্যমে উদভব বিজ্ঞান

যেমনটা আমরা এখন মানব বিজ্ঞানের চর্চা করেছি সেই ভাবে যুগগুলির মাধ্যমে উদ্ভব বিজ্ঞান ও হয়। এই দুটি বিষয় সম্পর্কে জানার মাধ্যমে আপনি আধ্যাত্মিকতার পথে আরো বেশী স্পষ্ট ভাবে এগিয়ে যেতে পারবেন।

কয়েকজন স্বয়ংসিদ্ধ আত্মা যারা মানবজাতিকে সফল জীবন ব্যতিত করার পথ দেখিয়েছেন। বাস্তবে আমি দৃঢ় ভাবে মনে করি যে মানববিজ্ঞান, আধ্যাত্মিক বিজ্ঞানের ছোট অংশ। প্রচীন মহান কবিরা খুবই ভালো কথা বলেছেন এবং নিজের বুদ্ধি-বিবেকের জোরে তারা কয়েকজন আত্মার মার্গদর্শন করতে সফল হয়েছেন। তাঁরা মন তথা ইন্দ্রিয়ের ওপরে ও গভীর ভাবে চর্চা করেছেন সুতরাং অধ্যাত্ম ও বিজ্ঞান পরস্পর সম্পর্কযুক্ত তথা পরস্পরের ওপর নির্ভরশীল ও বটে, আমি এটা স্বামী মুক্তেশ্বর মহারাজের গণনার মাধ্যমে প্রদর্শিত করতে চাইব যে এটা আজকের সন্দভে কতটা প্রাসঙ্গিক, যাতে আমরা আধ্যাত্মিকতার সম্ভাবনাকে প্রশংসা করতে পারি।

যুগের মাধ্যমে, উদ্ভব বিজ্ঞান অনুযাই, কলিযুগকে চারটি যুগের মধ্যে সবচেয়ে খারাপ মনে করা হয়েছে। মানুষের বুদ্ধি কেবল এক চতুর্থাংশ বিকশিত হবে এবং মানুষ সমস্ত ভৌতিক সৃষ্টির উর্দ্ধে যেতে পারবেনা।

সত্যযুগ হচেছ শ্রেষ্ঠ, যেটায় মানুষ অদৃশ্য জগতের উর্দ্ধে, ঈশ্বর তথা আত্মার সাথে সাক্ষাৎকার করতে পারবে। সত্যযুগের পর ত্রেতা তারপর দ্বাপর এবং শেষে কলিযুগ আসে। বিশ্বের সমস্ত হিন্দুদের মধ্যে সাধারণত এই মত পোষণ করা হয়ে থাকে যে আমরা কলিযুগে আছি কিন্তু শ্রী শ্রী স্বামী মুক্তেশ্বর মহারাজ জী (1855-1936), গুরু পরমহংশ যোগানন্দী জীর গুরু (পরমহংশ যোগানন্দ জীর একজন যুগীর আত্মকথার লেখক তথা 'যোগদা সৎসঙ্গ সোসাইটি'র প্রতিষ্ঠাতা যা রাঁচী ও আমেরিকা দ্বার পরিচালিত) এই বিষয়ে বিভিন্ন মতামত পোষন করেন। তিনি একজন স্বয়ংসিদ্ধ স্বামী ছিলেন, যিনি 1936 সালে সমাধি গ্রহণ করেন।

প্রায়ঃ এটা মনে করা হয় যে সত্যযুগ 17,28.000 বছরের, ত্রেতা 12,96,000 বছরের হয়। দ্বাপর 8.64.000 বছরের তথা কলিযুগ 4,32.000 বছরের হয়। স্বামী শ্রী শ্রী মুক্তেস্বর মহারাজ জী বলেছেন

যে এই সব পরিসংখ্যানের পেছনে একটি প্রসঙ্গ আছে, তিনি সেটার ব্যাখ্যাও করেছেন।

দ্বাপর যুগ পুর্ণ হবার পর, মহারাজ পরীক্ষিতের শাসনকালে গণনার এই ভুল হয়েছে। সেই সময় মহারাজ যুধিষ্ঠির খেয়াল করেন যে কলিযুগ নিজের পৌত্র রাজা পরীক্ষিতকে শাসনভার সপে দেন। তিনি নিজের দরবারের সমস্ত বুদ্ধিমান ব্যক্তিদের সঙ্গে হিমালয়ের দিকে চলে যান তখন রাজা পরীক্ষিতের দরবারে এমন কোন লোক ছিল না যারা যুগের উপযুক্ত গণনা করতে পারে কিংবা তা জানতে পারে। দ্বাপর যুগ শেষ হয়ে যাওয়ার পর কেউই কলিযুগের পরিচয়ের ঘোষনার সাহস করেনি। এই ভাবে কলিযুগের প্রথম বছর, দ্বাপরেই গণনায় চলে আসে। কয়েক বছর পর সেই কালের বুদ্ধিমান ও বিজ্ঞ ব্যক্তিদের মনে হয় যে কলিযুগের অবধি 1200 বছরের। যেহেতু তার বুদ্ধি পুরোপুরি বিকশিত ছিলনা, সুতরাং সে এই সিদ্ধান্তে পৌঁছান যে কলিযুগের সে 1200 বছর আমাদের পৃথিবীর সাধারণতঃ 1200 বছর ছিল না। সেটা তো ঈশ্বরের বছর ছিল, যেটার প্রতিটি মাসে 12 মাস তথা 30 দিনের হয়।

এবং প্রতিটি ঈশ্বর দিবস, পৃথিবীর 1 বছরের সমান ছিল, এই

1 দিন – 1 বছর

360 দিন - 300 বছর

সত্যযুগ ঃ 360 বছর + 4800 বছর = 17,28,000 বছর

ত্রেতাযুগ ঃ 360 বছর + 3600 বছর = 12,96,000 বছর

দ্বাপর যুগ ঃ 310 বছর + 2400 বছর = 8,64,000 বছর

কলিযুগ ঃ 360 বছর +1200 বছর = 4,32,000 বছর

তিনি বলেন যে সত্যযুগের 4800 বছরের মধ্যে (400+4000+400) সত্যযুগের আগে তথা পরের 400-400 বছর তার গোড়ার। এই ভাবে 3600 (300+3000+300), 2400 (200+2000+200) তথা 1200 (100 + 1000 + 100) ও ত্রেতা, দ্বাপর তথা কলিযুগের গোড়া। তাঁর গণনাগুলি ইঙ্গিত করে যে 1600 ই.তে কলিযুগ (কলিযুগের শেষ 100 বছর তার গোড়া ছিল), সুতরাং দ্বাপর যুগের বৈশিষ্ঠ ও উদভাষিত হতে থাকে। 1600 ই.তে বিলিয়াম গিনবার্ট চুম্বকীয় শক্তির খোঁজ করেন। 1609 সালে, কৈপলার ল' অফ এস্টোনমী তথা গৈলিলিয়ো টেলিস্কোপ তৈরী করেন। 1670 সালের নিউটন গুরুত্বাকর্ষন-এর সিদ্ধান্তের

ব্যাখ্যা করেন। 1699 সালে দ্বাপরের 200 বছরের গোড়া ও শেষ হয়ে যায় এবং এখন আমরা পুরোপুরী দ্বাপর যুগেই আছি। এই কারণে বিগত 100 বছরে মানুষ উচ্চ স্তর পেরিয়েছে।

যদি আপনি বিগত 2000 বছরের মানবতার ইতিহাস দেখেন তখন মানুষ, যুদ্ধ, দখল, অন্যের প্রতি অনাদর তথা নারীদের প্রতি হেয় মনোভাব ও স্বৈরাচারী রীতি-পদ্ধতিতে লিপ্ত থেকেছে কিন্তু বিগত পাঁচ শত বছরে মানুষ যথেষ্ট পরিপক্ক হয়েছে। সে গণতন্ত্র কে গ্রহণ করেছে নিজেদের মধ্যেকার শত্রুতার মনোভাব দূর করে নারী-পুরুষদের সমান নজরে দেখা ও অন্যের মনোভাবগুলিকে সম্মান জানানো হচ্ছে। যখন তিনি 1894 সালে এই গণনার রহস্যউদ্‌ঘাটন করেন তখন তিনি একে 26 শে ফাল্গুন, 194 দ্বাপর এর নাম করণ করেন।

আমার পূর্ণ বিশ্বাস যে এইসব তর্ক ও তথ্যের ভিত্তিতে আপনি ও বুঝে গেছেন যে আমরা কলিযুগে বসবাস করছি না এবং আমরা তীব্রতার সাথে এগিয়ে গিয়ে উর্বর মস্তিষ্ক উৎপন্ন করছি, যা জীবনে শীর্ষে ওঠার জন্য প্রয়োজন হবে। এটা আমাদের সামনের অধ্যায়ের দিকে নিয়ে যাবে যা ঈশ্বর ও তার নিয়মগুলির ব্যাখ্যা করে। আমার জন্য ভগবদ্‌গীতার শ্লোকগুলি থেকে ভালো কিছু হতে পারে না, যা জীবনের নিয়মগুলিকে এত সার্থক ভাবে ব্যাখ্যা করে।

❑

অধ্যায়-২

ঈশ্বর

জীবন হচেছ একটি উপহার এবং রং-এর বিভিন্ন মেলবন্ধনকে আমাদের সামনে প্রস্তুত করে। এটা প্রতিটি লোককে বাঁচার ও সব রকমের উলট-পালটকে সহ্য করার সুযোগ প্রদান করে, যাকে প্রায়ঃ দুঃখের ছায়া মনে করা হয়। এসব উলট-পালট, উত্তেজনা, উদ্বেগ, চাপ, চিন্তা, ঘৃনা, লোভ অথবা অন্য নেতিবাচক মনোভাবে এটাই হতে পারে। সত্যি কি কেউ চিন্তা করে যে এইসব নেতিবাচক মনোভাবগুলি থেকে মুক্তি পাবার জন্য কি করা উচিত? আমরা সবাই সফল হতে চাই কিন্তু এটা জানিনা যে তা কি ভাবে অর্জিত করতে হবে? আমাদের মধ্যে কয়েক জনই সেটা অর্জিত করে থাকে, যা আমরা চেয়েছিলাম (প্রায়ঃ জীবনে লক্ষ্য অর্জিত করার পরেও মানুষ অসন্তুষ্ট কেন থাকে)। এমন কেন হয়? এই প্রশ্নের উত্তর কঠিন নয়। যদিও তা জীবন থেকে মুছে ফেলা এক কঠিন কাজ মনে হয়। যার কারণ হচেছ–অহংকার, লোভ, ঘৃণা ও ইর্ষা ইত্যাদি। যদি আমরা নিজেদের প্রাপ্য পাই না তখন আমরা নেতি বাচক মনোভাব গ্রহণ করেনি।

বহু নিপীড়িত তথা দুঃখী মানুষের মধ্যে কেবল কয়েকজনই এমন হবে যারা নিজের অবস্থার ওপর চিন্তা করে, সে জানরা চেস্টা করে নেতিবাচক অবস্থাগুলিকে কি ভাবে নিয়ন্ত্রণ করা যায়। বুদ্ধিমান ব্যক্তি শুরুতে পীড়াকে উপেক্ষিত করে থাকে আর সমস্যা বৃদ্ধি পেলে তখন তার সমাধানের জন্য কোন না কেনা উপায় খুঁজে বার করেই।

আপনি মানুন বা না মানুন, যতক্ষন আপনি ঈশ্বর ও তাঁর নিয়মগুলি কে না জেনে নেন, ততক্ষন জীবনে সাফল্য প্রাপ্তি, হাশি খুশি জীবন কাটানো অথবা একজন বিবেকী মানুষের মতো বিকশিত হওয়া খুবই কঠিন। একজন ব্যক্তি আজীবন প্রয়োগ করতে পারে। জীবনকে জানা কিংবা নিজের মতো করে বাঁচতে শিখতে সময় নস্ট করতে পারে, নিজের অভিজ্ঞতা দ্বারা শিখতে পারে (অথবা পুনঃ ব্যর্থ হতে পারে),

কিংবা তথাকথিত গুরুদের বলা অনুযাই চলতে পারে।

প্রাকৃত সত্য হচেছ যে এই সমস্ত প্রক্রিয়া নিজেই খুবই দীর্ঘ তথা পরিশ্রান্ত করার মতো, যেটায় সময়, অর্থ তথা শক্তির অপচয় হয় তথা ইতিবাচক ফলাফলও পাওয়া যায়না। যতক্ষন আপনি প্রকৃত সত্য জানতে পারবেন ততক্ষণ পর্যন্ত বয়সের শেষ সীমায় পৌঁছে যাবেন।

আপনারা সবাই জানেন যে মানব জীবনকে সর্বশ্রেষ্ঠ বলে গণ্য করা হয়। সুতরাং একে এভাবে ব্যর্থ করতে লাভ কি? জীবনের অল্প তথা অনিশ্চিত অবধি তথা সাধনের দুর্লভতার কারণে জীবনের গুরুত্ব বোঝা আরো বেশী করে আবশ্যক। প্রভু আপনাকে যে জীবনরূপী উপহার দিয়েছেন, তাকে প্রভুর তৈরী করা নিয়মগুলির অনুযাই চলতে দিন। এটা বলার অপেক্ষা রাখে না যে প্রভু প্রদত্ত নিয়মগুলির ভিত্তিতেই কোন ব্যক্তি সফলতা ও সমৃদ্ধি অর্জিত করতে পারে।

বেদ তথা ভগবদ্গীতার মতো পবিত্র গ্রন্থ, জীবনকে সংস্কার ও ভালো হবার দিশা-নির্দেশ দেয় কিন্তু দুর্ভাগ্যের বিষয় যে আমরা নিজের জীবনে এত ব্যস্ত যে আমাদের কাছে তা পঠন-পাঠন ও মনন করার সময় নেই। আমরা জ্ঞান হবারপর থেকেই এই বিষয়ে শুনে আসছি সুতরাং আমাদের চেতনা এটা স্বীকার করে নিয়েছে যে আমরা আগে থেকেই এই বিষয়ে সব কিছু জানি। যেভাবে একজন কিশোর নিজের পিতা-মাতার আদেশ পালন করা ত্যাগ করে এবং মনে করে যে সে সব কিছু জানে, এমনই কিছুটা অবস্হা আমাদেরও। এই পুস্তকটি পাঠকদের কাছে জ্ঞানের অসীম ভাণ্ডার পৌঁছে দেওয়ার উদ্দেশ্যে লেখা হয়েছে এবং আস্বস্ত করে যে যদি কোন ব্যক্তি ধার্মিক ভাবে এর পালন করলে পর সে নিজের বাঞ্চিত লক্ষ্যে পৌঁছাতে পারবে। এই পুস্তকটি শ্রীকৃষ্ণ ও অর্জুনের বার্তালাপের ওপর কেন্দ্রিত হবে এবং তারপর পাঠকগন, সেই মানব বিজ্ঞানের অংশের সাক্ষী হবে, যেটা প্রত্যেকে প্রসন্নতাপূর্বক গ্রহণ করতে পারে। এটা কোন ধার্মিক গ্রন্থ নয় বরং আধ্যাত্মিক ও বৈজ্ঞানিকরূপে উন্নত পাঠ্য, যা সাফল্য তথা সম্পন্নতার জন্য মনোবাঞ্চিত দৃষ্টিকোন প্রদান করছে। এই পুস্তকটি আধ্যাত্ম বিজ্ঞান ভিত্তিক কেননা লেখকম নে করে যে মানব বিজ্ঞান, আধ্যত্ম বিজ্ঞানেরই ছোট অংশ, এই পুস্তকটি পড়ার পর পাঠক ও এই পরামর্শের সমর্থক হবেন। এখানে ধর্ম ও অধ্যাত্ম-এর মধ্যেকার পার্থক্য পুরোপুরী স্পস্ট। ধর্ম মানুষের হাতে গড়া কিন্তু অধ্যাত্ম-এর রচনা প্রভু করেছেন।

আপনি কি কখনো চিন্তা করেছেন যে মানব শরীরের শতকরা 1 অংশ ও তার নিয়ন্ত্রণে নেই- কিছু সৈবচিছক মাংসপেশীগুলিই আমাদের

নিয়ন্ত্রণে আছে, যতক্ষন অন্য মাংসপেশীগুলি আমাদের নিয়ন্ত্রণের অধীনে নেই। কোন ব্যক্তি হৃদয় ফুসফুস তথা কিডনী ইত্যাদি মানবীয় অঙ্গ কে নিয়ন্ত্রণ করতে পারে না, কিন্তু এর অর্থ এটা নয় যে তাঁকে কেউ নিয়ন্ত্রণ করতে পারে না। ঠিক এই ভাবে আপনার নিজের সফলতা কিংবা ব্যর্থতার ওপর কোন নিয়ন্ত্রণ নেই। কিন্তু এর অর্থ এটাও নয় যে সে আপনার ভাগ্যের অধীনে। আপনি নিজেই নিজের কর্মের দ্বারা নিজের ভাগ্য তৈরী করেছেন তথা ঈশ্বর অথবা মহাশক্তি (যে নামই আপনি করতে চান) আপনাকে কর্মফল প্রদান করছেন। সুতরাং জীবনে পুর্ণতা অর্জিত করতে হলে প্রাকৃতিক নিয়মগুলি এবং তার গুরুত্বের উপাদেয়তাকে জানুন।

কার্ল মাকর্স নিজের অর্থশাস্ত্র তথা দর্শনশাস্ত্র বিষয়ে পুস্তক লিখছেন–'শ্রমিক প্রকৃতি ছাড়া কিছু করতে পারেনা।' এর শ্রম পদার্থভিত্তিকই হয়, যেটা দিয়ে উৎপাদের নির্মাণ হয়। মানুষ প্রাকৃতির কারণেই জীবিত আছে তথা এই প্রকৃতি তার শরীর। সুতরাং তাকে প্রকৃতির সাথে তালমেল করতেই হবে। মানুষও প্রকৃতিরই একটি অংশ। অতীতেও বহু মহান সফল মহাপুরুষরা প্রকৃতি তথা এর নিয়মের প্রশংসা করেছেন। যদি আপনিও তার মতো প্রাকৃতিক নিয়মগুলিকে পালন করেন তাহলে তার মতা হতে পারবেন।'

সাফল্যকে দুই ভাগে বিভক্ত করতে পারেন–**অল্পকালীন** তথা **দীর্ঘকালীন সফলতা।** বর্তমানে যে মানুষকে আমরা দেখতে পাই, সেটা শতাব্দী কালের দীর্ঘ যাত্রার বিকাশ করতে গিয়ে এখানে পৌঁছেছে। এখানে এই প্রশ্নটি গুরুত্বপূর্ণ যে আমরা কোন গতি দ্বারা বিকাশ করছি এবং দ্বিতীয় গুরুত্বপূর্ণ দিক হচেছ এটাও যে, এই গতিকে চিনব কেমন করে? নিম্ন তালিকা দ্বারা আপনি দুই প্রকারের সাফল্যের পার্থক্যকে জানতে পারবেন।

দীর্ঘকালীন সফলতা	অল্পকালীন সফলতা
• ব্যক্তি প্রাকৃতিক নিয়মগুলিকে পালন করেন।	• প্রাকৃতিক নিয়মগুলীকে অবহেলনা করা হয়।
• মানব কল্যাণের সাথে যুক্ত কাজ করেন।	• শুধুমাত্র ব্যক্তিগত কল্যান বিষয়ে চিন্তা করা হয়।
• মানুষ জীবনে আধ্যাত্মিক তথা ভৌতিক সফলতা অর্জিত করেন।	• ভৌতিক সাফল্য প্রাপ্ত করে কিন্তু আধ্যাত্মিক রূপে পতন হয়ে যায়।
• সমাজ দ্বারা প্রশংসিত তথা দৈবী ব্যক্তিত্ব রূপে সম্মানিত হয়।	• প্রথম প্রথম সম্মান প্রায় কিন্তু শীঘ্রই সমাজ তার দুরভিসন্ধি জেনে তাকে প্রতারিত করতে শুরু করে।
• প্রসন্ন তথা শান্ত জীবন কাটায়।	• উত্তেজনাযুক্ত তথা ব্যাকুল জীবন কাটায়।

যদি আমি জিজ্ঞাসা করি যে দিনে কত ঘন্টা হয় তাহলে স্বাভাবিক ভাবে উত্তর হবে '24 ঘন্টা'। আমার পরের প্রশ্ন হচ্ছে যে আমরা এর মধ্যে কত ঘন্টা দৈনন্দিন কার্যকলাপে রত থাকি ? এই দৈনন্দিন কাজের মধ্যে আমাদের ঘুমের ঘন্টা, কাজ ও যাত্রা করার ঘন্টা তথা আহার ও বিশ্রামের সময়ও যুক্ত যা সব মিলিয়ে একদিনে 20 ঘন্টা হয়। আমরা কোনগতিতে বিকাশ করব, এটা শেষ চার ঘন্টার সঠিক ব্যবহারে নির্ভর করছে। আমরা কি এই চার ঘন্টাকে টি.ভি. দেখার, গল্প করার কিংবা ক্রিকেট দেখে কাটাব অথবা এগুলিকে নিজের উৎপাদকতা বৃদ্ধি করতে, মনকে নিয়ন্ত্রণ করতে ও প্রাকৃতিক নিয়মগুলির সাথে একাকার হয়ে যাওয়ায় কাটাব।

এতে কোন সন্দেহ নেই যে আধুনিক মানব প্রগতির পথে অগ্রসর হচ্ছে কিন্তু সে কিছুটা জানতে পেরেছে যে সে প্রকৃতির কারণেই এগিয়ে যেতে পারছে। শক্তিশালী প্রকৃতির তুলনায় মানুষ অস্তিত্বহীন। সম্ভবতঃ এই কারণে মানুষ বন্যা, খরা, ভূমিকম্প ইত্যাদি প্রাকৃতিক বিপর্য্য দ্বারা আতংকিত হয়ে যায় এবং তার কাছে পলায়ন ছাড়া কোন বিকল্প থাকে না। মানুষ নিজেকে আবিস্কারক মনে করে কিন্তু সে তো মাত্র অন্বেষক। সে অনুকে তৈরী করেনি, কেবল তার খোঁজ করেছে। সে বৈজ্ঞানিক উপলব্ধির জোরে প্রকৃতির উপাদানগুলির গবেষনা পর্যন্ত করতে পারে।

সবার আগে আমরা বেদ এবং তাতে নিহিত উদ্দেশ্যকে জানার চেষ্টা করব। বেদের রচনা স্বয়ং ঈশ্বর করেছেন তথা ব্রহ্মাজীকে প্রদান

করেছেন যাতে সৃষ্টির জীবগুলিকে সাহায্য করা যেতে পারে। এই প্রক্রিয়া টেলিপ্যাথী (চেতনা-সংবহন) দ্বারা করা হয়েছে, কোননা সেই কালে 'অক্ষর' অথবা 'লিপি' অস্তিত্বে ছিলনা। বেদগুলির সারসংকলন সংস্কৃত ভাষায় উপনিষদে প্রস্তুত করা হয়েছে। যদিও ভাষা তথা এর প্রয়োগকে এত গুপ্ত রাখা হয়েছে যে এটা অস্পষ্টই থেকে যায়। কুরুক্ষেত্রের যুদ্ধের ময়দানে ভগবদ্গীতা অস্তিত্ব পায়। এর পবিত্র শব্দগুলি স্বয়ং কৃষ্ণ-এর শ্রীমুখ থেকে নির্গত হয়, যখন তিনি অর্জুনকে কে উপদেশ দেন।

সেই থেকে আজ পর্যন্ত বহু বিদ্বান তথা ভাষ্যকাররা গীতার ওপর নিজের ভাষ্য প্রস্তুত করেছে যাতে তা জনসাধারণ-এর জন্য সরল করা যেতে পারে। বেদের মাধ্যমেই গীতার ইচ্ছিত লক্ষ্যের প্রাপ্তির জন্য সৃষ্টির রহস্য, ক্রমিক চক্র, আচার সংহিতা ও নিয়ম ইত্যাদির বর্ণিত হয়ে আছে।

দ্বিতীয় অধ্যায়ের শ্লোক-সংখ্যা 45 এ প্রভু বলছেন–

'হে অর্জুন! সমস্ত বেদ তিনটি গুণের কার্যরূপে জগতকে আলোকিত করবে। সুতরাং তুই অসংসারী অর্থাৎ নিষ্কামী এবং সুখঃ দুঃখ ইত্যাদি দ্বন্দ্বগুলির উর্দ্ধে, নিত্য-বস্তুতে অবস্থিত তথা যোগক্ষেমের আকাংক্ষা না করা তথা আত্মপরায়ন হও।'

বেদের মধ্যেই অখিল ব্রহ্মাণ্ডের সত্য তথা জ্ঞান মিশে আছে। বেদের সার সংকলনের গভীর অধ্যয়নের পর উপনিষদ অস্তিত্বে আসে। বেদের মধ্যে নিহিত জ্ঞানকে জানার জন্যই উপনিষদের রচনা করা হয়েছে।

আসুন এবার আমরা জানার চেষ্টা করি যে প্রভু দেখতে কেমন? তাঁর আকৃতি কেমনতর?

মহারাজ ধৃতরাষ্ট্রকে সঞ্জয় কুরক্ষেত্রের যুদ্ধের চোখে দেখা অবস্থা জানায়। এই যুদ্ধটি 'মহাভারত'-এর নামে জানা যায়। এখানে শ্রীমদ্ভগবদ গীতার গুরুত্বপূর্ণ অধ্যায়ের জন্য নেওয়া শ্লোকের মাধ্যমে প্রভুর বিভিন্ন রূপের তথা মহিমার বর্ণনা করা হয়েছে। যদিও প্রভু স্বয়ং এটার বর্ণনা করেছেন তথাপি তিনি অভিমানী নন। তিনি ও শব্দগুলি অর্জুনকে প্রেরিত করার জন্য বলেছেন যিনি বর্তমান অবস্থার দ্বারা পরাজিত হয়ে হতাশ হয়ে বসেছিলেন। যেহেতু সে সম্পূর্ণরূপে ভ্রমিত ছিলেন, সুতরাং প্রভুর জন্য এটা আবশ্যক হয়ে যায় যে সে তাকে নিজের দৈব স্বরূপের পরিচয় দিক।

তিনি চেয়েছিলেন যে অর্জুন এইসব দেখে-শুনে নিজের হারানো স্বাভিমান পুণরায় অর্জিত করুক।

সেই শ্লোক নিম্নলিখিত–

একাদশতম অধ্যায়ে প্রভু বলছেন–

'অর্জুন বহু মুখ তথা নেত্রের সাথে যুক্ত তথা বহু অদ্ভুত দর্শনমুক্ত দিব্য ভুষনগুলি তথা শাস্ত্রের সাথে যুক্ত, দিব্যমালা তথা বস্ত্রধারণ করে আছেন, দিব্য গন্ধের অনুলেপন করে তথা সব রকমের আশ্চর্য্যের সাথে যুক্ত, সীমাহীন বিরাট স্বরূপ, পরমদেব পরমেশ্বর কে দেখেন।' (10-11)

'আকাশে হাজারো সূর্যের থেকে উৎপন্ন হওয়া আলোক ও সেই বিশ্বরূপ পরমাত্মার আলোকের মতো হতে পারে না।' (12)

অর্জুন বলেন, 'হে দেব! আপনার শরীরে সম্পূর্ণ দেবগন তথা অনেক ভুতের সমুদায় ও কমলের আসনের ওপর বসা ব্রহ্ম তথা মহাদেব ও সম্পূর্ণ কৃষিগণ তথা দিব্য সর্পগুলি দেখছি।' (15)

'হে মহাত্মন। এটা স্বর্গ তথা পৃথিবীর মধ্যেকার সম্পূর্ণ আকাশ তথা সমস্ত দিশাগুলি আপনার মধ্যেই পরিপূর্ণ হয়ে আছে তথা আপনার এই আলোকিক ও ভয়ংকর রূপ কে দেখে তিন লোক অতি ব্যথা পাছে।'(20)

নবম অধ্যায়ের শ্লোক সংখ্যা 6 প্রভু বলছেন–

'যে ভাবে আকাশ থেকে উৎপন্ন হয়ে, সর্বত্র বিচরণকারী মহান বায়ু সদা আকাশেই থাকে, সেই ভাবে সম্পূর্ণ প্রাণী আমার মধ্যে অবস্থিত।'

দশম অধ্যায়ে প্রভু বলেন–

'হে অর্জুন! আমি সব ভূতের হৃদয়ে স্থিত আত্মা তথা সম্পূর্ণ ভূতের আদি, মধ্য ও শেষ ও আমিই।' (20)

'আমি অক্ষরে আকার তথা সমাসে দ্বন্দ্ব নামক সমাস তথা কালোর ও মহাকাল তথা বিরাটস্বরূপ, সবার লালন-পালনকারীও আমিই।' (33)

'হে অর্জুন! আমি হচ্ছি সবার নাশকারী মৃত্যু তথা উৎপত্তির কারণ। নারীদের মধ্যে আমিই হচ্ছি কীর্তি, শ্রী, বাক্, স্মৃতি, মেধা, ধৃতি তথা ক্ষমা।'(34)

আমি দমনকারী শক্তি। গোপনীয় ভাবের মৌন তথা জ্ঞানীদের তত্ত্বজ্ঞানও আমিই? (38)

সপ্তম অধ্যায়ের শ্লোক সংখ্যা 26 এ প্রভু বলছেন–

'হে অর্জুন! পূর্বে ব্যতীত হওয়া তথা বর্তমানে অবস্থিত তথা ভবিষ্যতে হওয়া সব ভূতগুলোকে আমি জানি। কিন্তু আমাকেকেউ শ্রদ্ধা তথা ভক্তিহীন পুরুষ জানেনা।'

দশম অধ্যায়ের শ্লোক সংখ্যা 3 এ প্রভু বলছেন–

যে আমাকে আজন্মা, অনাদি তথা লোকগুলির মহান ঈশ্বর তত্ত্ব হিসাবে জানে, সে মানুষের মধ্যে জ্ঞানী পুরুষ, সম্পূর্ণ পাপ থেকে মুক্ত হয়ে যায়।

15তম অধ্যায়ে প্রভু বলছেন–

'যে প্রকাশময় পরমপদ কে সূর্য, চন্দ্র তথা অগ্নি আলোকিত করতে পারে না, তথা যে পরমপদকে অর্জিত করে মানুষ এই জগতে পুণরায় জন্ম নিতে পারেনা, সেই হচ্ছে আমার পরমধাম।'(6)

আমিই পৃথিবীতে প্রবেশ করে, নিজের শক্তি দ্বারা সমস্ত ভূতগুলিকে ধারণ করি তথা রসস্বরূপ অর্থাৎ অমৃতময় চন্দ্রমা হয়ে সম্পূর্ণ–ওষধীয় তথা বনস্পতিগুলিকে পুস্ট করছি।(13

'আমিই সমস্ত প্রাণীদের শরীরে অবস্থিত বৈশ্যবানর অগ্নিরূপ হয়ে প্রাণ ও অপান দ্বারা যুক্ত চার ধরনের অন্নকে হজম করি।'(14)

শ্রীমদ্ভগবদ গীতায় দেওয়া শ্লোকগুলি পড়ে আপনি জেনে গেছেন যে প্রভু এই জগতের সর্বত্র বিরাজমান তথা তাঁর কোন নিশ্চিত স্বরূপ নেই। তিনি এই পুস্তকরূপে ও এই সময় আপনার সাথে। তাঁর স্বরূপ মানবীয় মস্তিস্ক তথা ইন্দ্রিয়ের জ্ঞাতব্য-এর উর্দ্ধে। অনেকাংশ মানুষ এটাই চিন্তা করেন যে প্রভুর স্বরূপ নিশ্চিত তথা তিনি আমাদের থেকে এক নিশ্চিত দূরত্বে থাকেন। সে এটা জানতে পারে না যে প্রভু তো সর্বত্র আছেন। আজ আমরা এই তীব্র তথ্য ও প্রযুক্তির যুগে ফোন, ইন্টারনেট তথা ফ্যাক্সের মাধ্যমে যে কোন জায়গায় বার্তার আদান-প্রদান করতে পারি, যার জন্য ভৈতিক শরীরের উপস্হিতির কোন প্রয়োজন পড়ে না। এই প্রক্রিয়াটি সেটেলাইট তথা কেবল দ্বারা পরিচালিত করা হয়। যেমন আমি আগেও বলেছি যে মানব-বিজ্ঞান, অধ্যাত্ম বিজ্ঞানের এক ছোট অংশ সুতরাং যদি আমরা এই প্রক্রিয়াকে বুঝতে সক্ষম তাহলে আমরা ঈশ্বরের স্বরূপহীন স্বরূপকে বুঝতে পারব।

জিল বোল্ট টেলারের অভিজ্ঞতা আপনাকে এই বিষয়টি বুঝতে মদত যোগাবে যে ঈশ্বর কি ভাবে সর্বত্র বিরাজমান আছেন, আমরা অকি ভাবে তার সাথে যুক্ত আছি। আমরা একের সঙ্গে নয় কিন্তু একরূপ আছি। বাস্তবিক আধ্যাত্মিক জগতে, আমাদের মধ্যে কোন পার্থক্য নেই, আমরা সবাই একই শ্রোতের সাথে যুক্ত তথা সর্বব্যাপী আছি।

নিউরোএনাটামিস্ট জিল বোল্ট টেলার একদিন সকালে ঘুম থেকে উঠে দেখেন যে তাঁর মৈসিব স্টোক হয়েছে। বানী, গতি ও জ্ঞান ইত্যাদি সমস্ত মস্তিস্ক ক্রিয়া–গুলি এক-এক করে বিলুপ্ত হতে থাকে–যেটা তিনি কঠিন অধ্যয়ন দ্বারা অর্জিত করেছিলেন। এটা জাগরণ ও সংস্কারের শক্তিশালী কাহিনী–যে আমরা কিভাবে এই জগতে একেঅপরের সাথে যুক্ত আছি।

10ই ডিসেম্বর, 1966 সালের এক সকালে বুঝতে পারি যে আমি

ব্রেন ডিস-আর্ডর গ্রস্ত হয়ে আছি। আমার মস্তিস্কের অর্ধেক বাম অংশে একটি রক্ত শিরা ফেটে গিয়েছিল। চার ঘন্টার মধ্যে আমি জানতে পারি যে মস্তিস্কটি সব তথ্য গ্রহণের যোগ্যতা হারিয়ে ফেলেছে। আমি সেই দিন থেকে, চলা-ফেরা হাঁটতে, কথা বলতে, পড়তে কিংবা মনে করতে পারছিলাম না। আমি কোন মায়ের, গর্ভে নবজাতকের মতো হয়ে যাই।

স্ট্রোক-এর সকালে, আমি নিজের কার্ডিয়ো-গ্লাইডারে ব্যায়াম শুরু করি যা হচ্ছে গোটা শরীরের ব্যায়াম-মেশিন। ব্যায়াম করার সময় আমার অনুভব হয় যে বার কে ধরে থাকা আমার হাত, আদিম হাতের মতো দেখাছিল। এটা আমায় খুবই বিচিত্র মনে হয়। আমি নিজের শরীরের দিকে তাকিয়ে ভাবি, 'আরে, আমি কত বিদঘুট হয়ে গেছি।' এমন মনে হচ্ছিল যে আমার চেতনা, আমার যথার্থ-এর সাধারণ বোধের উর্দ্ধে চলে যায় মেশিনে দাঁড়ানো আমি একজন ব্যক্তিরূপে আলাদাই গুপ্ত সময়ে দাঁড়িয়েছিলাম, যেখানে আমি নিজেই এই অভিজ্ঞতার সাক্ষী ছিলাম।

এসব অনেক বিচিত্র ছিল আর আমার মাথাব্যাথা বেড়েই চলছিল। আমি মেশিন থেকে নেমে কামরায় হাঁটতে লাগলাম। মনে হলো যে শরীরের সমস্ত ক্রিয়া কমে আসছে। আমার প্রতি পদক্ষেপের প্রবাহ এবং গতি কমে আসছিল। আমার আভ্যন্তরীন তন্ত্র ও শিথিল হয়ে আসছিল এবং আমি শুধু নিজের অন্তরাল তন্ত্রের ওপরই নজর কেন্দ্রিত করছিলাম। যখন আমি বাথরুমে শাঁবরের নীচে যাওয়ার জন্য পা বাড়াই তখন আমার নিজের শরীরের মধ্যে থেকেআসা একটি স্বর শোনা যায়। কেউ নীচু গলায় বলছিল, 'আছা-মাংপেশী, তুমি গুটিয়ে যাও, মাংসপেশী তুমি শিথিল হয়ে যাও।'

এবং আমি ভারসাম্য হারিয়ে দেয়ালোর দিকে নুয়ে পড়ি। আমি নিজের বাহুর দিকে তাকাই তখন আমায় মনে হয় যে আমি নিজের শরীরের সীমানা পরিভাষিত করতে চাইছিলাম না, আমি পরিভাষিত করতে পারছিলাম না যে আমার শুরু এবং শেষ কোথায়। কেননা আমার বাহুর অনু ও পরমাণু, দেয়ালের অনু ও পরমাণুর সাথে একাকার হয়ে গিয়েছিল। আমি কেবল এই শক্তিকে চিনতে পারছিলাম। আমি নিজেক জিজ্ঞাসা করি, আমার সাথে এসব কি হচেছ ? এবং সেই সময় আমার মস্তিস্কের বাম গোলার্ধটি মুক হয়ে যায়। যেন কেউ রিমোট দ্বারা বোতাম টিপে দিয়েছে—পূর্ণ শান্তি ও মৌন হবার জন্য।

প্রথমে তো আমি নিজের ভেতর এই মৌন মস্তিস্ক অনুভব করে

স্তব্ধ হয়ে যাই কিন্তু তখনই আমি নিজের চারিদিকে ব্যাপ্ত এই শক্তির যাদু দেখে অবাক হয়ে যাই। যেহেতু আমি নিজের শরীরের সীমানা চিনতে পারছিলাম না সুতরাং আমার নিজেকে বিস্তৃত ও বিশাল মনে হয়। আমি নিজেকে সেই শক্তির সাথে একাকার হতে দেখি, যা খুবই সুন্দর ছিল।

কল্পনা করুন যে মস্তিস্কটি আপনাকে বাহ্যিক জগতের সাথে যুক্ত রাখে, সেটা ভাঙ্গলে পর কেমন মনে হবে। সেখানে সেই কালে, আমার কাজের সাথে যুক্ত সমস্ত উত্তেজনা এবং সম্পর্ক না জানি কোথায় বিলিন হয়ে গিয়েছিল। আমি পূর্ণ শান্তির অবস্হায় ছিলাম। একটু কল্পনা কর,ন যে 37 বছরের ভাবনাত্মক বোঝা মাথা থেকে নেমে গেলে কেমন লাগতে পারে। আমার আনন্দের সীমা ছিল না। এই ভাবাবেশ নিজের মধ্যে সুন্দর ছিল।

এবং সেই মুহুর্তে আমার ডান হাতটি বিকলাঙ্গ হয়ে যায় এবং আমার মনে হয়, হে ভগবান। আমি বিকলাঙ্গ হচিছ।' তখনই আমার মস্তিস্কটি আমাকে বলে, 'বাহ! কত ভাল, কজন মস্তিস্ক বিজ্ঞানীরা নিজেদের মস্তিস্কের ভেতর থেকে অধ্যয়ন করার সুযোগ পেতে পারে?'

ফের তখনই আমি চিন্তা করি, 'আমি তো একজন ব্যস্ত মহিলা। আমার কাছে বিকলাঙ্গের জন্য সময় নেই। আচছা যদি আমি এটা আটকাতে না পারি তাহলে এর সাথে এক দুই সপ্তাহ কাটানোর পর কাজে ফিরে আসব।'

আমি নিজের আহত হাতটি নড়নোর চেস্টা করার সাথে মনে মনে ভাবি যে সব ঠিক হয়ে গেছে। সেই সময়কালে আমি একটি ফোন ডায়াল করেছিলাম। ফোনটি বেজে উঠে, আমার সহকর্মীটি ফোন তোলে ও হাসছে। আমি নিজেকে বলছি, 'হে ভগবান! এই আওয়াজ তো কোন মুস্কিলে পড়াকে বাঁচানে কুকুরের মতো।' 'আমি তাকে স্পস্টভাবে বলি, আমি জিল, আমার সাহায্যের প্রয়োজন।'

কিন্তু আমার আওয়াজ বেরোয়, 'হু-হু-হু' আমি ভাবলাম কি হে ভগবান আমার স্বরও গোল্ডন রিটরীবরের (Golden Retireve) মতো মনে হচিছল 'তখন আমি বুঝতে পারিনি এবং নাই বা বুঝতে পারছিলাম যে আমি কথা বলতে পারছিলাম না।

সে ফোনে জেনে যায় যে আমার সাহায্যের প্রয়োজন। সে আমাকে সাহায্য করে। কিছু সময় পরেই আমি এম্বুলেন্সে, বোস্টন থেকে মাস জেনারেল হাসপাতালে যাচিছলাম। এবং আমি একটি ছোট বলে পরিবর্তিত হয়ে গেছি। একটি এমন বেলুন, যেটায় খুবই অল্প পরিমাণে বাতাস

রয়েছে। আমি অনুভব করি যে শক্তি সেই বেলুনের ওপরে উঠছিল এবং আমি নিজের আত্মাকে সম্পর্ণ করার অনুভব করি। সেই মুহূর্তে আমি জানতে পারি যে আমার জীবন আমার অধীনে ছিল না। হয়তো ডাক্তার আমার প্রাণ বাঁচিয়ে আমাকে জীবনদান দিতে পারতো অথবা এটা আমার স্হানাতরণের মুহুর্ত ছিল।

সেই দুপুরে যখন আমার জ্ঞান ফিরে আসে তখন এটা জেনে ঝটকা লাগে যে আমি জীবিত ছিলাম। আমার মনে হয় যে আমার আত্মা বেরিয়ে গিয়েছিল, আমি জীবনকে শেষ বিদায় জানিয়েছিলাম এবং এখন আমার মন যথার্থের দুই বিভিন্ন তলায় ঝুলছিল। আমার ঐন্দ্রিক চেতনায় ব্যাথার মতো উত্তেজনা হচিছল। আলো আমার মস্তিস্কটি কে বনে লাগা আগুনের মতো পুড়াছিল এবং আওয়াজগুলো এত তীব্র এবং কোলাহলে ভরা ছিল যে আমি পেছন থেকে আসা একটি ও স্বরকে চিনতে পারছিলাম না, আমি শুধু সেখান থেকে পালিয়ে যেতে চাইছিলাম।

যেহেতু আমি সেই সময় নিজের শরীরের প্রকৃত অবস্হা জানতে পারছিলাম না সুতরাং আমি নিজেকে কোন জিনের মতো বিস্তৃত, বিশাল ও মুক্ত অনুভব করি।

আমার আত্মা মুক্তি আকাশে এমন ভাবে চলাচল করছিলো যেন এক বড় হ্বেল মাছ সাগরে আনন্দে সাঁতার কাটছিলো। আনন্দময়। আমার চিন্তা স্মরণে আসে যে আমি কোনও ভাবে সেই বিশাল-ও বিস্তৃত অস্তিত্বকে জড় করে সেই শরীরে দিতে পারছিলাম না।

আমার অনুভব হয়, 'কিন্তু আমি এখনো জীবিত ছিলাম! আমি জীবিত এবং আমি নির্বান অর্জিত করে নিয়েছিলাম যদি আমি জীবিত অবস্হায় নির্বান প্রাপ্ত করেছি, তাহলে প্রতিটি জীবিত ব্যক্তিও নির্বান পেতে পারে।' আমি এক এম জগতের কল্পনা করি, যেখানে সুন্দর শান্ত, দয়ালু ও প্রিয় ব্যক্তিরা ছিলেন, যারা এটা জানতেন যে সে সেই তলে কখনো ও আসতে পারে। তারা চাইলেই নিজের বাম-গোলার্ধের ডান দিকে পা ফেলে, এই শান্তি পেতে পারতো তারপর আমার মনে হয় যে এই অনুভব কত অদ্ভূত উপহার হতে পারে, আমরা নিজের জীবনকে কি ভাবে কাটাবো, এই অর্ন্তদৃষ্টি পাওয়া গেলে সব কিছু কত সুন্দর হয়ে যাবে এবং তারপর এটাই আমাকে স্বাস্হ্য লাভের প্রেরণা দেয়।

এই দুর্ঘটনার আড়াই সপ্তাহ পর সার্জেনরা আমার মস্তিস্ক থেকে গনেফর বল আকারে রক্তের জমাট পিণ্ডটিকে বের করে যেটি আমার ভাষক কেন্দ্রের ওপর চাপ দিচিছল। আজ আমি নিজের মায়ের সাথে

আছি, যা আমার জীবন কোন দেবদূতের চাইতে কম ছিল না। পুরোপুরী সুস্হ্য হতে আমার আট বছর লেগে যায়।

এই প্রকৃত অভিজ্ঞতা দেখিয়ে দিচেছ যে আমরা সব জায়গায় উপস্হিত। জিম বোন্টের ও সেই সময় মনে হয়েছিলো যে তার বাহুর অনু-পরমানু দেয়ালের অনু-পরমাণুর সাথে একাকার হয়ে গিয়েছিলো এবং তারপর তার এবং আসে-পাশের পরিবেশের কোন পার্থক্য ছিল না।

প্রায়ঃ এই প্রশ্ন করা হয় যে প্রভু সৃষ্টির রচনা কেন করেছেন? এই প্রশ্নের উত্তর দেওয়ার জন্য আমাদের প্রকৃতির উপাদানগুলির ওপর চিন্তা করতে হবে। ভগবান ভগবদ্গীতায় খুবই সুন্দর ভাবে এর ব্যাখ্যা করেছেন, সুতরাং আমি বারবার আপনাকে বলছি যে আপনাকে প্রকৃতির নিয়মগুলির পালন করা উচিত।

সপ্তম অধ্যায়ের নিম্ন শ্লোকে প্রভু বলছেন–

'হে অর্জুন! পৃথবী, জল, অগ্নি, বায়ু, আকাশ, মন, বুদ্ধি তথা অহংকার, আট রকমভাবে বিভক্ত আমার জন প্রকৃতি তথা অন্যটি চেতনা প্রকৃতি যেটায় সম্পূর্ণ জগত ধারণ করা হয়।'

এই সব কথাগুলি প্রায়ঃ 5 হাজার বছর পূর্বে বলা হয়েছিল যা আজও ততটাই সঠিক তথা সত্য। মানুষ নিজেরই স্বার্থপুর্তির জন্য প্রাকৃতিক উপাদানগুলির অপব্যবহার করছে। প্রভু স্পষ্টভাবে বলেছেন যে সম্পূর্ণ প্রকৃতি তারই একটি অংশ। সুতরাং আমাদের ধার্মিক রূপে নিয়মগুলির পালন করা উচিত।

'সত্ব, রজ তথা তমো গুণ দ্বারা উৎপন্ন হওয়া ভাবগুলির উৎপত্তি আমারই, কিন্তু বাস্তবে সেগুলি আমার মধ্যে এবং তার মধ্যে আমি নই।' (12)

যেমনটি প্রভু বলেন যে সব কিছু তিনিঁই ধারণ করে আছেন অর্জুন তথা সঞ্জয় এই দৃশ্যের সাক্ষী ছিলেন। সুতরাং সাফল্য পাবার জন্য মানুষকে ঈশ্বরীয় বিধানের পালন করা উচিত। প্রভুর পথ কন্টকহীন, যদি আপনি এই পথে না চলেন তাহলে আপনি উত্তেজনা হতাশা তথা উৎকন্ঠা ইত্যাদি দুষপরিণামে ভুগতে হবে। একটি কথা সর্বদা স্মরণে রাখবেন, প্রভু পক্ষপাতি নয়।

তিনি কারোরই পক্ষ নেন না। তিনি মানুষকে, প্রকৃতির তিনটি রূপ অনুযাই কর্ম করার যোগ্যতা প্রদান করেছেন। এগুলি হচেছ–ভালো, ব্যসন তথা অজ্ঞান। ইশ্বরই আমাদের নিজের কর্মের ফল প্রদান করেন।

প্রাকৃতিক নিয়ম

যদি আপনারা সবাই জীবনে সাফল্য অর্জিত করতে চান তাহলে প্রকৃতির তৈরী করা নিয়মগুলি অনুসারে চলতে হবে। এই নিয়ম সবার জন্য এক সমান। শ্রীকৃষ্ণ স্পষ্ট ভাবে বলেছেন যে কোন লোককে সাফল্য অর্জনের জন্য কি করতে হবে। যদি আপনি প্রভুর বানীর পালন না করে থাকেন তাহলে নিঃসন্দেহ এর খারাপ ফলাফল কেবল আপনাকেই ভুগতে হবে। আমি বলছিনা যে আপনি প্রভুতে আস্হা রাখেন না কিন্তু আমি চাই যে আপনি আত্ম-বিশ্লেষণ দ্বারা জানার চেস্টা করুন যে আপনি তাঁকে কত স্মরণ করেন। কতবার আপনি কোনও কাজ করার আগে চিন্তা করেছেন যে সেই বিষয়ে প্রভুর ইচছা কি ?

আপনি চেতন অথবা অবচেতন রূপে একে-অপরের সাহায্য নেওয়া অথবা পরস্পর নির্ভর থাকার জন্য তৈরী থাকেন, ক্ষনিকের আনন্দের জন্য আপনি নৈতিক মুল্যবোধের সাথেও আপোষ করে নেন, সেই সময় আপনি ভুলে যান যে এইসব মুল্যবোধের দ্বারা প্রাকৃতিক নিয়ম তৈরী হয়েছে। নিজের মুল্যবোধের সাথে আপোষ করার পরিবর্তে প্রভুর ওপর আস্হা রাখুন, আপনার সমস্ত কষ্ট দূর হয়ে যাবে।

যদি কিছু অনুচিত করে থাকেন তাহলে এমন কোন ভ্রান্ত ধারনা পোষন করবেন না। যদি কোন ব্যক্তি কোন অনুচিত কার্য করে থাকে তাহলে সে যেন এই আশা না করে যে প্রভু প্রার্থনা করলে তাকে রক্ষা করবেন অথবা ক্ষমা করবেন।

এমনবস্হায় ঈশ্বরের সাহায্য না পেলে হতাশ ও হতে নেই। হতে পারে সেই ব্যক্তিটির এটা জানা না থাকে যে সে নিজের কর্মের কারণেই দণ্ড ভোগ করছেন। লোকেরা মাঝে মধ্যে চিন্তা করেন এবং জানতে চান যে তাঁকে জীবনে এত সংগ্রাম কেন করতে হয় ? সে এই কথাটি মনে করতে পারেন যে তিনি সেটাই করেছেন যা তার প্রাপ্য ছিল। নিজের কর্মের ওপর নজর রাখার পরিবর্তে সে অন্যের ওপর অথবা ঈশ্বরকে দোষ দিতে থাকেন, তাঁর মনে হয় সে অন্যেরা তার দুঃখের মুলে আছে যা নাকি একদম অন্যায় কথা। দয়া করে মনে রাখবেন, 'আমরা সেটাই পাই যা আমাদের প্রাপ্য এটা এই তথ্যের উদ্‌ঘোষণা করছে যে 'মানুষের গণনার ভুল হতে পারে কিন্তু প্রভুর হিসেবে কখনো কোন ভূল হয়না' ঈশ্বর দিব্য ব্রহ্মাণ্ডীয় এবং আপনি আশ্চর্য হবেন না, **'আপনিও সেটাই।'** প্রার্থক্য শুধু এতটা যে আপনি এই বিষয়ে জানেন না কেননা

আপনি তা জানতেই চাননা।

তৃতীয় অধ্যায়ের শ্লোক সংখ্যা 33 এ প্রভু বলছেন–

'সমস্ত প্রাণী নিজের প্রকৃতি অনুযাই কর্ম করছে। জ্ঞানী ও নিজের প্রকৃতি অনুযাই চেস্টা করছে। ফের এতে কারও জেদ কি করবে।'

এর অর্থ হচেছ যে আমাদের চিন্তা তথা চেস্টা প্রকৃতির তিনটি রূপের মধ্যে একটি দ্বারা নির্ধারিত হয়। তামসিক প্রকৃতির ব্যক্তি বিগত জীবনে করা কর্মের ভিত্তিতে এমন প্রকৃতি প্রাপ্ত করছে তথা তার অনুযাই আচরণ করছে।

আমরা আগামী অধ্যায়গুলিতে প্রাকৃতিক নিয়মগুলির ওপর চর্চা করব,

কিন্তু নিম্ন তথ্যকে সর্বদা স্মরণে রাখবেন–

1. প্রভুর গণনা (হিসেব-নিকেষ) কখনো ভুল হয় না– সম্পূর্ণ ব্রহ্মাণ্ডকে নিয়ন্ত্রণকারী প্রভুর গণনায় কেমন করে ভুল হতে পারে? মানুষ নিজের ব্যাথা তথা কস্টের জন্য প্রভুকে দোষী সাব্যস্ত করে, কিন্তু সফল হবার পর, নিজেকে ধন্যবাদের পাত্র মনে করে তথা ভূলে যাচেছ যে সৎকর্মের কারণেই প্রভুতাকে সফলতারূপী প্রসাদ দিয়েছেন। এক বিশাল কম্পিউটারের মতো প্রভু গণনা করেন। যদি আপনার ক্যালকূলেটারে ব্যাংকের খাতা পাঁচশত টাকা অবশিষ্ট হিসাবে দর্শাচেছ তাহলে আপনি তার জন্য ক্যালকুলেটার কে দোষ দিতে পারবেন না। অর্থের উচিত বিনিয়োগ না করার কারণেই আপনার কাছে অর্থ নেই।

আমি প্রায়ঃ লোকেদের নালিশ করতে শুনি যে, 'প্রতিদিন দুই ঘন্টা প্রার্থনা করি কিন্তু তাতে কোনও লাভ হয়না।' সে বলছে–'প্রভুতো নিজের সন্তানদের পরোয়া করেননা, কিন্তু আমরা তাহলেও তার প্রতি আস্হা রাখি।'

আমি আপনাকে এই বিষয়ে একটি উদাহরণ দিত চাই। ধরে নিন যে দুই ঘন্টা ভক্তি ভরে পুজো করার পর প্রভু আপনাকে পাঁচশত অংক দেন, কিন্তু পূজো থেকে উঠতেই আপনি কোন কারণবশ নিজেরই চাকরের ওপর রেগে উঠছেন। প্রভু আপনার একশো অংশ কেটে দিচেছন। তখনই আপনার কোন ফোন এল। আপনি বলে দিচেছন যে আপনি ঘরে নেই। প্রভু আপনার একশো অংক কেটে দেন। কাউকে ধোঁকা দিলে পর দুই হাত অংক আরো কমে যায়। আপনি নিজের স্বার্থের জন্য কারোর মনে আঘাত দিয়েছেন তাতে একশো অংশ কমে গেছে। কাউকে অপশব্দ বলেছেন, একশো অংক সেখানে কম হয়ে যায়। এই ভাবে প্রভু আপনাকে পাঁচ শত অংক দিয়েছিলেন, কিন্তু

অনুচিত কাজের জন্য ছয় শত অংশ কেটে নিয়েছেন। কিছু পাবার পরিবর্তে ওল্টো আপনি খারাপ অবস্থায় পড়ে গেছেন। কেননা ভগবানের হিসেবে কখনো ভুল হয়না।

নিজের কুকর্মের অনুভূতি করা ছাড়া, আমরা পুরস্কার চাইছি। যার ফলে নিঃসন্দেহ নৈরাশ্য ও উত্তেজনা জন্ম নিচ্ছে। এর পরিবর্তে যদি আমরা কিছুক্ষণের জন্য প্রার্থনা করি, স্বয়ংকে প্রভুর সামনে সমর্পিত করি, সারা দিন ভালো কর্ম করি তাহলে সফলতা ও প্রসন্নতার পুরস্কার পাব না কেন, 'প্রভুর গণনার কখনো ভুল হয় না।'

2. প্রভুকে কখনো ভুলে না যাই–ভগবদ্‌গীতায় প্রভু বলছেন–'আমিই হচ্ছি ব্রহ্মাণ্ডের মাতা-পিতা তথা রক্ষা কর্তা। আমিই সৃষ্টি তথা বিনাশে আছি। আমিই ঋণ, সাম তথা যজুর্বেদ।'

তার পর প্রভু বলছেন, 'নিজের মস্তিস্ককে আমার মধ্যে কেন্দ্রিত করো, আমার ভক্ত হও তথা সাচ্চা হৃদয়ে পুজো করো আমার মধ্যে পুরোপুরি বিলিন হয়ে যাও। এই ভাবে তুই আমাকে পেয়ে যাবি।'

আপনি নিজের রক্ষক, মাতা-পিতা তথা মার্গ দর্শক প্রভুকে কেমন করে ভুলে যেতে পারেন? নিঃসন্দেহ, আজকের দুনিয়ায় আমরা প্রায় সেই সব লোককে ভুলে যাচ্ছি, যারা আমার জন্য কাজ করেছে। একবার 60 বছরের অবসরপ্রাপ্ত বৃদ্ধ জলখাবার সময় নিজের 37 বছরের পুত্রকে কোন বিশেষ খবর পড়ার জন্য বলে। পুত্রটি তাই করে।

পিতা পুণরায় সেই খবর পড়ার জন্য বলে, এই বার পুত্র কিছুটা বিরক্ত হয়ে খবরটি পড়ে। পিতা আরো একবার, সেই খবরটি পড়ার জন্য বলে। এইবার পুত্রটি পিতার ওপর রেগে যায়। মারাত্মক আঘাত পেয়ে পিতা নিজের কামরায় যায়, নিজের পুরানো ডায়েরীর একটি পেস্টা খোলে ও পুত্রকে পড়ার জন্য বলে। সেই পৃষ্টায় একটি ঘটনা লেখা ছিল সে যখন ছোট ছিল তখন সে পিতার কাছে একই প্রশ্ন 20 বার জিজ্ঞাসা করে ছিল এবং পিতা সেই স্নেহ ও অনুরাগে উত্তর দিয়েছিল। এ ছাড়া পিতা সেই ঘটনাটিকে নিজের ডায়েরীত কখনো না ভোলা ঘটনা হিসেবে মনে রেখেছিল। স্বার্থী ও ব্যর্থ কেবল সংকটের সময় প্রভুকে স্মরণ করেন। সে জানে যে যদি প্রকৃতির তৈরী করা নিয়মগুলির পালন করলে তো প্রভু তার সমস্ত কামনাগুলি পুরো করতে পারেন কিন্তু তাতেও সে ভৌতিক বস্তুগুলির মোহ ছাড়তে পারেনা। প্রভু **ভগবদ্‌গীতায়** বলেছেন, 'তুমি আমার মধ্যে নিজের মস্তিস্ক কে কেন্দ্রিত করো।' যদি আপনি প্রভুকে স্মরণ করতে অভ্যস্ত হয়ে যান তথা নিজের মৃত্যুর সময়ে ও

তাঁকে স্মরণ করেন তাহলে অবশ্যই আপনি মুক্তি পাবেন। মোক্ষই হচ্ছে সবচেয়ে বড় পুরস্কার কেননা সেটাই আপনার সত্যিকারের বাড়ী।

প্রভু অনুযাই যদি আপনি মৃত্যুর সময়ে আসে পাশের প্রাণীদের স্মরণ করেন তাহলে আপনাকে পুণরায় মানুষ হিসাবে জন্ম গ্রহণ করতে হবে। যদি আপনি দেবতাদের স্মরণ করেন তাহলে তাদের লোকে আশ্রয় প্রাপ্ত হবে। কোন পশুর স্মরণ করলে তাহলে বনে জন্ম হবে। সুতরাং আপনাকে শুধু প্রভুরই স্মরণ করা উচিত, কিন্তু এর অর্থ এটা নয় যে আপনি আপনার জন্য নিশ্চিত কর্তব্য এর পালন করবেন না।

3. অবসর সময়ে প্রভুর স্মরণ করুন– এই প্রকারে বর্থ্যের উত্তেজনা তথা চাপের হাত থেকে বাঁচবেন কেননা সেই সময় আপনি প্রভুর সাথে থাকবেন, প্রভুর নামকীর্তন দ্বারা আপনি কেবল আনন্দমগ্ন হবেন বরং এটা আপনাকে ভুল কাজ করতে বাধা দেবে ও শান্তি প্রদান করার সাথে প্রভুর আরও কাছে নিয়ে যাবে।

আমি এটা বলছি না যে ব্যক্তিকে সর্বদা খালি বসে থাকা উচিত। যদি কেউ নিজের কর্তব্য পালন করছে তখনও সে প্রভুর সাথে আছে। যদি কেউ অবস্থাবশ কিছু করতে পারছে না, তাহলে প্রার্থনা রূপে প্রভুর স্মরণ করা উচিত অথবা মন্ত্রজাপ করা উচিত, তখন সে নিশ্চিত ভাবে ভালো ও আত্মবিশ্বাসে পূর্ণ অনুভব করবে।

4. প্রতিটি জীবে প্রভুর সাক্ষাৎ দর্শন– শ্রীমদদ্ভগবদগীতায় প্রভু বলেছেন–'যে আমাকে সর্বত্র তথা প্রত্যেকের মধ্যে দেখছে সে আমাকে কখনো হরাবে না তথা আমি ও তার কাছে থাকব।'

প্রভু আরো বলছেন–

'আমি সমস্ত ভূতের হৃদয় স্থিত আত্মা। আমিই সমস্ত প্রাণীদের আদি, মধ্য তথা শেষ।'

এর অর্থ হবে যদি কোন মানুষের প্রতি কঠোর অথবা খারাপ ব্যবহার করছেন তাহলে আপনি প্রভুর সাথে এমন ব্যবহার করছেন কেননা প্রভুই সবার হৃদয়ে বাস করছেন। সুতরাং মানুষের উচিত পশুদের প্রতিও নিস্ঠুর মনোভাব অথবা অশিস্টতা কে এড়িয়ে যাওয়া উচিত কেননা এটা আরো একবার ঈশ্বরের বিরুদ্ধে কাজ করার মতো হবে।

যদি কেউ নিজের পুরানো বদ অভ্যাস ত্যাগ না করে এবং অনুচিত কাজ করে তাহলে অংকের গণনা নিশ্চিত ভাবে তার বিরুদ্ধে যাবে। যদি আপনার মনে হয় যে কেউ আপনার সাথে কিছু অনুচিত কাজ করেছে, তাহলে সেই সময় তার সাথে জড়িয়ে পড়া, তার সম্পর্কে অন্য কে কিছু

বলা অথবা উপহাস করার পরিবর্তে, সবার আগে এই তথ্যকে স্বীকার করুন যে এটা সেই ব্যক্তির নয়, তার কর্ম খারাপ।

সুতরাং প্রতিশোধের আগুনে জ্বলার পরিবর্তে, সেই মানুষটির প্রতি নিজের প্রেম-ভাবকে বজায় রাখুন, তার সাথেই তাঁর সেই কর্মগুলির প্রতিও চিন্তা প্রকট করুন, যেটা খারাপ প্রভাব ছড়িয়েছে। আপনাকে সেই ব্যক্তির সাথে নয় বরং তার এইসব কর্মগুলির সাথে সংগ্রাম করতে হবে, বিশেষতঃ যখন সর্বব্যাপী প্রভু আমাদের সবার মধ্যে বসবাস করেন।

5. উচিত সুযোগ পেলেই প্রভুর চিন্তা করুন– যে ভাবে আমি আপনার সাথে এইসব তথ্যগুলির আলোচান করছি। আপনিও এই সব চিন্তাধারা অন্যকে দিন। আপনি কেবল তাঁকে প্রভুর বিষয়ে জানান। তাঁকে প্রতিটি বিন্দুর ওপর একমত করা জরুরী নয়। প্রভুর বিষয়ে কথা বলুন কিন্তু কেউ অবিশ্বাস করলে তার সাথে তর্ক করবেন না। এটা স্রোতার নিজের মানসিকতার ওপর নির্ভর করছে যে সে প্রভুর ওপর আস্থা রাখুক অথবা নয়। আপনি যত প্রভুর বিষয়ে কথা বলবেন, তার আস্থা বৃদ্ধি পাবে।

6. স্মরণ থাকুক যে প্রেম তথা প্রভু একই– বিশ্বাস রাখুন, যতক্ষন আপনি নিজের আসে-পাসের লোকদের সাথে প্রেম করবেন না, আপনি প্রভুর কাছে যেতে পারবেন না তথা জীবনে সফল হতে পারবেন না। ভৌতিক ভাবেও বর্তমান জীবন নেটওয়ার্কিং-এর ওপর টিকে আছে এবং এই নেট ওয়ার্কিং এর জন্য আপনাকে প্রকৃত স্নেহ দর্শাতে হবে। সময়ের ভৌতিক ও আধ্যাত্মিক দাবী এটাই যে অন্যের সাথে সর্বদা প্রেম করো এবং সেটাও কোন শর্ত ছাড়াই। এর অর্থ হচেছ, নিস্বার্থ প্রেম, অন্যকে প্রেম দেওয়ার সময়, তার কাছে কিছু পাবার আশা করবেন না। কে জানে আপনার আজকের নিঃস্বার্থ প্রেম, আগামী দিনের বিনিযোগ হয়ে ফলদায়ী হয়ে যায়। বাস্তবে শর্ত দ্বারা পরোপকার প্রেম কোন বিনিয়োগ কিংবা নিজের রুচির জন্য হয় না, সফল হওয়াটাও সেই নিঃস্বার্থ প্রেমের সাথে জড়িত যেখানে ইতিবাচকতার ফলে ইতিবাচক পরিণাম সামনে আসে, আপনি যাকে প্রেম করছেন, তাঁকে আরো বেশী ভালোবাসা দিয়ে শুরু করতে পারেন। তারপর নিজের স্নেহকে তাঁর কাছে মেলে ধরুন, থাকে আপনি এখন পর্যন্ত ঘৃণা করে আসছেন। অন্যের সাথে স্নেহ রাখুন কিন্তু সুস্থ্য নিয়মগুলির সাথে কোন আপোষ করে নয়। আপনি অজানা লোকদের কাছেও এই স্নেহ পদর্শন করতে

পারেন। যদি আপনি এই অজানা ব্যক্তিদের দেখে হাসবেন তাহলে নিশ্চিতরূপে 10 এর মধ্যে 7 জন আপনার হাসির জবাব দেবে। **লিও বুস্কাগিলা** ভালবাসা বিষয়ে লিখছেন, ভালবাসা দেওয়ার আছে তাহলে ভালবাসার প্রদর্শন করো, ভালবাসার শিক্ষা দেওয়ার আছে তাহলে ভালবাসার জ্ঞান অর্জিত করো, ভালবাসার অধ্যয়ন করার জন্য ভালবাসার সাথে বাঁচুন, ভালবাসাকে চেনার জন্য স্বীকর করো, ভালবাসায় আস্হা রাখার জন্য তার সাথে একমত হোন, ভালবাসার প্রতি সম্পর্নের জন্য তাতেই প্রস্ফুটিত হোন।

হার্বর্ট বিটম্যান বলেছেন, 'আমাকে একজন নামি চিকিৎসক বলেছে যে 30 বছর ধরে সে এই ব্যবসায়ে আছে কিন্তু এখন তার মনে হচেছ যে ভালবাসার অভাবই বহু রোগের কারণ তথা ভালবাসাই হচেছ তার জন্য উত্তম ঔষধ। আমি জিজ্ঞাসা-করি 'যদি উপায় কার্যকরী না হয় তাহলে কি করব?'

তিনি উত্তর দেন–'ভালোবাসার মাত্রা দ্বিগুণ করে দাও।'

7. অবশ্যই অন্যকে সাহায্য করুন– ব্যক্তিটি কে সর্বদা মনে রাখা উচিত যে যদি সে অন্যকে সাহায্য করছে তাহলে সে ঈশ্বরকে সাহায্য করছে সুতরাং সর্বদা অন্যদের সহযোগ করা উচিত। সমাজে দুই ধরনের মানুষ পাওয়া যায়। প্রথম হচেছ তারা যারা কোন অসহায়দের প্রতি সহানুভূতি রাখেন, সান্তনা দেন তথা মিথ্যা আশ্বাসনও দেন। দ্বিতীয় হচেছ সে যিনি কিছু না বলে অভাবগ্রস্তদের সাহায্য দিতে আরম্ভ করে দেন। এ ধরনের ব্যক্তি জীবনে সদা সক্রিয় থাকেন ও অন্যদের কাছে পরিপূর্ণ ভালবাসা ও প্রশংসা অর্জিত করেন। সে পুরো সততার সাথে সবার দেখাশোনা করেন। যদি সে নিজে কখনো সংকটে পড়ে তাহলে তার শুভানুয়ায়ীদের অভাব হয় না।

8. কর্মে আশক্তি রাখবেন না– আমার বিশ্বাস যে আপনি নিশ্চিত ভাবে এই কথার সমর্থন করবেন সে কর্ম তো আমাদের হাতে আছে কিন্তু সেই কর্মের পরিণাম আমাদের হাতে নেই। কোন মানুষ কেন রকম প্রত্যাশা ছাড়া, নিজের জন্য সুনিশ্চিত কর্তব্যের পালন করতে পারে। ভগবদ্‌গীতায় লেখা আছে–আপনার নিজের জন্য নিশ্চিত কর্তব্য পালনের অধিকার আছে কিন্তু আপনার নিজের কর্মের পরিণাম কিংবা ফলাফল বিষয়ে চিন্তা করা উচিত নয়।' যদি কোন মানুষ পরিণামের পেছনে দৌড়ায় কিংবা তার মোহে পড়ে যায়, তাহলে সে সদা অতি বিশ্বাসের প্রভাবে থাকবে। ('অনাশক্তির' অধ্যায়ে বিস্তারিত আলোচনা আছে)

ফলস্বরূপ, ব্যক্তিটি নিজের উদ্দেশ্য পর্যন্ত পৌঁছেতে পারেনা তাহলে সে উত্তেজনা কিংবা অবসাদে ঘিরে যাবে এবং তার মস্তিস্ক সদা ব্যাকুল থাকবে।

9. নিজের জন্য নয় বরং অন্যের জন্য কাজ করুন– এখানে আমার তাৎপর্য হচ্চে যজ্ঞ অথবা অন্যের জন্য করা কাজ কিংবা আত্মত্যাগ করা। যদি আপনি অন্যের জন্য যত্ন করছেন তাহলে নিশ্চিত ভাবে দীর্ঘকালীন সাফল্যের অধিকারী। প্রতিটি উপযুক্ত সুযোগে আত্মত্যাগ করুন, তখনই আপনি জানতে পারবেন যে আপনি বাস্তবে কতটা সন্তুস্ট হচেছন। ভগবদ্‌গীতায় লেখা আছে–দেবতা যজ্ঞভোগের দ্বারা প্রসন্ন হোন তথা আপনি ও খুশি হোন। এই ধরনের সহযোগিতা তথা পারস্পরিক সম্পর্ক দ্বারা সমৃদ্ধি উৎপন্ন হয়।

সুতরাং যজ্ঞ দ্বারা আপনি নিশ্চিত ভাবে ভৌতিক তথা আধ্যাত্মিক সাফল্য পেতে পারেন।

এই জগত কি ভাবে চলছে ?

যখন আপনি এটা বোঝার চেস্টা করছেন কিংবা এই জ্ঞান কে জানার প্রয়াস করছেন যে এই জগত কিংবা ব্রহ্মাণ্ড কেমন ভাবে কাজ করছে, তখন আপনার মনে হবে যে এটা আপনার প্রথম জম নয়, সম্ভবতঃ এই আলোচনার পর শেষ জমও হবেনা। 'সম্ভবতঃ শেষ জম ও নয়। বাক্যটিতে স্পস্ট হতে পারে যে কিছু লোকের জন্য এটা শেষ জম।

ভগবান শ্রীকৃষ্ণ বলেছেন–'আমার নির্দেশগুলির পালনকারী আমার প্রিয়জন হয় তথা আমাকে প্রাপ্ত করে। সে কখনো জম তথা মৃত্যুর এই চক্রে ফিরে আসে না।' প্রভু এটাও স্পস্ট করেছেন যে সমস্ত কর্ম প্রকৃতির তিনটি রুপের দ্বারা সম্পাদিত হয়।

অষ্টাদশ অধ্যায়ের শ্লোক সংখ্যা 23 এ প্রভু বলছেন–

'হে অর্জুন! যে কর্মশাস্ত্র বিধি দ্বারা নির্ধারিত করা তথা কর্তাপনের অভিমানহীন, ফলফলের ইচছাহীন পুরুষ দ্বারা কোন রাগ-দ্বেষ দ্বারা করা হয়, সেই কর্ম সাত্বিক হয়।'

এই শ্লোক দ্বারা জানা যাচেছ যে এই জগতে অনাসক্ত মানুষ সাত্বিক প্রকৃতির হয়। সে নিঃস্বার্থ মনোভাবে অন্যদের সাহায্য করে তথা প্রকৃতির নিয়মগুলির পালন করে, সুতরাং সে জীবন মরনের চক্র থেকে মুক্তি পেয়ে যায়।

অষ্টাদশ অধ্যায়ের শ্লোক সংখ্যা 24 এ প্রভু বলছেন–

যে কর্মটি কঠিন পরিশ্রমযুক্ত তথা ফলাফলের আশা করা অহংকারী পুরুষ দ্বারা করা হয় সে কর্মটিকে রাজস বলা হয়।

আধুনিক যুগে বহু মানুষ রাজসী প্রবৃতির হোন। তার উৎসাহ ও ইচ্ছা এত তীব্র যে সে হাসিমনে নিজের পারিবারিক জীবন ও ত্যাগ করে দেন। অধিকাংশ মানুষ নিজের মনোকামনার পুর্তির জন্য কাজ করেন এবং সেটা হচ্ছে–নাম, যশ, তথা অর্থ। সেজন্যই তাঁদের মধ্যে অনেকে সফল হওয়া সত্ত্বেও হতাশ হয়।

(যদি তার কাছে সেইসব কিছু থাকে, যেগুলি একজন মানুষের ইচ্ছা হয় এটা তাঁর মোহ, স্বার্থ ও মিথ্যা অহংকারের কারণে হয়)

অষ্টাদশ অধ্যায়ের শ্লোক সংখ্যা 25 এ প্রভু বলছেন–

'যে কর্ম পরিণাম, ক্ষতি, হিংসা তথা সামর্থ এর চিন্তানা করে কেবল অজ্ঞান থেকে শুরু করা হয়, সেই কর্মকে তামস বলা হয়।'

এই প্রকৃতির মানুষকে আজীবন সংগ্রাম করে যেতে হয় কেননা সে ভৌতিক সুখের লালসায় যে কোন পর্যায়ে যেতে পারে। এই লালসাই সমস্ত দুঃখের ও বেদনার মূল কারণ। দুর্ভাগ্যবশ, সব কিছু শীঘ্রতায় পেয়ে যাওয়ার কামনা এত গভীর যে সে সফলতা তথা সমৃদ্ধির দিকে নিয়ে যাওয়ার উচিত পথ সম্পর্কে পর্যন্ত জানতে চাননা। এর পরিবর্তে, সে সফলতাকে সেই ইন্সট্যান্ট কফির মতো মনে করছেন, যাকে বোতাম টিপে যে কোন সময় কাপে ঢালা যায়।

আমরা এর পরে দেখব যে জগত কত সম্পূর্ণতা ও নিরন্তরতার সাথে কাজ করছে। নিম্ন শ্লোকের মাধ্যমে আমরা জানতে পারব যে, যে কোনও মানুষ প্রভুর দ্বারা প্রদত্ত ভাগ্য কিংবা পক্ষ নেওয়ার কারণে সফলতা এবং সমর্থন পায় না।

ষষ্ট অধ্যায়ের নিম্ন শ্লোকগুলিতে প্রভু বলছেন–

'যোগ ভ্রস্ট পুরুষ পুন্যবানদের লোকে প্রাপ্ত হয়ে, সেখানে অনেক বছর বসবাস করে শুদ্ধ আচরণকারী শ্রীমান পুরুষদের ঘরে জন্ম নেয়।' (41)

'বৈরাগ্যবান পুরুষ সেই সব লোকে না গিয়ে জানী যোগীদের কূলে জন্ম নেয়, কিন্তু এ ধরনের জন্ম এই জগতে দূর্লভ।'(42)

'হে কুরুনন্দন! এরূপ পুরুষ সমত্ববুদ্ধি যোগের সংস্কারকে অনায়স প্রাপ্ত হয়ে যায় তথা তার প্রভাবে ভালো ভাবে ভগবত্বপ্রাপ্তির নিমিত যত্ন করে।'(43)

'যোগভ্রষ্ট পুরুষ বিষয়গুলির বশে আকর্ষিত হলেও নিঃসন্দেহ ভগবদের দিকে আকর্ষিত হয় তথা সমত্ববুদ্ধি রূপ যোগের জিজ্ঞাসুও বেদএ বলা সকাম কর্মের ফলের উলঙ্ঘন করে থাকে।'

এর অর্থ হচ্ছে যে আমাদের জন্ম থেকে প্রাপ্ত শরীর, বুদ্ধি, প্রতিভা, তথা রুচিগুলি বিগত জীবনে নির্ভর করে। আমাদের সবার শরীর রং, আকার তথা আকৃতিতে পরস্পর একে-অন্যের সাথে ভিন্ন। নবজাত শিশুও এক রকমের হয় না। এটা শিশুর পূর্বের কর্মের ফল হয়। ব্যক্তি সেটাই পায়, বেটার সে দাবীদার। এটা প্রভুর পক্ষপাত নয় বরং বিগত জন্মের কর্মের হিসেব-নিকেষ, যেটাকে আপনি ভাগ্য রূপে ভুল ব্যাখ্যা করছেন।

যদি কর্ম ভালো হয় তাহলে সে ভালো পরিবারে জন্ম নেবে এবং যদি বিগত কর্ম উচিত না হয় তাহলে সে নির্ধন ও হীন পরিবারে জন্ম নেবে। তার বৌদ্ধিক স্তরও বিগত কর্মের ভিত্তিতে হবে। কোন ধনী ব্যক্তির পরিবারে জন্ম নেওয়া বালক নিশ্চিত রূপে ভালো ফলাফল পাবে এবং এটাও তার বিগত কর্মেরই ফল হবে কিন্তু এর অর্থ এটা নয় যে কেউ তার আগে বেরতে পারবে না। হ্যাঁ তাকেও পরাস্ত করা যেতে পারে, কিন্তু তাতে হীনবালক কে কঠোর পরিশ্রম করতে হবে, ভালো কর্ম করতে হবে তবেই সে এক অনুশাসিত ও ঈশ্বরের আজ্ঞায় চলা যুবকরূপে বড় হবে। এই প্রয়াস তাকে উচ্চ স্তরে নিয়ে যাবে। যে কোন বালাক জন্ম থেকেই আকর্ষক হতে পারে, কিন্তু যখন সে বাড়তে থাকে তখন তার সৌন্দর্য্য কোথাও লুকিয়ে যায় এবং পূর্ব জন্মের কর্মনুসারে ব্যক্তিত্ব তৈরী হতে লাগে। সেই জন্মে তার কর্ম এতভালো ছিল না সুতরাং সে নিজের স্তর থেকে নেমে, বুদ্ধি ও সুন্দরতা হারিয়ে ফেলে। আজ্ঞে হ্যাঁ আপনি বর্তমান জীবনে কেমন প্রদর্শন করছেন, তার ভিত্তিতে আপনার ত্বক, বুদ্ধিমত্তা ও ব্যক্তিত্বে ও পরিবর্তন হয় এটা একটি মিথক যে ব্যক্তির গোটা জীবন আগে থেকে ঠিক করা থাকে। যদি এমন হতো তাহলে আমরা ঈশ্বরের হাতে কাঠের পুতুল মাত্র হতাম এবং কর্মের কোন আধারই থাকতো না। যদি এমন হতো তাহলে মানুষকে সাদা একটি ভালো জীবন পাবার জন্য প্রভুর দয়ার ওপর নির্ভর করতে হতো। যদি আপনিও এতে বিশ্বাস করেন তাহলে আপনার এই পুস্তক আর পড়ার কোন প্রয়োজন নেই।

এমনও হয়, যখন কোন অনাকর্ষন শিশু একজন সুন্দর যুবকে পরিবর্তন হয়ে যায়। এটা তার ভাগ্য নয় বরং বর্তমান কর্মের ফল।

আপনি এটা ভালোভাবে জেনে নিন যে এই জগত কোন পক্ষপাত ছাড়াই সম্পূর্ণতার কাজ করে চলেছে এবং প্রতিটি বস্তুর কারণ তথা প্রভাব হয়। এটাই হচ্ছে কারণ যে কখনো আমের বীজে কলা হয় না এবং লেবুর বীজে আম পাওয়া যায় না। ঈশ্বর কেবল হিসেব-নিকেষ তথা সামঞ্জস্যপূর্ণ।

নবম অধ্যায়ের শ্লোক সংখ্যা 25 এ প্রভু বলছেন–

'দেবতাদের পুজারী দেবত্ব প্রাপ্ত করেন। পূর্বপুরুষদের পুজারীরা পূর্ব-পুরুষদের তথা ভুতেদের পুজারীরা ভুতে প্রাপ্ত করেন। কিন্তু আমার ভক্ত আমাতেই প্রাপ্ত হোন তথা তাঁর পুর্নজন্ম হয় না।'

এটা কালা জাদুতে লিপ্ত ব্যক্তিদের জন্য সর্তকবানী। যদি এগুলির অভ্যাস করছেন তাহলে পরের জন্ম দুঃখজনক হবে। আপনিও এই কথায় একমত হবেন যে যদি পৃথিবীতে ওপর মানুষ প্রসন্ন থাকতে পারে তাহলে প্রভুর রাজত্বে সে কত আনন্দ পাবে। সেই আনন্দের তো কল্পনাও করা যেতে পারে না। সেটা তো চিন্তার বাইরের ব্যাপার।

তেরতম অধ্যায়ের শ্লোক সংখ্যা 15 এ প্রভু বলছেন–

'সে সম্পূর্ণ ইন্দ্রিয়-এর বিষয়ে বিজ্ঞ, কিন্তু বাস্তবে সব ইন্দ্রিয়হীন তথা তাতে সম্বন্ধ রাখা ও নির্গুন হলে ও নিজের যোগমায়ার দ্বারা সবার লালন-পালনকারী তথা গুণধর হয়।'

'জগতে প্রকৃতি কে সমস্ত ভৌতিক কারণগুলির এবং প্রভাবের কারণ মনে কর হয়, যখন নাকি সব জীবন তত্ত্বকে বিভিন্ন দুঃখের এবং আনন্দের কারণ মনে করা হয়।'(21)

'প্রকৃতিতে অবস্হিত পুরুষ প্রকৃতি দ্বারা উৎপন্ন ত্রিগুণাত্মক পদার্থগুলি ভোগ করে তথা এইসব গুণগুলির সঙ্গই এই জীবাত্মার ভালো-খারাপ যোনীগুলিতে জন্ম নেওয়ার কারণ।'

আমাদের সবার এটা মনে রাখা উচিত যে আমরা প্রকৃতির তিনটি রূপগুলি দ্বারা পরিচালিত। আমাদের মধ্যে প্রত্যেক জনে প্রকৃতির কিছু গুণ পাওয়া যায়, সাত্বিক ভাব হলে পর আমরা শান্তি, সন্তুষ্টি, প্রসন্নতা ও সফলতার উপহার পাই। রাজসী প্রবৃতি হলে পর আমাদের অস্হাই তামসিক প্রবৃতি হলে আমাদের নিরন্তর ব্যর্থতার মুখোমুখী হতে হয় তথা আধ্যাত্মিক স্তরও নিম্ন হয়ে যায়।

যে অবস্হায় আমরা যেমন কর্ম করি, সেই অনুযাই দণ্ড অথবা পুরস্কৃত হই।

পনেরোতম অধ্যায়ের লোক সংখ্যা 7 এ প্রভু বলছেন–

'হে অর্জুন ! এই দেহে এ জীবাত্মা আমারই সনাতন অংশ। সেই এই ত্রিগুণময়ী মায়ার অবস্হিত, মনহীন পাঁচটি ইন্দ্রিয়কে আকর্ষিত করছে।' আমরা সবাই প্রভুরই রূপ তথা এক, কিন্তু আমরা এটা মানতে প্রস্তুত নই তথা ব্যক্তিগত স্বার্থের জন্য পরস্পর লড়ছি। যতক্ষন পর্যন্ত আমরা একে-অপরের জন্য নিস্বার্থ প্রেম তথা করুনার মনোভাব পোষন করব না, ততক্ষন পর্যন্ত আমরা অজ্ঞানের অন্ধকারে ডুবে থাকব।

নিজেই নিজেকে প্রশ্ন করুন যে, 'আমার সঙ্গে আগে ও কিছু খারাপ ঘটেছে ?'

পুনরাবৃত্তি করুন – এর পূর্বে আমি বহু জন্ম নিয়েছি হয়তো, আমি এর পূর্বে ও বহু কঠিন অবস্হার মধ্য দিয়ে গেছি এবং এখন আমার সেই সব যন্ত্রণা তথা উত্তেজনার স্মরণ পর্যন্ত নেই। একদিন আমি এই সব উত্তেজনাকেও ভুলে যাব। সুতরাং এই উত্তেজনাকে গম্ভীরভাবে নেওয়ার কি প্রয়োজন ?

❑

অধ্যায় 3

কর্ম

করে যাওয়া কর্মের প্রস্তুতিকরণই জীবনের ভিত্তি। এটাই হচ্ছে ভিত্তি, যা সমস্ত উপলব্ধিগুলি ও বিনাশের মূল। যে কোন ব্যক্তির জীবনে তার চিন্তাধারা তথা কর্মই তার জীবনের ভিত্তি হয়। আমাদের জ্ঞান ও চরিত্রই বাহ্যিক জীবনে আমাদের ব্যবহার তথা আচরণকে প্রস্তুত করে। এইভাবে বর্তমান জীবন, অতীতের কর্মেরই প্রতিফল। আপনার কর্মই আপনার স্তর, সফলতা, ব্যর্থতা, প্রসন্নতা ইত্যাদির জন্য দায়ী। কর্ম ভালো/খারাপ কিংবা হোক ইতিবাচক, নেতিবাচক, এগুলিই অন্য কারণগুলির নিস্কর্ষ হয়। যদি আপনার কর্ম উচিত ও প্রাকৃতিক নিয়মগুলির সামঞ্জস্যে হয় তাহলে আপনি এক হাসি খুশি জীবন কাটাবেন এবং আপনার মধ্যে ইতিবাচক শক্তি সৃষ্টি হবে। সেটাই অন্য দিকে যদি আপনার কর্ম নেতিবাচকতা ও বিনাশক তাহলে আপনার মধ্যে নিরন্তর নেতিবাচক শক্তি উৎপন্ন হবে। এটাই মহান ও অমর দর্শন, চিন্তা তথা কর্মের নিয়ম প্রদান করছে। আমাদের কি এবং কেমন রূপে চিন্তা করা উচিত? আমাদের কি কর্ম করা উচিত এবং কেমন ভাবে? সংক্ষেপে জীবনের উদ্দেশ্য নিজেই আমাদের মনে প্রকট হবে এবং আমরা নিজের জীবনে ভারসাম্য, ন্যায়, প্রসন্নতা ও ক্রমবদ্ধতা আনতে পারব।

শ্রেষ্ঠ তথা হীন

ভৌতিক বস্তুগুলি হচ্ছে সবচেয়ে হীন তথা আত্মা সবচেয়ে গুরুত্বপূর্ণ। ইন্দ্রিয় ভৌতিক বস্তুগুলিতে শ্রেষ্ঠ, মন ইন্দ্রিয় থেকে শ্রেষ্ঠ, বুদ্ধি মন থেকে শ্রেষ্ঠ, তথা আত্মা আমাদের বুদ্ধি থেকে ও শ্রেষ্ঠ।

যখন আমাদের ইন্দ্রিয় ভৌতিক বস্তুগুলির সম্পর্কে আসে তখন কর্ম আরম্ভ হয় এবং তারপর এসব এই কথায় নির্ভর করে সে আমরা নিজের ইন্দ্রিয়গুলি, মন ও বুদ্ধিকে কতটা যোগ্যভাবে নিয়ন্ত্রণ করতে

পারছি।

অষ্টাদশ অধ্যায়ের শ্লোক সংখ্যা 13-14 তে প্রভু বলছেন–

'অধিষ্ঠান, কর্তা, করণ, চেষ্টা তথা দৈব কর্মের পাঁচটি কারণ।'

নিম্নলিখিত পাঁচটি কারক মানব কর্মগুলিকে সম্পাদিত করে–

অধিষ্ঠানের অর্থ হচেছ আপনার শরীরের জন্য নিয়ন্ত্রণ শক্তি। এটা অস্তিত্বে স্হান। এটা ইচছাগুলির স্হান। **এটা আপনার শরীরের পারম্ভিক জ্ঞানের একীকরণ।**

কর্তা– প্রত্যেক ব্যক্তির আত্মাই হচেছ কর্তা তথা সমস্ত কর্মের নিস্পাদন করছে।

করণ– যে সব ইন্দ্রিয় ও সাধনের দ্বারা কর্ম করা হয়, তাকে করণ বলা হয়। আমাদের জ্ঞানেন্দ্রিয় তথা কর্মের অংশ হচেছ হাত, পা তথা বানী ইত্যাদি বুদ্ধি তথা অনেক রকমের শক্তিই হচেছ করন। আত্মাকে ভৌতিক কর্মের নিস্পাদনের জন্য এসব গুলির প্রয়োজন পড়ে।

চেষ্টা–সাত্বিক রাজস তথা তামসিক মনোভাবে করা প্রয়াসই হচেছ চেষ্টা। আমাদের সমস্ত কর্মগুলি এই তিনটি মনোভাবের দ্বারই হয়ে থাকে। উদাহরণ হিসাবে এগুলোর তুলনা বল তথা ব্যাটের সাথে করা যেতে পারে। অংক প্রাপ্তিরূপী কর্ম এর দ্বারাই করা হয়। এসবগুলির ভিত্তিতেই আমরা ভালো, খারাপ মিথ্যা, ধোঁকা ইত্যাদি লক্ষনগুলির নির্বাচন করি।

দৈব– মহান আত্মা অর্থাৎ প্রভুই দৈব।

সপ্তম অধ্যায়ের নিম্ন শ্লোকগুলিতে প্রভু বলছেন–

'হে অর্জুন! পৃথিবী, জল, অগ্নি, বায়ু, আকাশ তথা মন, বুদ্ধি এবং অহংকার ও আট প্রকারে বিভক্ত হওয়া আমার প্রকৃতি।'(4)

'হে মহাবাহো! এতে অন্যকে আমার জীবরূপী পরা অর্থাৎ চেতন প্রকৃতি জানো, যার দ্বারা এই সম্পূর্ণ জাতি ধারণ করা হয়।'(5)

এই সব শক্তিগুলিকে দ্বিশাখন দ্বারা জানুন ও আভ্যন্তরীন পরিচয়ের সাথে যুক্ত করুন যে আমরা আত্মা, আমরা নিজেই নিজের বাহ্যিক বাতাবরনের সৃজন ও পুনঃ সৃজন করছি, আমাদের আত্মার প্রাথমিক ও গুরুত্বপূর্ণ সাধন হচেছ মন ও বুদ্ধি।

যেমনটি প্রভু বলেছেন যে পৃথিবী, জল, অগ্নি, বায়ু তথা আকাশ ইত্যাদি ভৌতিক বস্তুগুলির শ্রেণীতে আসে। প্রত্যেক মানুষ জমি, সমুদ্র, অগ্নি, মৃত্যু, আকাশ তথা বায়ু ইত্যাদির ওপর নিয়ন্ত্রণ করতে চাইছে। প্রায়ঃ লোকেরা নিজের কর্তব্য পালনে পিছপা হয়ে যায় কিংবা কর্তব্যের সংগ্রামে ভ্রমিত হয়ে যায় কেননা সেগুলিকে তারা প্রাপ্তির দৃষ্টিকোন থেকে দেখে এবং কর্মও তার বিকাশের ধ্যান ধারণাকে অবহেলা করে।

যে ব্যক্তি বাস্তবে আত্মা (ঈশ্বরের সর্বশ্রেষ্ঠ শক্তি) সে মন, বুদ্ধি তথা মিথ্যা অহং-এর মতে হীন শক্তিগুলির সাহায্য নিজে ভৌতিক শক্তিকে জয় করার প্রয়াস করে। একজন ব্যক্তি নিজেক আড়াল করার জন্য তথা আত্ম-সম্মানের বৃদ্ধির জন্য মিথ্যা আইনের ব্যবহার করছে। আত্মা, মস্তিস্ক, বুদ্ধি তথা অহম ইত্যাদি অন্যান্য নিম্ন শক্তির জোরে এগুলির ওপর বিজয় প্রাপ্ত করতে চাইছে। এই অহম্ই মস্তিস্ক শরীর তথা বুদ্ধি কে যুক্ত করছে একজন ব্যক্তি নিজেকে আড়াল তথা স্বাভিমান বৃদ্ধির জন্য মিথ্যা অহং-এর সাহায্য নিচেছ। অহং ইন্দ্রিয়ের মাধ্যমে মানুষের মধ্যে বাসনা সৃষ্টি করছে তার মস্তিস্ক তথা বুদ্ধির ওপর অজ্ঞানের পর্দা ঢাকা পড়ে যাচেছ, সুতরাং মানুষ কিছুই উচিত ভাবে করতে পারছে না।

আপনি নিজের কর্মের ভিত্তিতেই শক্তির প্রবাহ পাচেছন। ইতিবাচক শক্তি যে কোন মানুষকে সক্রিয়, সচেতন, সশক্ত তথা শান্ত করে রাখে। নেতিবাচক শক্তি মানুষকে ভ্রমিত, উত্তেজনাপূর্ণ তথা দুর্বল করে তোলে। ইতিবাচক শক্তি দ্বারা সম্পন্ন মানুষ জীবনের পুরো আনন্দ প্রাপ্ত করে, যখন নাকি নেতিবাচক শক্তি দ্বারা আক্রান্ত মানুষ আজীবন দুঃখই পায়। যদিও আজকাল খুবই কম লোক আছেন যারা ইতিবাচক কিংবা নেতিবাচক শক্তি-সম্পন্ন আছেন, সুতরাং আমর এমন কোন মানুষকে পাইনা যে সর্বদা প্রসন্ন অথবা উদাস থাকে কেননা মানুষ ভালো তথা খারাপ দুই ধরণের কর্মেই লেগে আছেন। তাঁর মধ্যে ইতিবাচক ও নেতিবাচক দুই ধরণের শক্তি আছে। প্রতিটি লোকের মধ্যে তার কর্মের ভিত্তিতে এর পরিমাণ কম অথবা বেশী হতে পারে। এই কারণে আজ মানুষ প্রসন্ন ও অপ্রসন্ন আছে, কেননা সে নিজের জীবনে সফলও এবং ব্যর্থ ও।

যদি আপনি নিজের চারিদিকে তাকান তখন একজন কেও পাবেন না যে অর্থ তথা যশ প্রাপ্তি সত্ত্বে সন্তুস্ট ও প্রসন্ন আছে।

আপনি অবশ্যই চিন্তা করবেন যে নবজাত শিশুদের বিভিন্ন শক্তি স্তর কেন হয় যখন নাকি সে বাস্তবে কর্ম করা স্তর করেনি। কিছু শিশু হাত-পাত নড়ায় তো কিছু এমনি পড়ে-পড়ে থাকে। এর অর্থ হচেছ–এ বিভিন্ন শক্তির স্তর শিশুদের মধ্যে স্বাভাবিক ভাবে থাকে। আপনি এটা ভাবতে পারেন যে কোন শিশু স্বাস্থ্য তথা কেউ দুর্বল তৈরী হয়ে প্রভু পক্ষপাত করেন, কিন্তু আপনাকে স্মরণ রাখতে হবে যে জীবন তথা মৃত্যুর পর আপনি অন্য কিছু হবেন। আপনার শারীরিক আকৃতি একদম আলাদা হবে। যদিও পরের জন্মেই আপনার মানসিক তথা ভৌতিকবাদী ইচছা ততক্ষন পর্যন্ত সেই রকমই থাকে, যতক্ষন আপনি

সেটা ত্যাগ না করেন অথবা পুরো না করে নেন। মানুষের অতীতে করা কর্মের ভিত্তিতেই শক্তির স্তরে ভিন্নতা পাওয়া যায়। আমাদের শক্তির স্তর বিগত জীবনের কর্মের আনুপাতিক ভিত্তি হয়।

এর অর্থ এটা নয় যে কম শক্তি সম্পন্ন মানুষ পরে অন্য মানুষদের আগে যেতে পারবে না।

সে নিজের উচিত পুন্য কর্মের ভিত্তিতে অধিক শক্তি সম্পন্ন ব্যক্তিকেও পেছনে ফেলতে পারে। যা হয়ে গেছে, তা হয়ে গেছে, আধ্যাত্মিক ও ভৌতিক সফলতা, হচ্ছে আমাদের বর্তমান জীবনই কেননা ঈশ্বর আমাদের স্বতন্ত্র ইচ্ছা দিয়েছেন এবং তিনি আমাদের কাজে হস্তক্ষেপ করেন না।

উদাহরণের জন্য, একবার দুই ব্যক্তি গায়ন ও বাদ যন্ত্র তৈরী করার ইচ্ছা নিয়ে জন্ম গ্রহণ করে। প্রথম ব্যক্তিটির কাছে নিজের ক্ষমতা ও যোগ্যতাকে প্রদর্শিত ও তাকে উচ্চ স্তরে নিয়ে যাওয়ার যথেষ্ট উপদান ছিল।

অন্য ব্যক্তিটির কাছে নিজের কৌশলকে পদর্শিত করার উপাদানের যথেস্ট অভাব ছিল কিন্তু সে মনে প্রাণে নিজের প্রতিভাকে বিকশিত করে। অন্যদিকে ধনী ও সচছল পরিবারে জন্মা যুবকটি আলসে হয়ে যায়। সে নিজের প্রতিভা এবং উপাদানের কদর করেনি, তার বিকাশ থেমে যায় এবং সে চাইলেও ঈশ্বর প্রদত্ত প্রতিভার সদ্‌উপযোগ করতে পারেনি, তাকে উচ্চ স্তরে নিয়ে যেতে পারেনি।

চতুর্থ অধ্যায়ের নিম্নলিখিত শ্লোকে প্রভু বলছেন–

‘কর্মের স্বরূপও জানা দরকার তথা অকর্মের স্বরূপও জানা উচিত এবং না করা যোগ্য কর্মের স্বরূপ ও জানা উচিত কেননা কর্মের গতি হচেছ গহন।’(17)

‘যে পুরুষ কর্মে অকর্ম তথা অকর্মে কর্ম দেখেন সেই মানুষদের মধ্যে বুদ্ধিমান তথা সেই যোগী। সম্পূর্ণ কর্ম কারক হয়।’

যদি আপনি নিজের কর্মের পরিণামের প্রতি আকৃস্ট হোন তাহলে আপনার কর্ম ব্যর্থ মনে করা হবে। বর্তমানে প্রতিটি মানুষ খারাপ কর্মে লিপ্ত হয়ে আছে কেননা নিজের কর্মের ইচিছত পরিণাম চাইছে। নিজেরই স্বার্থপুর্তির জন্য করা কর্মটি, পাপের শ্রেণীতে গণ্য হয়।

কর্ম সেটাই যা আপনি নিজের নয় বরং অন্যের জন্য করে থাকেন। উদাহরণ স্বরূপ, আমাদের জন্য স্বাধীনতা সংগ্রামের সেনানী, যাদের আমরা আজও স্মরণ করে থাকি। মাদার টেরেসা, যিনি গরীব মানুষদের জন্য নিজের জীবন অর্পিত করে দেন। এইসব মহান ব্যক্তিগন অর্থ তথা

যশের লালসায় কোন কর্ম করেনি। মাদার টেরেসা পুরস্কার অথবা দামী গাড়ীতে ঘুরে বেড়ানোর লোভে নিজের কাজ আরম্ভ করেনি, কিন্তু নিজের কর্মের দ্বারা প্রাপ্ত সম্মানের কারণে তিনি সব কিছু অর্জিত করেন। যদিও নিরপেক্ষতার নিয়মপালন করা সহজ নয়, একজন মানুষ যা জানে যে কেবল কর্মই তার অধীনে আছে। সেই নিঃস্বার্থ মনোভাবে এগিয়ে যেতে পারে।

কর্মে অকর্মের সাথে এটাই তাৎপর্য যে আমরা চিন্তা করি এবং গভীর ভাবে মনে করি যে আমরা সব কিছু করছি কিন্তু সম্ভাবনা এটাই যে আমরা কিছু করছি না। তা এইজন্য যে কেননা প্রকৃতি ও তার উপাদানগুলি–যেমন–আকাশ, মাটি, জল, বায়ু, অগ্নি, প্রকৃতির তিনটি রূপগুলি সাত্বিক, রাজসী ও তামসিক ছাড়া কোন মানুষ এক মুর্হুতের জন্য ও কাজ করা বিষয়ে চিন্তা করতে পারেনা। বাস্তবে, মুহুর্ত কেও প্রকৃতি আমাদের খেলার জন্য রচনা করেছে। এটা আমাদের জোর দিয়ে বলে যে আমরা প্রকৃতির সামনে তুচ্ছ, আমাদের জন্য কর্ম করা খুবই গুরুত্বপূর্ণ, তবেই প্রকৃতি মাতাও নিজের কর্ম করবে সুতরাং ব্যক্তিকে সর্বদা বিনম্র হওয়া উচিত তথা কাজের মালিকানা নেওয়া উচিত নয় কেননা সাচ্চা স্বামিনী তো প্রকৃতি মাতা।

অন্য কথায় বলা যায়, কর্মে অকর্মের তাৎপর্য্য হচ্ছে যে একজন ব্যক্তি নিরন্তন কাজ করছে এবং নিজের কর্তব্যকে ছেড়ে দিচ্ছে কিন্তু এর সাথেই সে নিজের কর্মকে প্রভুর সামনে সমর্পিত করে দিচ্ছে এবং বলছে যে সে কিছু করছে না এবং তার কর্মফলের চিন্তাও নেই সুতরাং সে নিজের কর্ম কিংবা পরিণাম থেকে বাধা নয়।

অকর্মে কর্ম থেকে তাৎপর্য্য তখন হয় যখন কোন মানুষ কিছু প্রাসঙ্গিক করছে না, তা সত্ত্বে ধরে নেওয়া হয় না যে সে কিছু করছে না। সে কিছু করছে না, এই জানা সত্ত্বেও সেই ব্যক্তিটি প্রকৃতির তিনটি রূপ সত্ব, রজস ও তমসের প্রয়োগ করছে। সুতরাং অকর্মে কর্ম চলাকালীন, ব্যক্তিটি অকর্মের সময়কালেও নিরন্তর নিঃশ্বাস নিচ্ছে ও এর জন্য পৃথিবী, বায়ু, ও অগ্নি ইত্যাদি প্রাকৃতিক উপাদানগুলিকে প্রয়োগ করছে।

এধরনের মানুষদের প্রাকৃতিক নিয়মগুলি পুরোপুরি জানা থাকে তথা তাকে বুদ্ধিমান মনে করা হয়। উদাহরণ হিসাবে, যদি কোন ব্যক্তি বাড়ীতে ম্যাচ দেখার জন্য অফিসে অজুহাত করে তাহলে সে বলতে পারে যে সে কিছু করছে না। সুতরাং এটা নিজেই এক কর্মের রূপ গ্রহণ করছে। এখানে সে ক্রিকেট ম্যাচের মোহে আছে। সুতরাং এটা এক কর্ম।

সাধারণতঃ ব্যক্তি কাজ করার সময় অতিরিক্ত কাজের বোঝার কান্না কাঁদে কিন্তু যখন কোন কাজ থাকেনা তখনই সে বেকারত্বে কান্না

কাম্দে। এ ধরনের ব্যক্তিদের কর্ম কিছু না করার মতেই হয়ে থাকে তথা তাকে অসন্তুষ্টি, উত্তেজনা তথা অপ্রসন্নতার ঘিরে থাকে।

চতুর্থ অধ্যায়ের শ্লোক সংখ্যা 22 এ প্রভু বলছেন–

'নিজে-নিজে যা কিছু অর্জিত হয়, তাতেই সন্তুষ্ট থাকা হর্ষ-শোকাদি দ্বন্দ্বে অতীত হওয়া তথা মৎসরতা অর্থাৎ ইর্ষ্যাহীন, সিদ্ধি ও অসিদ্ধিতে সমত্ব মনোভাব রাখা পুরুষ কর্ম করেও বাঁধা থাকে না।'

এখন আপনি জানলেন যে উচিত কর্ম সেটাই যেখানে কর্তা সফলতার কামনার উর্দ্ধে তথা নিজের কর্মের প্রতি নিরপেক্ষ। যদিও এর পালন করা কঠিন মনে হয় কিন্তু আপনি কম করে প্রচেষ্ঠা তো শুরু করতেই পারেন ও নিজেকে সর্বদা স্মরণ করতে থাকেন যে কর্মের ফল আপনার হাতে নেই এবং যখন ফলাফল অনিশ্চিত তাহলে কেউই উত্তেজনা কিংবা চাপের ওপর ভবিষ্যতবানী করতে পারেন না।

শক্তির বিভিন্ন স্রোতগুলিকে চেনা

ব্যক্তির ভৌতিক মানসিক ও ভাবনাত্মক কথাগুলি, তার রুচির ওপর নির্ভর করছে। প্রায়ঃ খেলোয়াড়দের মধ্যে ভৌতিক শক্তি বেশী পাওয়া যায় কেননা তাদের হামেশা শারীরিক শ্রেষ্ঠত্ব ও গঠনের দিকে নজর দিতে হয় সে নিজের বৌদ্ধিক কিংবা ভাবনাত্মক শক্তির তুলনায় শারীরিক শক্তি দ্বারা সফলতা অর্জিত করেন। কিন্তু এর অর্থ কদাপি এটা নয় যে তাদীর মধ্যে মানসিক তথা ভাবনাত্মক শক্তি পাওয়া যায় না। এই দুটির ভূমিকা গুরুত্বপূর্ণ, একজন খেলোয়াড় সফলতা অর্জনের জন্য মানসিক অথবা ভাবনাত্মক রূপেও মজবুত হতে পারে।

যদি একজন খেলোয়াড় মানসিকভাবে ঠিকঠাক কিন্তু শারীরিক ক্ষমতায় দূর্বল তাহলে সে কখনো ভালো প্রদর্শন করতে পারেনা। ক্রিকেট সম্রাট কপিলদেব সন্যাস নেওয়ার সময় বলেছিলেন যে সে মানসিক ভাবে ঠিক, কিন্তু এই বিন্দুতে তার মানসিক শক্তি শারীরিক ক্ষমতার সহায়ক হয় না।

এই ভাবে বৈজ্ঞানিক তথা বুদ্ধিজীবি শ্রেণীর নিজের কাজের জন্য শারীরিক অথবা ভাবনাত্মক কাজের তুনলায় মানসিক চিন্তনের বেশী প্রয়োজন হয়। কোম্পানীদের সর্বেক্ষন তথা বিকাশ কাজের সাথে যুক্ত ব্যক্তিদের ও মানসিক শক্তির প্রয়োজন পড়ে যাতে সে উৎপাদের শ্রেষ্ঠতা বজায় রাখার জন্য তাতে সংস্কার করতে পারে। তাঁদের কেবল এতটা শারীরিক শক্তির দরকার যাতে নিজের মনে যা কিছুই হোক, তার ওপর প্রয়োগ করতে পারে, এরপর তারা সেই তথ্যকে উৎপাদ বিভাগে

পাঠিয়ে দেয়, যেখানে উৎপাদন হবে যার জন্য শারীরিক শক্তির প্রয়োজন হবে।

শিল্পী ও সিনেমার নায়কদের মধ্যে ভাবনাত্মক শক্তি প্রচুর মাত্রায় থাকে। কোন প্রদর্শনের জন্য শারীরিক শক্তির প্রয়োজন হয় তথা দর্শকদের কি প্রতিক্রিয়া হবে, এটা জানার জন্য বৌদ্ধিক শক্তির প্রয়োজন হয়। ভাবনাত্মক শক্তি যদি পরিপূর্ণ হবে তবেই সে অন্যকে ভাবুক করতে পারবে।

বায়োসিস্টম অনুযাই মানুষের শারীরিক চক্র 23 দিনের ভাবনাত্মক চক্র 28 দিনের এবং বৌদ্ধিক চক্র 33 দিনের হয়। আপনাকে নিজের ব্যবহারের নীরিক্ষণ আরম্ভ করে দেওয়া উচিত ও খোঁজ করা উচিত যে আপনি কোন চক্রে আছেন, এটা কখন শেষ হবে এর পর কি হবে।

এর সাহায্যে আপনি শারীরিক চক্রের সময় নিজের শক্তি স্তরে বৃদ্ধি করতে পারেন, ভাবনাত্মক চক্রের সময়ে ভাবনাগুলিকে নিয়ন্ত্রণ করতে পারেন। ভাবনাগুলি সেই বিন্দু পর্যন্ত ভালো যতদূর সে আপনাকে সাহায্য করে, প্রেরিত করে, যদি সে আপনার কাজকে দূর্বল করে তোলে তাহলে সেটাকে আপনার ওপর প্রভাব ফেলতে দেবেন না।

ভাবই যে কোন কর্মের চালিকা শক্তি। সে ভালো অথবা খারাপ হতে পারে, কিছু ভাব নিম্নলিখিত–

ইতিবাচক মনোভাব	নেতিবাচক মনোভাব
● ইতিবাচক ইচ্ছা	● ভয়
● বিশ্বাস	● ইর্ষা
● প্রেম	● ঘৃণা
● উৎসুকতা	● প্রতিশোধ
● আশা	● লালসা
● সন্তুষ্টি/নিরপেক্ষতা	● ক্রোধ

ইতিবাচক তথা নেতিবাচক মনোভাবগুলির বিষয়ে জানার পর আপনি ইতিবাচক মনোভাব অর্জিত করার অভ্যাস করতে পারেন। সুতরাং আমাদের নিজের জীবনকে সফল, সুস্থ্য, তথা সমৃদ্ধ করার জন্য ইতিবাচক ব্যক্তি একত্র করতে হবে। আমি পরের অধ্যায়ে দেওয়া মনোভাবের ওপর বিস্তারিত চর্চা করব।

কর্ম আমাদের মধ্যে ইতিবাচক অথবা নেতিবাচক শক্তি প্রভাবিত করে। এখানে এই শতাব্দীর মহানায়ক অমিতাভ বচ্চনের উদাহরণ

সঠিক হবে, তার কর্মে পেশার প্রতি ভালোবাসা, দায়বদ্ধতা ও কঠিন পরিশ্রমের পরিচয় পাওয়া যায়। কোলকাতার আই.সি.আই.সি.আই ব্যাংক তাঁকে নাকচ করে দেয়, তারপর অল ইণ্ডিয়া রেডিয়ো তাকে নাকচ করে দেয়। সে শ্রীমতি ইন্দিরা গান্ধির দেওয়া পত্রটি হাতে নিয় প্রত্যেকটি নির্মাতার দরজায় যায়। তারপর তিনি প্রথম ব্রেক পান, তাহলে এটা আমাদের ওপর নির্ভর করছে যে আমরা কত ভালো ভাবে নিজের পাঁচটি ইন্দ্রিয় কে ব্যবহার করার সাথে, প্রকৃতির সাথে তার ভারসম্যকে মেলাতে পারছি। এই ভাবে যদি আপনার কর্ম ভাল হলে আপনার গণনা ও সমাজের গণমান্য ব্যক্তিদের সাথে হতে পারে। একজন সাধারণ ব্যক্তি তথা গণমান্য ব্যক্তির মধ্যে কোন পার্থক্য হয় না। তাঁদেরও আমাদের মতো পাঁচ ইন্দ্রিয় তথা ভৌতিক বৈশিষ্ঠ্য থাকে, সে ও আমাদের মতো নীচ প্রকৃতি ও স্বভাব থেকে দূরে থাকেন, কিন্তু একটি মুখ্য পার্থক্য এটাই যে সে প্রকৃতির সাথে সামজস্য রাখার সাথে কর্মগুলিকে সম্পন্ন করছেন। যদি আপনি নিজেকে ব্যর্থ মনে করছেন তাহলে নিশ্চিতভাবে আপনি কোথাও না কোথাও প্রকৃতির বিরুদ্ধে।

কিছু সময় পূর্বে একজন মনোবিশ্লেষক গড়পড়তা স্বামী-স্ত্রীর মধ্যে গোটা সপ্তাহ ধরে হওয়া বার্তালাপের মাত্রাকে মাপার জন্য প্রয়োগ করে। এক সপ্তাহে 168 ঘন্টা তথা 10.080 মিনিট হয়। সে জানতে পারে যে স্বামী-স্ত্রীর মধ্যে দুই, তিন, অথবা চার ঘন্টা নয় 17 মিনিটের কথাবার্তা হয়। এই সময় দ্বারা আপনি অনুমান করতে পারেন যে এ ধরনের যুগল দম্পতির মধ্যে কেমন ভালোবাসা থাকতে পারে, যারা গোটা সপ্তাহে কেবল 17 মিনিট পর্যন্ত কথাবার্তা বলেছিলো, সম্ভবতঃ এই কারণে সম্পর্কের মধ্যে বৃদ্ধি পাওয়া উত্তেজনা, তাদের বিবাহ বিচেছদের দিকে নিয়ে যায়। সম্পর্ককে ভালো করার জন্য দুই পক্ষের মধ্যে কোন প্রয়াস করা হয় না। সুতরাং জীবনকে পুরোপুরী ভাবে সফল করার জন্য ব্যক্তিকে পরিবার, ব্যবসায়, সামাজিক জীবন তথা ইতিবাচক কর্মের মধ্যে ভারসম্য তৈরী করতে হবে।

চার ধরনর মানুষ নিজের কর্মের সাথে শক্তির ভারসম্য করতে পারেন–

1. ইতিবাচক রূপে সক্রিয়
2. নেতিবাচক রূপ সক্রিয়
3. নিস্ক্রিয় ব্যক্তি
4. অর্ধ সক্রিয় ব্যক্তি

নেতিবাচক রূপে সক্রিয় ব্যক্তি

এ ধরনের ব্যক্তিদের শক্তির স্তর খুবই ভালো হয়, সে অনবরত কাজ করতে থাকে, কিন্তু তাহলেও সফল হয় না। কারণ হচ্ছে তাদের কাজ তথা নিয়মের মধ্যে দোষ, সুতরাং প্রকৃতির নিয়ম তাঁকে সফল হতে দেয় না। নিজের বিগত জীবনের জন্য সে সফল হয়, কিন্তু বিগত কর্মগুলি ক্ষয় হতেই সে পুণরায় বর্তমান কর্মের নেতিবাচক পরিণামগুলিতে বাধা পড়ে যান। এই ভাবে তাকে রাজ-বাড়ী থেকে কুড়েঘরে পৌঁছাতে দেরী হয় না।

আপনিও এমন বহু শিল্পপতি দেখে থাকবেন, যাদের জীবন কোন না কোন ভাবে মামলা, কোর্ট কাচারী ইত্যাদিতে কাটে। এই সব লোকেরা অনুচিত মাধ্যমে নিজের শক্তি ব্যয় করেছে তথা অনুচিত উপাদানের প্রয়োগ করছে, প্রকৃতি ও তার নিয়মগুলি দ্বারা এর সাহায্য না করা স্বাভাবিকই। সুতরাং তাঁকে আজীবন নিজের অনিস্টকারীতার ফল ভুগতে হয়। যদি এ ধরনের লোক সময় থাকতে না সামলায় তাহলে শীঘ্রই তার সক্রিয়তা সমাপ্ত হয়ে যায়, হতাশা তাঁকে এগিয়ে যেতে বাধা হয়ে দাঁড়ায়। 1 ধরনের ব্যক্তি প্রায়ঃ ভ্রমিত তথা আক্রমক হয়।

এ ধরনের ব্যক্তিদের নিম্নলিখিত লক্ষনগুলি হল ঃ

- তার ইচ্ছাগুলি নেতিবাচক হয়।
- সে অন্যদের মনে আঘাত দেয়।
- সে অন্যদের থেকে ষড়যন্ত্রের কাজে দক্ষ হয়।
- সে জুয়ো খেলে তথা মদপান করে।
- তাঁর চিন্তা উত্তম হয় না।
- তাঁর ব্যবহার অভদ্র হয়।
- তাঁরা অন্যদের ঘৃণা তথা সন্দেহের দৃষ্টিতে দেখে।
- সে অনুচিত ভাবে অন্তর্মুখী হয়।
- সে নৈরাজ্যবাদী, হিংশুটে তথা রুক্ষ স্বভাবের হয়।

ব্যর্থতার সাথে-সাথে তাকে এক অজানা ভয় তাড়া করে বেড়ায় কেননা সে জানে যে তাঁর গতিবিধিগুলি অনুচিত। এই সব গতিবিধিতে লিপ্ত থাকার কারণে সে সদা তাড়াহুড়ায় থাকে। সে সর্বদা ব্যাথায় ঘিরে থাকে। তার জীবনে প্রসন্নতার কোন জায়গা নেই। এত দুঃখ সত্ত্বেও সে নিজের মনোভাব পরিবর্তন করে না তথা ভাগ্যকেই দোষী মনে করে। নিজের নেতিবাচক কর্মগুলির কারণেই সারা জীবন খারাপ সময়ের মধ্যে

তাঁকে কাটাতে হয়। নেতিবাচক শক্তিকে ইতিবাচক শক্তিতে পরিবর্তন করতে তাঁকে শিখতে হবে। এমন তখনই সম্ভব যখন সে পুণ্য কাজ করতে প্রস্তুত।

নিষ্কৃয় ব্যক্তি

এ ধরনের ব্যক্তিদের স্বভাব আলসে হয়। কোন কাজ করা তাঁদের ভালো লাগে না। আলসে মানুষের জীবনে কখনো সফলতা আসতে পারে না। বাস্তবে নিষ্কৃয় ব্যক্তিদের কঠিন পরিশ্রম করতে হয় কেননা তাদের শারীরিক তথা মানসিক অবস্থা সন্তোষজনক হয় না। সে কর্মের মানবীয় পরিভাষা অনুযাই কোন কাজ করে না, এই পরিভাষা অনুযাই যখন কেউ জীবকোপার্জনের জন্য কোন কাজ করে তাহলে তাকে কর্ম বলা হয় অন্যথা সে কোন কাজ করেনা।

এধরনের মানুষ যেখানে যান হতাশাজনক পরিবেশ তৈরী করেন। কেউই তাঁর সঙ্গ চায়না সে শীঘ্রই অন্যের ইতিবাচকতাকে নষ্ট করে ফেলে। সে নিজের ওপর বিরক্ত তো হয়ই। অন্যদেরকে বিরক্ত করে পরিবেশ কে নষ্ট করে ফেলে। সে অন্যের সমালোচনায় রস পান সে নৈরাজ্যবাদী তথা অবসাদগ্রস্হ হয়। অন্যদের ভুল ত্রুটি ধরতে তারা খুবই আনন্দ পায়। সে সফল ব্যক্তিদের পরিবর্তে এমন লোকজনদের চায়, যারা খুবই সহজে নিজের দোষ অন্যের ঘাড়ে চাপিয়ে দেয়।

সে প্রায় এ ধরনের ব্যক্তিদের সাথে থাকে যারা নিজের দোষ খুবই সহজে সরকার, প্রশাসন অথবা ভাগ্য কে দোষারোপ করে থাকে। তাদের এই বলতে শোনা যায়–'আমি জীবনে অনেক কিছু করতে পারতাম, কিন্তু অমুক ব্যক্তির কারণে আমি ব্যর্থ হয়েছি, সে আমাকে ধোকা দিয়েছে এবং ব্যবসায়ে ক্ষতি হয়ে গেছে।'

একজন বিখ্যাত শিল্পপতি একবার বলেছিলেন–

'তুমি আমার কাছ থেকে প্রবন্ধন কৌশল ছাড়া সব কিছু নিয়ে নাও, আমি তোমাকে আবার শিল্প-স্হাপিত করে দেখিয়ে দেব।'

নিস্কৃয় ব্যক্তি কোন কাজ করে না কিংবা কোন বস্তুর দাবীদার না হলেও সুখ-সুবিধার কামনা করে। আরামে বসে অন্যের ওপর আধিপত্য করতে সে মজাপায়, সে অন্যদের আদেশ করে যে সে তার জন্য জীবনের সমস্ত বৈভব, ভালো খাবার, ক্লাবে যাওয়া, যাত্রা-সুবিধা ইত্যাদি দিক, যখন নাকি নিজে সে এর জন্য কোন কাজ করে না।

সব কিছু চাওয়া সত্ত্বেও সে এর জন্য কাজ করতে চান না। তার

ফালতু পরামর্শ দেওয়া তথ্য অন্যের দোষ বার করাও ভাল লাগে, তার দৃঢ় বিশ্বাস যে সে যা কিছু বলছে কিংবা করছে, সেটাই ঠিক। যদিও কোন কাজ তাকে দেওয়া হলে সে অন্যদিকে তাকাতে থাকে।

কোনও কাজ করার জন্য তারমধ্যে সাহস তথা উৎসাহের অভাব দেখা যায়। সে বেশী বেশী করে অর্থ উপার্জন করতে চায় কিন্তু কোন ঝুঁকি নিতে চায়না। এই কারণে তার কাছে সঠিক সময়ে নির্ণয় নির্ধারণের ক্ষমতা থাকে না কেননা তার ভয় হয় যে যা কিছু তার কাছে আছে সেটাও হাতছাড়া না হয়ে যায়।

তার শরীর কাজের উপযুক্ত হয় না। সুতরাং কিছুটা পরিশ্রম করতেই সে হাঁপিয়ে ওঠে। আলসে তার শরীরকে দুর্বল তথা অশক্ত করে দেয় এ ধরনের লোকদের শারীরিক শক্তি ক্ষীন হয় তথা সে সর্বদা নিরাসার সমুদ্রে ডুবে থাকে।

নিস্কৃয় হওয়ার তুলনায় নেতিবাচকরূপে সক্রিয় হওয়া ভাল কেননা নেতিবাচক রূপে সক্রিয় হওয়া সত্ত্বেও উক্ত ব্যক্তিটি শক্তিতে পরিপূর্ণ থাকে তথা চাইলে শক্তির সৃজনশীল ব্যবহার ও করতে পারে কিন্তু নিস্কৃয় ব্যক্তিদের মধ্যে শক্তির অভাব থাকে। সুতরাং কিছুই করে ওঠার সম্ভাবনা আর থাকে না।

অর্ধসক্রিয় ব্যক্তি

এটা সেই সব ব্যক্তিদের বিষয়ে বলা হচেছ যারা ভাল, সৎ, পরিশ্রমী ও অনুগত হওয়া সত্ত্বেও, ব্যর্থ হয়। আপনি এমন ছেলে তথা স্ত্রীদেরকে প্রায়ঃ এই বলতে শুনে থাকবেন যে তার পিতা অথবা স্বামী দিন-রাত পরিশ্রম করা সত্ত্বেও জীবনে ব্যর্থ আছেন। এ ধরনের ব্যক্তি প্রায়ঃ নিজের সততা তথ পরিশ্রম কেই সফলতায় বাঁধা মনে করেন। সে বুঝতেই চাননা যে অন্য কোন কারণ ও থাকতে পারে। আত্মসমীক্ষা করার পরিবর্তে ভাগ্যকেই দোষারোপ করেন। আপনি ও চিন্তা করতে পারেন যে সে কেন সফল হয়না- যদিও তার মধ্যে সফল ব্যক্তির বহু গুণাবলী লুকিয়ে থাকে কিন্তু সে যথেস্ট শক্তি তথা কর্মের অভাবে পেছনে পড়ে থাকেন। তার প্রচেস্টা দুর্বল তথা অশক্ত হয়। সে নৈরাশ্যবাদী হয় তথা কাল্পনিক ভয়ে ঘিরে থাকেন।

কাল্পনিক ভয়–এ ধরনের ভালো লোকের মধ্যে কাল্পনিক ভয়ের মাত্রা বেশী পাওয়া যায় যা তাঁকে মনের কথা বলতে দেয়না। তাদের এই ভয় তাড়া করে বেড়ায়। সে অন্যের প্রসন্নতায় নিজের জীবন-মুল্যও

ত্যাগ করার জন্য তৎপর হয়ে যান। এই কাল্পনিক ভয় তার সফলতার পথে সবচেয়ে বড় বাধা। কখনো-কখনে সে নিজের স্বচছল গ্রাহকের সাথে সম্পর্ক করতে পারেন না। সে চিন্তা করে–'যদি আমি তাকে ফোন করি তাহলে হতে পারে, সে আমার ওপর রেগে যাবে, অথবা আমাকে অপশব্দ বলে ফেলবে,' আপনি আমাকে এত সকালে ফোন করলেন কেন ?

হতে পারে অমূক ব্যক্তি কোন মিটিং এ কিংবা লাঞ্চে থাকতে পারে, ততক্ষন অন্য প্রতিদ্বন্দ্বীটির কাছ থেকে অর্ডার নিয়ে মাল তৈরী করে নেয়।

মোহ তথা প্রেম–এ ধরনের ভালো তথা ভদ্র ব্যক্তিদের শক্তি এ রকমের ব্যবসায় নস্ট হয়ে যায়, যাকে আমরা বিজনেস-এর সংজ্ঞা দিতে পারিনা। এ ধরনের ব্যক্তি নিজের মিত্র, সহযোগীদের ও আত্মীয় বন্ধুদের প্রোডাকশন দামের ওপরেই জিনিস বিক্রি করে দেন, তার কাছে লাভ করা তার খারাপ মনে হয় আপনিই বলুন এ ধরনের মানুষ জীবনে কি করে সফলতা অর্জিত করতে পারে ? নিজের ব্যবসায়ের সাথে কারোরই এ ধরনের কৌতূক করা উচিত নয়। এতে কোন সন্দেহ নেই যে প্রভুই আমাদের প্রেম করার উপদেশ দিয়েছেন কিন্তু সাথে-সাথে এটাও বলেছেন যে প্রত্যেক মানুষকে নিজের পরিবারের প্রতি কর্তব্যের উপেক্ষা করা উচিত নয়। যদি আপনার উপার্জন কমে গেছে তাহলে এর অর্থ দাঁড়াচেছ যে নিজের পারিবারিক কর্তব্য সম্পন্ন করতে পারছেন না।

শান্তির ইচছা–এ ধরনের মানুষ তর্ক করা পছন্দ করেন না। তাঁদের মনে হয় যে ব্যর্থ তর্ক করলে তার মনের শান্তি বিঘ্ন হবে। সুতরাং সে নিজের প্রতিদ্বন্দ্বীদের তুলনায় দামী জিনিস কিনে নেয়। যেহেতু তিনি বেশী দাম দিয়ে জিনিস কিনেছেন তার বিক্রি মুল্য ও বেড়ে যায় এবং কেউই বাড়তি দাম দিয়ে জিনিস কিনতে চায় না। উৎপাদ বিক্রি কম হলে ক্ষতি হয় এবং কোন উপলব্ধি পাওয়া যায়না। এমন শান্তি কোন কাজের যা আপনার জীবনকেই ব্যর্থ করে দেয়।

অতিরিক্ত প্রচেস্টার অভাব–ব্যর্থ মানুষ ছোট কাজে ও অতিরিক্ত প্রয়াস করতে চায় না। সে কিছুতেই অনুভব করতে চায় না যে তার ছোট ভুলের জন্য অথবা দায়িত্বহীনতার জন্য গ্রাহক কোন অন্য দোকানে চলে যেতে পারে। এ ধরনের ব্যক্তিদের সঠিক সময়ে পৌঁছে দোকান খোলাই সবচেয়ে বড় সক্রিয়তা বলে মনে হয়। এর চাইতে অধিক কোন প্রচেস্টা তার কাছে নগন্য বলে মনে হয়। এ ধরনের মানুষ কোন ও অতিরিক্ত

প্রয়াসের অভাবে দিন-রাত নীরস দিনচর্য্যায় লেগে থাকেন তথা কোন কার্যকরী পদক্ষেপ নেওয়া ছাড়াই নিজের ভাগ্যকে দোষী মনে করেন।

ইতিবাচক রূপে সক্রিয় ব্যক্তি

আপনি লক্ষ্য করে থাকবেন যে এ ধরনের মানুষ জীবনে প্রায়ঃ সফল সমৃদ্ধ তথা সন্তুষ্ট হয়।

যদিও দুর্ভাগ্যে এ ধরনের মানুষের সংখ্যা বেশী নয়, সে কোন ও নীরস দিনকে জীবন-শক্তিতে ভরপুর করতে পারেন। সে অন্যদের অজ্ঞাত তথা অবচেতন-রূপে প্রেরিত করে থাকেন। তার উপস্হিতি মাত্রেই বাতাবরণকে ইতিবাচক করে দেয়।

এ ধরনের ব্যক্তি যে কোন সমারোহের প্রাণ হয়। যদিও এর সংখ্যা খুবই কম। সুতরাং একশোতে আপনি দুই বা তিনজনই এমন মানুষ পাবেন যারা নিজের বিলক্ষন ব্যক্তিত্বের কারণে প্রায়ঃ প্রত্যেকের দ্বারা প্রসংসিত হোন। এদের কারও প্রতি কোন অভিযোগ থাকে না। তারা না তো রেগে যায় আর নাই বা ভ্রমিত কিংবা হতাশ হয় আর না তো মনে কোন রকম অনিচছা পোষণ করেন। সুতরাং আপনারা সবাই তার জীবনের এক অংশ হতে চান।

শান্তি মনোভাব–ইতিবাচক রূপে সক্রিয় ব্যক্তিদের সবচেয়ে বড় বৈশিষ্ঠ্য হচেছ তার শান্ত স্বভাব সে শীঘ্রই উত্তেজিত হয়না। তার ওপর মুড আধিপত্য করেনা। তার নিজের ইন্দ্রিয়ের ওপর পূর্ণ নিয়ন্ত্রণ হয়। অভ্যাসের জোরেই সে এই শান্ত স্বভাব অর্জিত করে। সে জীবনে প্রতিটি বস্তু তথা ব্যক্তির জন্য প্রস্তুত থাকে। যোগ্যতার তার কোন জুড়ি হয় না। তাঁর নির্ণয়-নির্ধারিণ ক্ষমতা সঠিক হয় কেননা সে শান্ত ভাবে সমস্যাকে সমাধান করেন। এই শান্ত ভাব তথা সন্তুলিত মস্তিস্কের জোরে সে বড়-বড় অসুবিধাগুলিকে সহ্য করে থাকেন। এটাই হচেছ তাঁর বিলক্ষন ব্যক্তিত্বের রহস্য। সমস্যার মুখোমুখী তো প্রত্যেকই হোন কিন্তু মুখ্য বিষয় হচেছ যে সে কোন মনোভাবে তার মুখোমুখী হচেছন–ক্রোধ, অধ্যৈর্যে অথবা শান্তিভাবে।

সচেত– এ ধরনের মানুষ সর্বদা সচেত থাকে। তাঁর শারীরিক ভঙ্গি মায় এর লক্ষণ দেখা যায় না, কিন্তু সে সদা নিজের চারিদিকের প্রতি সচেতন থাকে। তাঁকে কেউ মুর্খ বানাতে পারেনা। সে জানে যে কাদের সঙ্গে খোলাখুলি কথা বলা যেতে পারে অথবা নিজের গোপন কথা বলা যেতে পারে। সে সবার জন্য এক রকম হয়না। যদি কেউ তার গোপন কথা জানার আগ্রহ দেখায় তাহলে সে তা গোপন করে দেয়। এবং কারো

কাছে প্রকট করেনা। এটাই মানুষের সচেতনতার ভূমিকা পরিস্কার হয় তার মধ্যে ঠিক-ভুল ও ভালো-খারাপ চেনার ও সেই অনুযাই কাজ করার বিবেক হওয়া উচিত। যদিও সত্য জানার পরে ও সঠিক সময়ে সঠিক নির্ণয় নিতে না পারাটা মুর্খতাই তথা ইতিবাচকরূপে সক্রিয় ব্যক্তি মুর্খ হয়না।

এখানে আমাদের তাৎপর্য মাংসপেশীয় কিংবা শারীরিক শক্তির সাথে নয়। এর অর্থ হচেছ যে সে ইতিবাচক শক্তি দ্বারা পরিপূর্ণ থাকে তথা অযথা সময় অপচয় করে না, সে নিজের সমস্ত কাজ সময়নুযাই করে হোক না তা পারিবারিক কর্তব্য অথবা ব্যবসায়ীক। একজন সশক্ত মানুষের মধ্যে ঝুঁকি নেওয়ার সাহস থাকে, সে নিজের মনোবাঞ্চিত ইচ্ছার পূর্তির জন্য, প্রতিদিন নিজের-সুকর্মগুলি ও সুপ্রয়াসের জোরে শক্তিতে বৃদ্ধি করে থাকে।

ধৈর্য–সে ধৌর্যবান হয়, কিন্তু এর অর্থ এটা নও যে সে সর্বদার জন্য ধৈর্য ধারন করে থাকে। সে ঘটনাগুলি ঘটে যাওয়ার অপেক্ষা করে না কিন্তু সে ঘটনাগুলিকে ঘটিত হওয়াতেও শীঘ্রতা প্রদর্শিত করেনা। তার মধ্যে এত ধৈর্য থাকে যে সে ঘটনাগুলিকে ঘটতে দেওয়ার সময় পর্যন্ত অপেক্ষা করতে পারে কেননা সে জানে যে তাড়াহুড়ো অসুবিধার কারণ হতে পারে।

জগতে কিছু এমন মানুষ ও আছেন যারা আজীবন সঠিক সুযোগ পাবার অপেক্ষা করতে থাকেন। ধৌর্যবান ব্যক্তি নিজের জন্য সুযোগ সৃষ্টি করে। কোন ও কাজ পূর্বে অথবা পরে করা ঘাতক হয়। সে এই বিষয়টিকে ভালো-ভাবে জানে।

অনুশাসন–আপনি এই বাক্যটি নিজের স্কুল-কলেজে বহুবার শুনে থাকবেন, কিন্তু আজকে ও আপনি অনুশাসিত জীবন কাটান না। আপনি প্রথম-প্রথম এটি গ্রহণ করার প্রয়াস করে থাকবেন ও এর আনন্দ ও নিতে হতে পারেন, কিছু সময় পর এটা আপনার নীরস ও একঘেয়ে মনে হতে পারে এবং আপনি এটিকে ত্যাগ করে দিয়েছেন।

'অনুশাসনের অভাবে সফলতার কামনা করা যেত পারে না'

যদি আপনি সঠিক সময়ে সঠিক কাজ করার অভ্যাস করবেন তাহলে আপনি সফলতার আভাস পাবেন। হতে পারে আপনাকে কিছু ত্যাগ ও করতে হতে পারে। কিন্তু আপনার অবশ্যই এতটা অনুশাসিত হওয়া উচিত যে জীবনের মূল্যবোধের প্রশ্নে আসলে আপনি তাতে কোনরকম আপোষ যাতে না করেন। মনে থাকুক যে আপনার হাতে কেবলই কর্ম আছে, কর্মফল প্রভুর হাতে।

সন্তুলিত মস্তিষ্ক–অস্হির মস্তিষ্ক সম্পন্ন ব্যক্তিদের ওপর কেউ দয়াই করতে পারে, এ ধরনের ব্যক্তি প্রায়ঃ অতিবাদী দৃষ্টিকোন রাখে। যদি সে কাজে থাকে তাহলে পারিবারিক কর্তব্যের উপেক্ষা ও করে দেয় তথা দিন-রাত পরিশ্রম করে থাকে। যদি ফুর্তি করতে আসে তখন গুরুত্বপূর্ণ কাজের অবহেলনা করে দেন। নিজের জীবনকে অসন্তুলিত করে রাখা ব্যক্তিগন কখনোও সফলতা অর্জিত করতে পারে। না। এ ধরনের ব্যক্তি যে জীবনকে নিয়ন্ত্রিত করতে পারে না, সে কখনো সফল হয় না। বাচ্চা, পরিবার তথা স্ত্রীর সাথে সময় কাটানো তে তার কাজের জ্ঞান থাকে না যদি কাজে ডুবে যায় তখন পরিবারের কথা মনে থাকে না।

সে কেবল সেটাই করতে চায়, যেটায় তার বিশেষভাবে আনন্দ আসে। সে নিজের ইন্দ্রিয়ের পূর্ণ নিয়ন্ত্রণে থাকে। ইতিবাচক রূপে সক্রিয় মানুষ কোন বস্তুর পেছনে পাগলেরা মতো দৌড়ায় না কেননা সে জানে যে কেবল কর্মই তার হাতে আছে তথা কর্ম করার তাৎপর্য্য কেবল কাজ করার সাথে নেই। সে নিজের কাজ করার সাথে-সাথে পরিবার তথা মিত্রদেরকে ও পুরো সময় দেন। তিনি নিজের জীবনে ভারসাম্য বজায় রাখতে পারেন। ভারসাম্য বজায় রাখার অর্থ এটা নয় যে পুরো দিন কাজ করার পর আপনি স্ত্রী তথা বাচ্চাদের দামী উপহার দিয়ে বলেন যে আমি নিজের জীবনকে পুরোপুরী ভাবে সন্তুলিত করেছি। এটাকে সন্তুলন বলেনা কেননা আপনার পরিবার আপনার ভালোবাসা রূপে উপহার নয়, আপনার সঙ্গ ও সময় চায়।

ইতিবাচক রূপে সক্রিয় ব্যক্তি সদা এই চিন্তা করে কাজ করেন যে সে সমাজ তথা দেশের কল্যাণ করছে। তবেই সে জীবনে সফল সমৃদ্ধ ও সন্তুস্ট হতে পারে। এ ধরনের আশাবাদী ব্যক্তি প্রকৃতির তৈরী করা নিয়মগুলিতে পূর্ণ আস্হা রাখেন। অন্যরা তার প্রশংসা করেন ও তার মতো হতেও চান।

শক্তি প্রবাহে আসা বাধাগুলি

আলস্য–শক্তির প্রবাহে আলস্য হচ্ছে বিরাট বাঁধা কেননা যদি আপনি কোন কাজের জন্য তৈরী নন তাহলে আপনি অকারণে কাজে দেরী করেন। ক্রমশঃ এটা এক অভ্যাসে দাঁড়িয়ে যায়, যার ফলে শক্তিবৃদ্ধির কোন সুযোগ পাওয়া যায় না এবং তার সাথেই বিদ্যমান শক্তিও ক্ষয় হতে থাকে। অনেকাংশ লোক আজকের কাজকে কালকের জন্য ছেড়ে দেন। কেননা সে বিশ্রাম করতে চান কিংবা টি.ভি. ইত্যাদি

দেখতে চান। এটা উচিত নয়। সঠিক সময়ে কাজ সম্পন্ন করার চেস্টা করুন, আপনার জন্য এটাই উচিত হবে।

নেতিবাচক চিন্তন–প্রায়ঃ ব্যক্তি নেতিবাচক চিন্তনে মগ্ন হয়ে যান। 'যদি আমি কাজ করতে থাকি তাহলে কি পাব?' কিংবা আমি তা চেস্টা করছি। পরিবারের অন্যান্য সদস্য নিজের মধ্যেই মগ্ন আছে' কিংবা এত চেস্টা করা সত্ত্বেও আমার ক্ষতি হয়ে গেছে। সুতরা কাজ করে কোন লাভ নেই। ফলস্বরূপ এ ধরনের ব্যক্তিরা নিজের কর্তব্যের উপেক্ষা করতে লাগে তথা হতাশা ঘিরে ধরে তথা নেতিবাচক চিতনেই তাঁর শক্তি শেষ হয়ে যায়।

হীন মনোভাব–নিজের দূর্বলতায় গ্রস্হ লোকেরা হীন মনোভাবের শিকার হয়। প্রকৃতি সাম্যে বিশ্বাস করেনা। এটি প্রতিটি মানুষকে এক অপূর্ব বৈশিস্ঠ্যের সাথে গড়ে তুলেছে। আমাদের নিজেদের সেই বিশিস্টতাকে চিনতে হবে যাতে অন্যদের মাঝে নিজের পরিচয় গড়ে তুলতে পারি। এখানেই আমরা নিজেকে অন্যদের তুলনায় শ্রেস্ঠ মনে করি, সুতরাং হীন মনোভাবের তো কোন প্রশ্নই ওঠেনা। যদি আপনার অন্যদের থেকে কোন অপূর্ব বৈশিস্ঠ্য থাকে তাহলে এগিয়ে হীন হলেন কি ভাবে? ব্যক্তিকে কাজের উদ্যোগের জন্য আসনে আসা উচিত তথা যথেস্ট কাজও করা উচিত না হলে তার স্তর নীচে নেমে আসবে।

সংকল্পশক্তির অভাব–যে কোন লোককে কাজের ধারাবাহিকতা বজীয় রাখা উচিত। কয়েকজন এমনও হোন যারা লাগাতার কাজ অথবা ব্যবসা পরিবর্তন করতে থাকেন, এই পদ্ধতি পুরোপুরী ভুল। একজন ব্যক্তির দ্বার করা কর্মে ও তার ধারাবাহিকতার প্রতি দৃঢ় হওয়া উচিত। বার-বার কাজের প্রকৃতি পাল্টালে শক্তির স্তর ওঠা-নামা হয় তথা শক্তি ক্ষয় হয়।

কিছু মানুষ অনুভব করেন যে সংকল্প শক্তি এক রহস্যময়ীকারক, যা বেছে নিতে আমাদের পথ দেখায়। আপনার এই বিষয়ে কোন মতামত না হতে পারে, কিন্তু আপনি যখন কোন ভুল বিষয় বেছে নেন, তখন এর আড়ালে নিজেকে রক্ষা করছেন।

দিবা-স্বপ্ন–প্রায়ঃ মানুষ অন্যের ব্যক্তিত্ব তথা জীবনযাত্রার প্রতি ইর্ষ্যার্ি মনোভাব পোষন করেন এবং তার মতো জীবনযাত্রা কাটানোর কল্পনা করতে থাকেন। ফলে সে অধ্যবসায়ের সাথে কাজ করার পরিবতে সারা দিন কাল্পনিক চিন্তায় লেগে থাকেন। এই ভাবে সৃজনশীল কাজে শক্তির ব্যবহার হয় না যে কারণে শক্তির স্তর কমতে থাকে।

ইন্দ্রিয়ের দাস–ইন্দ্রিয়ের দাস জীবনে কোন কাজ না করেই সমস্ত আনন্দ পেতে চায়। ফলে সে লোভী ও কামনার দাস হয়ে যায়, সফলতার শর্টকাট পাবার খোঁজ না কেবল তাকে সফলতা থেকে দূরে নিয়ে যায় বরং বর্তমান শক্তি স্তরের অপব্যবহার, শক্তি থেকে ও দূরে নিয়ে যায়।

উত্তেজনা–উত্তেজনা হচ্ছে এমন মনোভাব, যা ঘটনা বিশেষের প্রতিক্রিয়া স্বরূপ উৎপন্ন হয়। এইভাবে শরীর নিজেকে পুরো সচেতনতার সামর্থ্য ও কেন্দ্রের সাথে কঠিন অবস্থার মুখোমুখি হবার জন্য তৈরী করে আপনি যখনই কোন উত্তেজনায় ঘিরে থাকেন তখন মনে রাখবেন যে আপনি শক্তি ক্ষয় করছেন। তখন আমরা সমস্যার সমাধান খোঁজার পরিবর্তে, সমস্যার আসে-পাশেই চক্কর কাটতে থাকি। উত্তেজনার সময়ে আপনার শরীর এক চাপগ্রস্থ হয়ে যায়। মানসিক তথা হার্মোনজনিত পরিবর্তনের কারণে হজমে বৃদ্ধি হতে থাকে। মাংস-পেশী শক্ত হয় যায়। হার্মোনিগন্থিগুলি সক্রিয় হয়ে যায়। এড্রেনল তথা অন্য হার্মোন বৃদ্ধি পাবার কারণে শরীরে অনেক পরিবর্তন দেখা যায়।

তখন মাংসপেশীগুলিকে ঠিক ভাবে কাজ করার জন্য গ্লুকোজের প্রয়োজন পড়ে, যার জন্য অতিরিক্ত, অক্সীজেন দরকার। হৃদয় রক্তের প্রবাহে বৃদ্ধি করে, যার ফলে রক্তচাপ বৃদ্ধি পায়। যদিও শরীরে রক্তের মাত্রা সীমিত, সুতরাং মাংসপেশী হৃদয়, ফুসফুস ইত্যাদি অঙ্গে অতিরিক্ত রক্ত পৌঁছানোর প্রক্রিয়াতে, শরীরের কম গুরুত্বপূর্ণ অংশে রক্তের মাত্রা কমে যায়। ফলে পাচনতন্ত্র শলথ হয়ে যায়। কিড্নী তথা মূত্রাশয়ের মধ্যবর্তী স্থানের মাংসপেশীগুলি গুটিয়ে যায় তথা ইম্যুন সিস্টেম ও শলথ হয়ে যায়।

সুতরা পরের বার যখন আপনি উত্তেজনাগ্রস্থ হবেন তাহলে শরীরে হওয়া এইসব পরিবর্ত্তনকে অবহেলা করবেন না। এমনবস্থায় নিম্ন উপায় অবলম্বন করুন, এতে আপনার শক্তির স্তর বজায় থাকবে।

- কম করে পাঁচ সেকেণ্ডের জন্য গভীর নিঃশ্বাস নিন। তারপর নিঃশ্বাসকে কিছুক্ষন পর্যন্ত ধরে রাখুন ও ধীরে ধীরে ছাড়ুন। এটা পাঁচ থেকে দশবার করুন।
- স্বয়ংকে বলুন–'আমি শান্ত তথা শক্তিতে ভরপুর, আমি উত্তেজনার দাস নই। এধরনের ছোট-ছোট কথায় ব্যর্থ করার জন্য আমার জীবন তৈরী হয়নি। আমি সবকিছু সহ্য করতে প্রস্তুত, কেননা আমি জানি যে প্রভু আমার সঙ্গে আছেন তথা আমি ভৌতিক বস্তুগুলির পক্ষে নই।'

- সত্ত্বর নিজের সম্মত মনোভাবগুলি তথা সমস্যাবলী একটি কগজে লিখুন। বিকল্পের তালিকা তৈরী করার পর সেই সহজ পথটি গ্রহণ করুন, যাকে আপনি সামলে নেবেন।

এভাবে আপনার আত্মবিশ্বাসে বৃদ্ধি ঘটবে।

- আপনি নিজের কাঙ্ক্ষিত বস্তুর দিক থেকে নজর দেওয়া বন্ধ করুন।
- আপনার সাথে যা কিছু ভাল হয়েছে, সেটা স্মরণ করুন তথা নিজেকে বিশ্বাস করুন যে এখনও আপনার সাথে ভালই হবে।
- চোখ বন্ধ করে নিজেকে মাথা থেকে পা পর্যন্ত অনুভব করুন। যে সব মাংসপেশীগুলি শক্ত হয়ে গেছে, তাকে বিশ্রাম দিন।
- নিজের গলা চোয়াল, কান্ধ তথা পায়ের মালিশ করুন। এটিকে অভ্যাসে পরিণত করবেন না।
- নিজে নিজেকে বলনু ঃ আমি পূর্বে জন্ম গ্রহণ করেছি এবং এইসব অবস্হাগুলি কিংবা বলা যায় এর থেকেও খারাপ অবস্হায় কাটিয়েছি, যা আমার মনেও নেই। সুতরাং একদিন আমি এই উত্তেজনা কেও ভুলে যাব এবং যখন আমার একদিন তা ভুলতেই হবে তহলে আমি এর চিন্তা কেন করব এবং অহেতুক কেন ব্যতিবস্ত হতে থাকব।

শক্তি স্তরে বৃদ্ধির উপায়

উত্তেজিত হবেন না–আপনি এই বিষয়টিকে ভেবে দেখেছেন কি যে উত্তেজিত হলে আপনার কি প্রতিক্রিয়া হয় ? আপনার শরীরে এক তীব্র ঢেউ খেলে যায়, সেটা হচেছ শক্তিই, সাবধান থাকুন, যে কথাটি আপনাকে এত উত্তেজিত করেছিল, যদি সেটাই আপনার পক্ষে না হয়, তাহলে সব শক্তি ক্ষয় হতে বিলম্ব হবে না। আপনি নিশের পক্ষে সওয়াল কার যোগ্য থাকেন না।

রাগ করবেন না–আপনি রাগ করার ভান করতে পারেন কিন্তু আসলে কখনো রাগ করবেন না। এটা আপনার শক্তির স্তরকে ক্ষীন করে যার ফলে আপনার মস্তিস্কের সজাগতা তথা শান্তিতে খারাপ প্রভাব ফেলে।

ব্যাকুলতা ও মানসিক চাপ থেকে বাঁচুন–অহেতুক ভয় তথা আকর্ষনে ব্যাকুলতা জন্ম নেয়। মনে রাখুন, ভয় হচেছ একটি পপাপ, যদি আপনি কোন ভুল না করেও কারো থেকে ভয় পাচেছন, তাহলে জেনে রাখুন যে আপনি পাপ করছেন। যখন আপনি নিজের কর্মের পরিনামের প্রতি চিন্তিত থাকেন তাহলে ভৌতিক সুখ-স্বাচছন্দের প্রতি আকর্ষনই আপনাকে

মানসিক চাপগ্রস্থ তথা আক্রমক করে তোলে।

ফালতু কথাবার্তা, আলোচনা তথা সময় নষ্ট করা থেকে দূরে থাকুন–বছরে এক মিলিয়ন ডলার উপার্জনকারী মিস্টার চালর্স বলছেন–'আমি কখনো কারো সমালোচনা করিনি। আমি লোককে তার কাজের পুরো পারিশ্রমিক দি। আমি প্রশংসা করার জন্য উৎসুক থাকি কিন্তু দোষগুলিতে বিমুখ হয়ে যাই। যদি কিছু ভালো লাগে তাহলে হৃদয় থেকে তার প্রশংসা করি।'

আহার–শক্তির স্তরকে বজায় রাখার জন্য আহারের উপেক্ষা করবেন না। প্রায়ঃ আপনি অনুভব করেন যে আপনার জন্য কোনটি আহার ভালো। যে আহার আপনার পছন্দ নয় তা খাবেন না। আপনি শুনে থাকবেন যে আমরা সেটাই যা আমরা খাই। সুতরাং যদি আপনি একাগ্র হতে চান তাহলে আপনাকে সবুজ সব্জী ও ফল নেওয়া উচিত, কেননা সেটা আপনার পেটকে হাল্কা রাখে। জার্জ ওসাবা এক সন্তুলিত আহার পদ্ধতি বিকশিত করেছেন, যাকে তিনি আহারের পদ্ধতি বলেন। তার মতে আহার যত প্রাকৃতিক হবে, ততই আপনি নিজেকে জীবন্ত অনুভব করবেন। ভারী তথ্য গরিস্ঠ আহার মানুষকে আলসে বানিয়ে দেয় তথা একাগ্র হতে দেয় না। স্বাদিস্ট হলেও জাংক ফুড আমাদের স্বাস্থ্যের পক্ষে ভাল নয়। এতে আমরা রুগী হয়ে যেতে পারি তথা বেশী ঘুম পাওয়া অতি প্রতিক্রিয়া ব্যক্ত করার সমস্যাও বৃদ্ধি পেতে পারে।

স্মরণে থাকুক–

- সর্বদা সময়ে আহার নিন।
- আহার গরিস্ঠ ও বেশী মাত্রায় নেবেন না।
- তাড়াতাড়ি আহার করবেন না।
- যথেস্ট পরিমানে জলপান করুন।
- যথেস্ট মাত্রায় প্রোটিন তথা বিটামিন নিন।
- পেট ভরার আগেই আহার শেষ করুন।

সন্তুস্ট থাকুন–সার কথা হচেছ যে আপনি সন্তুস্ট থাকতে শিখুন। সবাই এ বিষয়টি জানে। কিন্তু তাদের এ বিষয়ে অভিজ্ঞতা নেই। অনন্ত ভৌতিক কামনাগুলিই সন্তুস্টি পথে বাধা। এই কামনাগুলি মানশযকে ব্যাকুল করে তোলে। ফলে শক্তি ক্ষয় হতে থাকে। সুতরাং ইচছাগুলি কম করুন।

নিজে নিজেকে বলুন–

- আমি একজন প্রসন্নচিত্ত মানুষ।
- আমার কাছে সবকিছু আছে।
- আমার সাথে সবাই প্রেম করে, যে আমাকে চায় না, সেও একদিন আমাকে চাইবে।
- আমি প্রেমের প্রতি সংবেদনশীল তথা জীবনের মূল্য জানি।
- আমি সফল।
- নিজের বাহু গুটিয়ে রাখবেন না, এতে শক্তির প্রবাহে বাধা উৎপন্ন হয়।
- সর্বদা ওপরের দিকে তাকিয়ে চলুন।
- নিজের শরীরকে ভালোভাবে জানুন ও এর প্রতিক্রিয়া বুঝুন। ঈশ্বর আমাদের যা কিছু উপহার দিয়েছেন, তাতে মস্তিষ্ক হচেছ সবাধিক গুরুত্বপূর্ণ।
- ঈশ্বরের কাছে নিজের সমস্যা তুলে ধরুন। নিজের ইচছাগুলিকে পুরো করতে বলবেন না। প্রভুর কাছে সমস্যার সমাধানের শক্তি চান।
- নিজের নেত্র সঞ্চালন তথা শরীরের ভঙ্গিমাগুলিতে নজর রাখুন।
- চিন্তিত হবেন না।
- সমস্যাগুলি থেকে ভয় পাবার পরিবর্তে তার মুখোমুখী হোন।
- অন্যের ওপর ভরসা করতে শিখুন কেননা আপনি প্রায়ঃ অন্যের দায়িত্বগুলির প্রতি চিন্তিত থাকেন, যার ফলে আপনার ওপর খারাপ প্রভাব পড়ে।
- অন্যদের ভাল থাকার কল্পনা করুন এবং তাদের শুভ খবর দিন। ❑

অধ্যায় 4

মস্তিষ্ক

ঈশ্বর আমাদের য কিছু উপহার দিয়েছেন, সেগুলির মধ্যে সবাধিক গুরুত্বপূর্ণ হচেছ মস্তিস্ক।

ঈশ্বর প্রকৃতির রচনা করেছেন, যা তার সম্পূর্ণ সৃষ্টির মধ্যে সর্বোত্তম, ব্রহ্মাণ্ডীয় ভব্যতায় সমস্ত উপাদানের সামজস্যপূর্ণ মিলন আছে। তাকে প্রশংসা করে আমরা সম্পূর্ণ আনন্দের সাথে জীবন কাটানোর যোগ্যতা পেয়েছি। এই মহিমাময়ী সৃজনকে বোঝার জন্য, প্রভু আমাদের মস্তিস্ক দিয়েছেন। প্রকৃতি আমাদের জন্য মস্তিস্কের সৃজন করেছে যাতে আমরা না কেবল নিজের আসে-পাশে ছড়ানো প্রাকৃতিক বৈভবের আনন্দ নিতে ারি বরং স্বয়ংকে এই সৃজনের এক গুরুত্বপূর্ণ অংশ রূপেও চিনতে পারব, ভালো-খারাপ, সঠিক-ভুল এ পার্থক্য করে আমরা এটা করতে পারি। এই যোগ্যতা আমাদের সমস্ত জীবদের মধ্যে শ্রেস্ঠ করে তুলেছে ভালো-খারাপের পার্থক্যই সফল তথা ব্যর্থ মানুষের পার্থক্য দেখিয়ে দিচেছ। মস্তিস্কই কোন মানুষকে সাধু কিংবা পাপী করে তুলছে। ভগবানের দুত কিংবা শয়তান করে তুলছে।

বেছে নেওয়ার এই ক্ষমতাই আমাকে আমাদের রীতি দিচেছ। এই রীতিই আমাদের গড়ে তুলছে তথা আমাদের শক্তির স্রেত আছে। মন হচেছ আমাদের শক্তির শ্রোত তথা মানসিক অবস্থা আমাদের সেই ভাবে গড়ে তুলছে, যা আমরা আছি। কিছু লোক অবহেলিত জীবন কাটায়, কিছু সংগ্রামরত অবস্থায় তো কিছু পুরোপুরী আনন্দে মত্ত থাকে। পার্থক্য কেবল মনের অবস্থার, মনই মোক্ষ প্রাপ্তিতে গুরুত্বপূর্ণ ভূমিকা পালন করে। এটাই হচেছ সেই উপাদান অথবা মাধ্যম, যা আমাদের প্রভুর কাছে নিয়ে যায়। ভগবান কৃষ্ণ মস্তিস্কের বিশাল কার্যক্ষমতার বর্ণনা করেছেন।

ষষ্ঠ অধ্যায়ের নিম্ন শ্লোকগুলিতে প্রভু বলছন–

'মানুষের উচিত যে সে নিজে জগতরূপী সমুদ্র থেকে নিজের উদ্ধার করুক তথা আত্মাকে পতনের হাত থেকে রক্ষা করা কেননা জীবাত্মা হচ্ছে নিজেরই বন্ধু তথা শত্রু।'

'যে জীবাত্মা দ্বারা মন ও ইন্দ্রিয় সমেত শরীর জয় করা হয়েছে, সেই জীবাত্মার তো সে স্বয়ংই মিত্র আছে। যার দ্বারা মন তথা ইন্দ্রিয় সমেত শরীর জয় করা হয়নি তাকে সে স্বয়ংই শত্রুর মতো ব্যবহার করতে দেখা যায়।'(6)

ব্যক্তি মস্তিস্ক কেই 'মন' হিসাবে মেনে নিচেছ। সমস্ত মানবীয় মস্তিস্ক প্রায়ঃ একই রকম আকার-প্রকারের হয় সুতরাং মনের অবস্হা ও এক রকম হওয়া উচিত, কিন্তু এটা এক সীমা পর্যন্তই ঠিক। কোন লোক এটা ভেবে আশ্চর্য হতে পারে যে যদি মাথা এত শক্তিশালী তাহলে আমরা নিজের চরম লক্ষ্য পর্যন্ত কেন পৌঁছতে পারিনা? এমন কেন যে কিছু লোক কেবল শত্রু তৈরী করে আর কিছু কেবল মিত্র? কিছুলোক প্রসন্ন আর কিছু নয়? কিছুলোক বড়-বড় কাজ করে কেন আর কিছু খারাপের মধ্যে জড়িয়ে থাকে? এটা এক গুরুত্বপূর্ণ প্রশ্ন যার উত্তর বিস্তারিত ভাবে জানা উচিত কেননা এতেই সবচেয়ে বড় পার্থক্য লুকিয়ে আছে। যেমন আমরা বলেছি যে, কোন লোকের মস্তিস্কের গুণাবলী তার পূর্বের জন্মের কর্মভিত্তিক হয়। তবেই আমরা বিভিন্ন বুদ্ধিবিলাস ও রুচিসম্পন্ন ছেলেদের দেখি। আজ্ঞে হ্যাঁ, এ ভেদা-ভেদও এক স্তর পর্যন্ত ঠিক। এটা সত্য যে পূর্ব জন্মের কর্মের প্রভাব হয় কিন্তু সেটাই নির্ণায়ক কারক নয়। এটাও যথেষ্ট পরিমাণে লক্ষণীয় বিষয় যে মানুষ তার মস্তিস্কের কতটা সদব্যবহার করছে অথবা অপব্যবহার করছে। ভালো ও উচ্চ মানসিক ক্ষমতা সম্পন্ন ব্যক্তি সর্বদা অন্যদের থেকে এগিয়ে থাকে, এটাও হতে পারে যে নিম্ন মানসিক ক্ষমতা সম্পন্ন ব্যক্তিও নিজের অধবসায় ও প্রদর্শনের জোরে এগিয়ে যেতে পারে।

অধ্যয়নে জানা যায় যে সফল ব্যক্তিরা ও নিজের মস্তিস্কের কেবল 6% ভাগ ব্যবহার করেছিলো, যখন নাকি সাধারণ জীবন কাটানো মানুষ 3% থেকে বেশী ব্যবহার করেনা। ব্যবহারের এই পার্থক্য একজন সফল ও সাধারণ মানুষের পার্থক্য কে স্পস্ট করছে। প্রকৃতি মানুষকে সম্পূর্ণ মস্তিস্ক দিয়ে ছিল, কিন্তু মানুষ-এর পুরো ক্ষমতার ব্যবহার না করে তাকে জর্জর করে দিয়েছে। যেমন যে কোন মৈকনিক আপনাকে বলবে যে যদি আপনি 23 বছর পর্যন্ত নিজের গাড়ীর ট্যাঙ্কের ওপর পর্যন্ত

পেট্রল না ভরান তাহলে খালি পড়ে থাকা অংশে জং লেগে যাবে। যে অংশটি ব্যবহার হতে থাকবে, সেটা ঠিক থাকবে, আমাদের মস্তিস্কের জন্য ও এটাই সত্য। আমরা নিজের আসে পাশের লোকজনদের দেখি তখন দেখতে পাব যে নীরস জীবনের অভিযোগ সেইসব লোক করেন, যে নিজের মস্তিস্কের পুরো ব্যবহার করেন না, এরা রোজকার বেকার কথায় সময় কাটায় এবং মস্তিকের জং লেগে যায়। কেবল প্রয়োগ করা অংশটি সক্রিয় থাকে, বাকী নিস্কৃয় হয়ে যায়।

এটা নয় যে কোন কাজ খারাপ কিন্তু একজন কণ্ডাক্টর সারা জীবন বিশেষ কিছু করেনা। সে কেবল টিকিট দিয়ে পয়সা গোনে। রিসেপশ্যানে বসা ব্যক্তিটিকে আগতদের সাথে দেখা করা তথা সম্পর্কিত ব্যক্তি পর্যন্ত যাওয়া এই সব কাজে বিশেষ কোন সৃজনশীলতা থাকে না। এই ভাবে কম্পিউটারে সংখ্যা ফিডকরাদের কেও সর্বদা একই রকম কাজ করতে হয় এবং তার মস্তিস্কের বড় অংশটি বেকার পড়ে থাকে।

এধরনের অধিকাংশ লোক যারা যথেস্ট কঠিন ও সমস্যাপূর্ণ জীবন কাটাচেছ, তারা সঠিক অর্থে নিজের মস্তিস্কটি ব্যবহারই করেন না। সে প্রত্যেকদিন একই রকমের নীরস কাজে লেগে পড়ে থাকেন এবং মাথা খাটান না, মস্তিস্ক হচেছ আমাদের বিশ্বস্ত সেবক, এটা আলা দীনের প্রদীপের মতো আমাদের সব আদেশ পালন করে।

আমাদের সবার মস্তিস্ক পরস্পর যুক্ত হয়ে আছে। সমস্ত মানব মস্তিস্ক সেই বিরাট মস্তিস্কের একটি অংশ যা একে-অপরের সাথে প্রতিটি হাব-ভাব ও কথাগুলিকে একে অন্যের কাছে পাঠাতে লেগে আছে। এই পাঠানোটা মস্তিস্কের অর্ধসচেত অবস্থায় হয়। সুতরাং আমরা এই বিষয়ে জানতে পারি না। এই সম্প্রেষণ চেতন স্বরেও হয়। কিন্তু এর গতির তীব্রতা খুবই কম হয়। আপনার টেলিপ্যাথীর অভিজ্ঞতা নিশ্চয় হয়ে থাকবে যখন দুইজন লোক একই বিষয়ে এক সাথে চিন্তা করেন। যদি দুই মস্তিস্কের মধ্যে কোন সম্পর্কসূত্র না থাকতো তাহলে তা কদাপি সম্ভব ছিল না। যদি আমরা এই প্রক্রিয়া কে বিকশিত করতে পারি তাহলে দ্রুত গতিতে চিন্তা তথা বার্তার আদান-প্রদান হবে তথা কোন ভুল বোঝাবুঝির অবকাশ থাকবে না।

বিশেষ করে ভারতে আপনি এমন সাধু দেখে থাকবেন যারা আপনার চিন্তাকে পড়তে পারে। এই কৌশল দ্বারা আপনি সহজে অন্যের চিন্তার জ্ঞান প্রাপ্ত করতে পারেন। এখানে একটি বাস্তবিক অভিজ্ঞতা দেওয়া হচেছ, যেটি আমার কোন পরিচিতের হয়েছিল। সে একজন সাধুর দেখা পায় এবং কোন প্রস্তাবনা ছাড়া সেই সাধুটি তাকে পূর্বে ঘটা কিছু ঘটনার

কথা বলে দেয়। তারপর সেই সাধুটি তাকে বলে যে সে একটি কাগজে নিজের জন্মতিথি লিখে নিজের কাছে রাখুক। তখনই বন্ধুটি কাগজে জন্মতিথি লেখে। সাধু সত্বর তা বলে দেয়।

এই ভাবে তিনি আমার বন্ধুকে দিয়ে তার প্রশ্নের উত্তর লেখায় তথা না দেখে উত্তর বলে দেয়। তখন হঠাৎ এক বিচিত্র ঘটনা ঘটে। সাধুটি বন্ধুকে বলে যে সে নিজের বিয়ের তারিখ লিখুক। বন্ধুটি এই তারিখ লেখার পরিবর্তে ভুল করে স্ত্রীর জন্মদিনের তিথি লিখে দেয়। এবার সাধুটি তাকে সেই তারিখ বলে যা সে কাগজে লিখেছিল। এতে জানা যায় যে সাধু কোন জ্ঞানী ছিল না, সে আমার বন্ধুটির সচেতন মস্তিস্ক থেক সম্প্রেষণ করছিল কিংবা তা পড়ছিল আমরা মনের অবস্থাগুলির ওপর বিস্তারিত আলোচনা করব কিন্তু প্রথমে স্বামী বিবেকানন্দজীর অনুভবের মাধ্যমে সম্প্রেষনকে গভীর ভাবে জেনে নি।

স্বামীজী নিজের দুইজন বন্ধুর সঙ্গে কোন বিদ্বানের কাছে যায়। বিদ্বান ব্যক্তিটি কাগজের টুকরোতে কিছু লেখেন এবং প্রত্যেকজনকে বলেন যে তারা বিভিন্ন ভাষার দীর্ঘ বাক্য ভাবুক। স্বামীজী সংস্কৃত-এ শ্লোক ভেবে রাখেন তার বন্ধুটি আরবীতে কুরানোর আয়ত ভাবে এবং তৃতীয় ব্যক্তিটি জার্মানী ভাষায় মেডিক্যাল বাক্য ভাবে। তারপর সবাই দেখল যে সেই ব্যক্তিটি আগে থেকেই কাগজের টুকরোতে সেই বাক্য লিখে রেখেছে। সে না কেবল এটা জানতো যে তারা ভবিষ্যতে কি চিন্তা করবে, বরং যে সেই সব ভাষাগুলিও পড়ে নেয় যেটা সে জানতো না। অবচেতন দ্বারা সম্প্রেষন সম্ভব যা কিনা সম্প্রষনকে আরোও গভীর স্তর পর্যন্ত নিয়ে যায়, আমাদের ব্রহ্মাণ্ডীয় তরঙ্গ ও আমাদের সত্যিকারের স্বরূপ পর্যন্ত যেতে সহায়ক হয়।

কম্পিউটার তথা উপগ্রহের এই নতুন যুগে মানুষ বহু রস্মি ও শক্তির অন্বেষণ করেছে, যাকে বার্তার আদান-প্রদান কিংবা সম্প্রেষণকে প্রয়োগে আনা যেতে পারে। এ রস্মি কিংবা তরঙ্গ আগে থেকেই অস্তিত্বে ছিল কিন্তু প্রায়ঃ একশো বছর পর্যন্ত মানুষ এর অস্তিত্ব জানতো না।

এইসব রস্মিগুলির আবিস্কার হবার পর এগুলিকে মানুষের কল্যাণের জন্য প্রয়োগ করা হয়ে আসছে। এটা বলার প্রয়োজন নেই যে এই রশ্মিগুলি অদৃশ্য। সম্ভবতঃ তাই এগুলিকে খুঁজতে এত সময় লাগে। অথবা ঈশ্বর নিজের ইচ্ছানুসারে এগুলিকে জানার ক্ষমতা প্রদান করেন। এই ধরনের রশ্মিগুলি মানুষের মস্তিস্কের আসে-পাশে ও আছে। মস্তিস্কটি যখনই রশ্মিগুলির সাথে একাকার হয়। মানুষ সেই

রকমই জীবন কাটানোর জন্য বাধ্য হয়ে যায়।

রশ্মি অথবা শক্তি দুই প্রকারের হয়

(1) ইতিবাচক শক্তি

(2) নেতিবাচক শক্তি

ইতিবাচক শক্তি

ইতিবাচক শক্তি মানুষের জন্য লাভজনক। এ ধরনের রশ্মি যে কোন মানুষের জীবনকে সফল, সমৃদ্ধ তথা সন্তুস্ট করে তুলে। এই শক্তির জোরে মানুষ প্রসন্ন তথা স্বছল জীবন কাটায়। মানুষ নিজের কামনার পুর্তি ও করতে পারে, যদিও পরিণাম তার হাতে থাকেনা। যদিও প্রাকৃতিক নিয়ম কখনো অনুচিত হয়না। একজন মানুষ কর্মের ভিত্তিতেই কাক্ষিত পরিণাম লাভ করে। প্রথমে চিন্তা উৎপন্ন হয় তার পর সেটা কর্মের রুপ ধারণ করে। চিন্তা আমাদের মনে উৎপন্ন হয় তার পর সেটা কর্মের রুপ ধারণ করে। চিন্তা আমাদের মধ্যে উৎপন্ন হয় এবং ইতিবাচক মনই ইতিবাচক কর্ম করতে পরে। ইতিবাচক কর্মের দ্বারা ইতিবাচক ফলাফল বেরিয়ে আসে। মানুষ কেবল এইসব ইতিবাচক তরঙ্গ অথবা শক্তির মাধ্যমে নিজের ভৌতিক ইচছাও প্রয়োজন মেটাতে পারে বরং আধ্যাত্মিক বৃদ্ধিতেও এগুলি সহায়ক হয়। আধ্যাত্মিক প্রকৃতির ইতিবাচক শক্তি মানুষের মনে না কেবল ইতিবাচক প্রভাব আনে। এইসব শক্তির অনুচিত প্রয়োগ করা উচিত নয়। এগুলি মানুষের জীবনকে উঁচুতে তুলে ধরতে সহায়ক হয়। কিন্তু অপ্রয়োগ করা হলে পর ঘাতকও হতে পরে। কেউ জীবনে সফলতা অর্জিত করে নেয় তো কখনো-কখনো সে অহং দ্বারা গ্রস্হ হয়ে যায়। সে সফলতার নেশাগ্রস্হ হয়ে যায়। তখন সে অন্যের সাথে রুক্ষ ব্যবহার করে, তাকে হেয়, নজরে দেখে এবং তার অন্যায় সুযোগ নেওয়ার চেস্টা করে। ইতিবাচক শক্তি এরকম অবাঞ্চিত কর্মকে সহ্য করতে পারেনা এবং আমাদের দণ্ডিত করে। অন্যের প্রতি খারাপ তথা অবাঞ্চিত মনোভাবের কারণেই ভালো তথা সফল লোকদের জীবনে সমস্যা দেখা যায়।

অবাঞ্চিত কর্ম তথা চিন্তা একজন ব্যক্তিকে নেতিবাচক করে তোলে। যদি কেউ কারোর সাথে রুক্ষ ব্যবহার করছে তাহলে সেও তার ব্যবহারে অবশ্যই কোন নেতিবাচক বিষয় দেখে থাকবে। তখন ইতিবাচক শক্তি তো আমাদের দণ্ডিত করেই সাথে তার জায়গায় নেতিবাচক শক্তি প্রভাব

ফেলতে থাকে। ক্রমশঃ ইতিবাচক শক্তি কম হতে থাকে এবং একজন ইতিবাচক ব্যক্তির ও এমন পতন হয় যে সে কখনো পুরোপুরী দাড়াতে পারে না।

মানুষের চিন্তা করার পদ্ধতি ও মনের অবস্হাই তাকে গড়ে তোলে অথবা নস্ট করে। সুতরাং প্রতিটি মানুষের উচিত যে সে ইতিবাচক চিন্তন করুক, তখন সমস্যার সমাধান নিজেই তৈরী হয়ে যাবে, সমাধান তথা পরিণাম ঈশ্বরের হাতে, ব্যক্তি কেবল প্রয়াসই করতে পারে।

আপনাদের মধ্যে প্রত্যেকেই এই সব সুন্দর ইতিবাচক চিন্তা সম্পন্ন হবে, যারা আধ্যাত্মিক প্রকৃতির এটি আপনাকে আত্মবিশ্বাসে পরিপুর্ন ও নিঃস্বার্থ তৈরী করবে। এ আপনাকে শান্ত মনোভাব বজায় রাখতে সাহায্য করবে আপনি নিজের ওপর ও অন্যের ওপর ভরসা রাখতে পারবেন। আপনি জিনিসগুলির প্রতি সন্দেহ করবে না আর নাই বা অন্যকে সন্দেহ করবেন। আপনি জানতেও পারবেন না আর অর্থ, যশ আপনার হয়ে যাবে। আপনি ক্রোধ, লালসা, ও লোভ মুক্ত হয়ে যান তথা সমাজে সম্মান পান। লোকেরা আপনার কথা শুনছে তথা আপনার প্রতি ভরসা করছে কেনান তারা বিশ্বাস করে যে আপনি ভুল নির্ণয় দেবেন না।

নেতিবাচক শক্তি

আমাদের এটাও জানতে হবে যে নেতিবাচক শক্তি আমাদের জীবনকে কি ভাবে প্রভাবিত করছে। এ শক্তিটি আমাদের জীবন পুরোপুরী পরিবর্তন আনত পারে। সুতরাং প্রতিটি মানুষের উচিত যে সে নিজের জীবন থেকে নেতিবাচক শক্তিকে বের করে দিক। নেতিবাচক শক্তি যে কোন মানুষকে সাধারণ তথা ব্যক্তিত্বহীন তৈরী করতে পারে। এই শক্তিটি মানুষকে অহংকারী, স্বার্থী তথা স্বকেন্দ্রীত করে তোলে। এ ধরনের ব্যক্তি আজীবন সংগ্রামরতই থাকে। সে অন্যের ওপর সন্দেহ করে। তাদের নেতিবাচক বৈশিষ্ঠ্যগুলি খোজেন তথা ইতিবাচক দৃস্টিকোনই হারিয়ে ফেলেন।

এ ধরনের মানুষ না কেবল নিজের বরং পারিবারিক জীবন ও নস্ট করে দেয়। এরকম মানুষ নীরস বাতাবরনের সৃস্টি করে। নিজের সম্পর্কে তার ধারণাগুলি অনুচিত ও নিরর্থক হয়। এরকম মানুষ সমাজের ওপর বোঝাস্বরূপ হয়। যদি সে ঈশ্বরের ওপর আস্হা রাখে, তাহলেও সে এই পথে চলতে পারে না। নেতিবাচক শক্তি মানুষকে চুরি

তথা বাটপাড়ির গভীর অন্ধকারে টেনে নিয়ে যায়। যদিও এখনও সব কিছু শেষ হয়নি, যদি এধরনের মানুষ ইচ্ছা করলে স্বয়ংকে পরিবর্তন করতে পারে।

তাঁকে ইতিবাচক শক্তিকে নিজের দিকে আকর্ষিত করার সাথে নেতিবাচক শক্তি থেকে মুক্তি পেতে হবে।

ভগবদ্‌গীতায় ভগবান কৃষ্ণ মস্তিষ্ক নিয়ন্ত্রণের উপায় বলেছেন। ইতিবাচক শক্তি যে কোন মস্তিষ্ককে শান্ত, মানসিক চাপ তথা উদ্বেগহীন করে তোলে যখন নাকি নেতিবাচক শক্তি ব্যাকুলতা তথা সংগ্রামের কারণ হয়ে দাড়ায়।

দ্বিতীয় অধ্যায়ের শ্লোক সংখ্যা 56 এ প্রভু বলছেন–

এমন মন যার আকাঙ্খা সুখের প্রাপ্তিতে দূর হয়ে গেছে তথা রাগ ভয় ও ক্রোধ ইত্যাদি নষ্ট হয়ে গেছে, এমন মুনিকে স্থির বুদ্ধি বলা হয়।'

পঞ্চম অধ্যায়ের শ্লোক সংখ্যা 17এ প্রভু বলছেন–

'হে অর্জুন! যার বুদ্ধি তথা মন এক ধরনের তথা সচ্চিদানন্দ পরমাত্মা নির্দোষ তথা সম, এতে সে সচ্চিদানন্দ পরমাত্মাতেই অবস্থিত।'

ষষ্ঠ অধ্যায়ের শ্লোক সংখ্যা-7 এ প্রভু বলছেন–

'হে অর্জুন! শীত গরম তথা সুখ-দুঃখাদিতে তথা মান-অপমানে যার অন্তঃকরণের আচরণগুলি ভালো রকমে শান্ত অর্থাৎ বিকারহীন। এমন স্বাধীন আত্মাসম্পন্ন পুরুষের জ্ঞানে সচ্চিদানন্দ পরমাত্মা সব প্রকারে অবস্থিত অর্থাৎ তার জ্ঞানে পরমাত্মার ছাড়া কিছুই নেই।'

শান্ত মস্তিষ্কের কেবল একটিই চিন্তা হয়, সে প্রাকৃতিক নিয়মগুলি অনুযাই চলেন। এটা মোহ তথা আশক্তিহীন হয়। ধৈর্য্যবান মস্তিষ্ক মানবকে সঠিক পথ দেখায় ও তাকে ভুল নির্ণয়ের বিরুদ্ধে, সঠিক নির্ণয় নিতে সাহায্য করে। ধীর মানুষ পক্ষপাতের মনোভাবহীন হোন তথা সবাইকে সমান চোখে দেখেন। সে কখনো ভয়াক্রান্ত হয় না কেননা সে জানে যে সে কখনো ভুল তথা অনুচিত কাজ করে না। তার নির্ণয়গুলি অন্যের রুচিসম্মত হয়। প্রেম তথা করুণার পরিপূর্ণ এমন ব্যক্তিত্ব প্রত্যেক মানুষের জন্য সহায়ক প্রমাণিত হয়।

অস্হির মস্তিষ্ক

দ্বিয়ীত অধ্যায়ের শ্লোক সংখ্যা 66 এ প্রভু বলছেন–

'হে অর্জুন! সাধনহীন পুরুষের অন্তঃকরণে শ্রেষ্ঠ বুদ্ধি হয় না তথা ঠিক ভাবে তার অন্তঃকরণে ভালো মনোভাব ও থাকে না। নাস্তিক পুরুষ কখনো শান্তি পায় না। যে শান্ত নয় সে ব্যক্তি কখনো আনন্দে থাকতে পারেনা।'

তৃতীয় অধ্যায়ের শ্লোক সংখ্যা 3 এ প্রভু বলছেনয়–

যে সব জড়বুদ্ধি পুরুষ কামেন্দ্রিয়কে জেদ করে ধরে রেখে, ইন্দ্রিয়কে ভোগ করার জন্য মনে চিন্তন করে, সে অহংকারী অথবা মিথ্যাচারী হয়।'

তৃতীয় অধ্যায়ের শ্লোক সংখ্যা 40 এ প্রভু বলছেন–

'ইন্দ্রিয়, মন তথা বুদ্ধি কে কামের নিবাস স্হান বলা হয়। এই কাম এদেরই মাধ্যমে জ্ঞানকে ঢেকে জীবাত্মাকে মোহিত করে।'

অস্হির মস্তিস্ক ভৌতিক সুখ-সুবিধার দাস হয়ে যায়। এটা স্বার্থী তথা লোভী হয়। এই ধরনের ব্যক্তি সদা নিজেরই স্বার্থ সিদ্ধ করে। সে সর্বদা এই তালে থাকে যে অন্যের থেকেঅনুচিত সুযোগ কি ভাবে নেওয়া যায়। সে অহংকারী তথা দাম্ভিক প্রকৃতির হয়। এ ধরনের মানুষ জীবনের প্রতি বিচিত্র ব্যবহারের কারণে বিভিন্ন মনঃস্হিতিতে থাকে ভালো-খারাপ তো সব জায়গায় আছে কিন্তু অস্হির মস্তিস্ক সম্পন্ন ব্যক্তি প্রায়ঃ ভালোর জায়গায় খারাপ জিনিস প্রয়োগ করে। অস্হির মস্তিস্ক-সম্পন্ন ব্যক্তি জীবনে দুঃখ পায় ও উদাস হয়ে নিজের সময় কাটায় কেননা সে আত্মকেন্দ্রিয়ত হয়।

মস্তিস্কের কাজ করা

তৃতীয় অধ্যায়ের শ্লোক সংখ্যা 42 এ প্রভু বলছেন–

'যদি তুই ভাবিস যে ইন্দ্রিয় কে ধরে রেখে কামরূপী শত্রুকে মারার শক্তি আমার নেই তাহলে এটা তোর ভুল কেননা এই শরীরের ইন্দ্রিয়ের উর্দ্ধে হচেছ মন, মনের উর্দ্ধে হচেছ বুদ্ধি, তথা বুদ্ধির ও অত্যন্ত উর্দ্ধে হচেছ আত্মা।'

আধুনিক বৈজ্ঞানিকরা মস্তিস্কের সুক্ষ্মতাপূর্ণ বিশ্লেষণ করেছে। তাদের মতে মস্তিস্ক প্রতিদিন চারটি অবস্হা অতিক্রান্ত করে। প্রথম

অবস্হা হচ্ছে **'বীটা'**। এই অবস্হায় মানুষ খুবই সক্রিয় থাকে। এই অবস্হাতে আমরা নিজের নির্ণয় নিতে সক্ষম হই। এই অবস্হায় শক্তির প্রবাহ 14 চক্র প্রতি সেকেণ্ড হয়।

যখন আমর সক্রিয় ভাবে কাজ করছি তো সেই সময় আমরা বীটা অবস্হায় থাকি।

পরের অবস্হা হচ্ছে **'আল্ফা'**। কাজের ক্লান্তির পর আমাদের মস্তিস্ক আল্ফা অবস্হায় এসে যায়। শুয়ে থেকে, গান শুনে অথবা টি.ভি. দেখে ও বিশ্রাম করা যেতে পারে। এই অবস্হায় মানুষ বেশী সক্রিয় থাকে না। এই অবস্হায় শক্তির প্রবাহ 7-14 চক্র প্রতি সেকেণ্ড হয়।

যখন আমাদের ঘুম পায় তখন আমরা **থীটা** অবস্হায় থাকি তথা শক্তির প্রবাহ 4-7 চক্র প্রতি সেকেণ্ড হয়। অন্তিম অবস্হা হচ্ছে **'ডেল্টা'**। এটা সেকেণ্ড থেকেও কম হয়। ঘুমোনোর সময় মানুষ ডেল্টা অবস্হায় থাকে কিন্তু স্বপ্নাবস্হায় সে আল্ফা কিংবা থীটা অবস্হায় প্রবেশ করে। যদি কোন মানুষ স্বপ্নাবস্হায় থাকে তাহলে তার বন্ধ চোখও গতিমান থাকে। সবেক্ষনে জানা যায় যে নেত্রের গতিমান অবস্হায় যদি লোককে তুলে দেওয়া যায় তাহলে সে পুরো স্বপ্ন পুণরায় দেখতে পারে। একজন সুস্হ্য মানুষকে কম করে আট ঘন্টা ঘুমোনো উচিত কেননা ঘুমের ঘন্টা তো 6ই, শেষ দুই ঘন্টা সে স্বপ্ন দেখে।

বৈজ্ঞানিক ভাষায় বলতে গেলে মস্তিস্ককে তিন ভাগে বিভক্ত করা যেতে পারে–

1. জ্ঞান মস্তিস্ক
2. অর্ধজ্ঞান মস্তিস্ক
3. অর্ন্তজ্ঞানীয় মস্তিস্ক।

জ্ঞান মস্তিস্ক

জ্ঞান মস্তিস্কে সেই সব চিন্তা থাকে, যে গুলি বিষয়ে আপনি জানেন। নিরুদ্দেশ্য চিন্তা আমরা আসে-পাসের জিনিসগুলি সম্পর্কে কেমন অনুভব করছি। আমরা সেগুলি কেমন ভাবে পরখ করি, আসে-পাসের লোকজনদের পছন্দ করি কি না, এটা আমাদের মনের সঙ্গে নিরন্তর গতিশীল সম্পর্ক বজায় রাখে। কিন্তু আপনি জ্ঞান মস্তিস্ক-এর সাথে যুক্ত চিন্তাগুলিকে নিয়ন্ত্রিত করতে পারেন না কেননা সে প্রক্রিয়ায় আছে। আপনি চান বা চান, সে আপনার মস্তিস্কে বসে গেছে। মস্তিস্কের এই, ইতিবাচক অথবা নেতিবাচক চিন্তাগুলিই আপনার জন্য

ভালো অথবা খারাপ অবস্হা সৃষ্টি করছে। যেমনটি আগেও বলা হয়েছে–যে চিন্তাই আপনার কর্মগুলিকে প্রেরিত করে তথা ঈশ্বর ও প্রকৃতি আপনাকে কর্মনুযাই দণ্ডিত অথবা পুরস্কৃত করে। সজগ অথবা জ্ঞান মস্তিস্কই আপনার চিন্তাগুলির শাসক, আপনি জিনিসগুলিকে কিভাবে নিচেছ। এটা আপনার অন্তঃ প্রকৃতির ওপর নির্ভর করছে।

এরপর আপনার চিন্তা, মনোভাব অথবা ইচছা তৈরী হয়ে যায় তথা কর্মের জন্য প্রেরিত করে।

ব্যক্তির মনে নিজের পরিচিতদের জন্য কম বেশী স্পস্ট ছাপ থাকে, জীবন ও এর কর্মসুচী বিষয়ে ও পরিস্কার মতামত থাকে, সেটা ভুলও হতে পারে। প্রতিটি বস্তুর প্রতি তার মনে ছাপ থাকে, এই ছাপ কিংবা প্রভাব এত গভীর হয় যে এটিকে সারা জীবন পাল্টানো যায় না। আফসোসের কথা কয়েক জন মানুষ সারা জীবন নেতিবাচকতা দ্বারা ঘিরে থাকেন ফলে সে জীবনসম্পর্কে মিথ্যা প্রভাব কিংবা দ্বিধা থেকে বেরত পারে না ও শেষ পর্যন্ত অন্যকে নিজের ব্যর্থতার জন্য দোষী সাব্যস্ত করে দেয়। সজগ মনের ওপর আমাদের নিয়ন্ত্রণ নেই সুতরাং আমরা এ সম্পর্কে বেশী কিছু করতে পারি না, আমরা আলোচান করব যে কোনটি কারক যা সজগ সস্তিস্ককে নিয়ন্ত্রণ করে।

অর্ধজ্ঞান মস্তিষ্ক–প্রতিটি মানুযের কাছে মস্তিস্কের এই অংশের নিয়ন্ত্রণ থাকে। কিন্তু সেটা তার ওপরেই নির্ভর করে যে সে এই অংশটিকে যথাযথ চিন্তার পোযন দিচেছ কি দিচেছ না। অর্ধজ্ঞান মস্তিস্কটি ইতিবাচক তথা নেতিবাচক শক্তিতে পার্থক্য করতে জানে না। এটা চিন্তার ওপর কার্যনির্বাহ করে তাকে জ্ঞান মস্তিস্ক পর্যন্ত পাঠানোর কাজ করে। জ্ঞান মস্তিস্কের চিন্তা আমাদের কার্যক্ষমতা তথা জীবন দশার নির্ধারিণ করে। আমাদের নিজের অর্ধজ্ঞান মস্তিস্ককে ইতিবাচক চিন্তাগুলি দ্বার পোযিত করা উচিত যাতে আমরা সফল তথা ইতিবাচক জীবন কাটাতে পারি। যদি আমরা অর্ধজ্ঞান মস্তিস্কের উপেক্ষা করব, তবে নেতিবাচক তথা ধ্বংসাত্মক চিন্তা আমাদের মস্তিস্কের ওপর আধিপত্য করে নেবে, যার ফলাফল মারাত্মক হতে পারে। আমাদের হতে পারে, ব্যর্থতা, সফল না হওয়ার মতো শব্দগুলিকে নিজের মাথা থেকে দূরেই রাখার চেস্টা করা উচিত। সর্বদা চেস্টা করুন যাতে চিন্তাধারা ইতিবাচক হয় এবং এটাও মনে রাখুন যে প্রকৃতি ইতিবাচক লোকদের সহায়ক হয়। লোকের মধ্যে সবচেয়ে বড় পার্থক্য হচেছ তার মনোভাবেরেই, সুতরাং এক ইতিবাচক মনোভাব আমাদের ও কাজে আসবে। এটি কোটি-কোটি

লোকের জন্য কাজ করেছে কিন্তু আমাদের এর ওপর অনবরত ধৈর্য্যপূর্বক ও পুরে আস্থার সাথে কাজ করতে হবে।

ইতিবাচক ছবি পাবার জন্য মানুষ নিজের কর্মগুলির নীরিক্ষন করে। সে আত্মবিশ্লেষন তথা পরীক্ষা করে। যদি তার কর্ম ইতিবাচক না হয় তাহলে সে নিজে নিজেই ভালো-খারাপ বার করতে লাগে। অবসাদগ্রস্হ হয়ে যান। যেহেতু সমালোচনা একটি নেতিবাচক কর্ম, লোকের ইতিবাচকতা অর্জনের জন্য, অন্তসংজ্ঞা রূপে নিজের মস্তিস্ককে নেতিবাচকতা দিতে থাকেন। ব্যক্তিকে সচেতন রূপে, মনে প্রবেশ করতে থাকা চিন্তাগুলির ওপর নজর দেওয়া উচিত যদি এমন মনে হয় যে মনে নেতিবাচক চিন্তা প্রবেশ করছে তাহলে তৎক্ষনাত সেটা বের করে দেওয়া উচিত। তাকে একটি মুহূর্তের জন্যও মনে ঠাই দেওয়া উচিত নয়।

একটি ও নেতিবাচক চিন্তা যদি শীঘ্রই বিতাড়িত না হয় তাহলে কিছুক্ষণেই চিন্তাধারার শৃংখলা ইচছা অথবা মনোভাবে পরিবর্তিত হয়ে অনুচিত কাজের প্রেরক হবে। চিন্তাধারায় বিস্তারের ক্ষমতা পাওয়া যায়। যদি কোন বন্ধু সম্পর্কে, এক ক্ষণিকের জন্য ও বেরিয়ে আসা-নেতিবাচক চিন্তাকে না আটকানো যায়, তাহলে সেটা বন্ধুর বিষয়ে আমাদের মতামতকে পাল্টে দেবে, যা ক্রমশঃ বলবতী হতে থাকবে, তাঁর ইতিবাচক বৈশিষ্ঠ্য কোথাও বিলুপ্ত হয়ে যাবে এবং আপনার নজরে তাঁর কোন সম্মান থাকবে না। এই ভাবে একটি মতামত আপনার সম্পর্কের ক্ষেত্রে কতটা মারাত্মক হতে পারে। এর বিপরীতও ও সত্য। ইতিবাচক চিন্তাধারা গ্রহণ করলে তার বৈশিষ্ঠ্যগুলি সামনে আসবে, আমরা তাকে যতই অপছন্দ করিনা কেন, এই ভাবে ক্রমশঃ সে আমাদের প্রশংসার এবং সমর্থনের পাত্র হয়ে যাবে।

মস্তিস্কের বিচিত্রতার বিষয়ে কি বলা যায়। এটি খুব সংবেদনশীল তথা কুট প্রকৃতির এর চিন্তা প্রক্রিয়া পাঁচটি ইন্দ্রিয় দ্বারা সম্পূর্ণ হয়। যদি আপনি ইতিবাচক গড়ে উঠতে চান তাহলে আপনাকে এই পাঁচটি ইন্দ্রিয়কে নিয়ন্ত্রিত করতে হবে, মনে থাকে, সে আপনাকে নিয়ন্ত্রিত করতে না পারে। যেমন প্রভু বলেছেন যে ইন্দ্রিয়গুলি, মস্তিস্ক তথা বুদ্ধিই কামের বাসস্হান সুতরাং আপনাকে সফল করে তুলতে, লোভ, কাম শত্রুতা তথা স্বার্থকে ত্যাগ করতে হবে। এটা না করে আপনি জীবনে কখনো সফল হতে পারেননা।

অন্তর্জ্ঞানীয় মস্তিষ্ক

অন্তর্জ্ঞানীয় মস্তিষ্ক হচ্ছে এমন অংশ যেখানে এমন তথ্য লুকিয়ে আছে যেগুলির সাথে সম্ভবতঃ আপনিও অপরিচিত। সমস্যা হচ্ছে এটা যে মস্তিস্কের এই অংশে সঞ্চিত তথ্য আমাদের কাছে পৌঁছায় না। কয়েক দফা এমন হয় যে কোন জায়গায় প্রথমবার যাওয়া সত্ত্বেও সেটা আপনার পরিচিত মনে হয়। আমরা প্রথমবার বিদেশে যাই কিন্তু আমাদের মনে হয় যে আমরা সেখানে প্রথমবার গেছি ? এসব আপনার অন্তর্জ্ঞানীয় মস্তিস্কের কারণে হয়। আপনি কি জানেন যে **থামস এডিসনের** মাথায় **ল্যাম্প তথা রাইট বন্ধুদের** মাথায় আকাশে ওড়া মেশিন কিংবা **মার্কোনীয়র** মাথায় ওয়ারল্যাস তৈরী করার চিন্তা কেমন ভাবে এল। এইসব মহানুভবরা এ সম্পর্কে স্বপ্ন দেখেছিলেন এবং নিজের স্বপ্নকে মূর্তরূপ দিতে সফল হয়েছিলেন। নিশ্চিত ভাবে এই স্বপ্ন তার অন্তর্জ্ঞানীয় মস্তিষ্ক দ্বারা পাঠানো হয়েছিল। কেবল কর্মই তাঁর হাতে ছিল। সুতরাং তারা নিজের চিন্তাধারার ওপর কঠিন পরিশ্রম করে, তথা বিস্তৃত দৃষ্টিকোন গ্রহণ করে। ফলস্বরূপ তার স্বপ্নটি যথার্থের মাটিতে এসে দাঁড়ায়।

ঠিক এই ভাবে আমরা সবাই স্বপ্ন দেখি কিন্তু সেগুলিকে গভীর ভাবে নিই না, সেগুলি আমাদের অস্পস্ট তথা সন্দিগ্ধ মনে হয়। কিন্তু সেই সব মহানুভবদের ধন্যবাদ দিতে হবে, যারা নিজের স্বপ্নগুলিকে ব্যর্থ হতে দেননি নাহলে আমরা আলো ছাড়াই জীবন কাটাতাম এবং হয়তো জেট-যুগের ও অস্তিত্ব পেত না। দুর্ভাগ্যের বিষয়, সাধারণ মানুষ নিজেরই স্বপ্নে ভরসা রাখেননা। যখন আমরা স্বপ্নের উপেক্ষা করি, তখন সেও আমাদের উপেক্ষা করতে লাগে। সুতরাং ভালো হবে যে আপনারা সবাই নিজের স্বপ্নকে গভীরভাবে গ্রহণ করুন।

মিশরের একটি প্রাচীন প্রবাদবাক্য অনুসারে, 'ঈশ্বর এইজন্য স্বপ্ন তৈরী করেছেন যাতে নিদ্রামগ্ন ব্যক্তি সঠিক পথ দেখতে পারে।' স্বপ্ন আমাদের আগামী বিপদগুলির প্রতি সচেতন করে। এগুলির মাধ্যম ঈশ্বর আমাদের সাথে বার্তালাপ করে।

স্বপ্ন একটি প্রতিবিম্বের মতো আমাদের কাজগুলিকে প্রকট করছে এটাই আমাদের বলে যে আমাদের ব্যবহার মানবায়োচিত অথবা নয়। স্বপ্ন মানুষকে মৃত্যু অথবা লাভ ক্ষতির প্রতিও সচেত করে। **অব্রাহম লিঙ্কন** নিজের স্বপ্নে তাবুতের কাছে দাঁড়ানো সেপাইদের তথা ক্রন্দন

করতে মানুষজনদের দেখে। যখন সে জিজ্ঞাসা করেন তখন জানা যায় যে রাষ্ট্রপতিকে খুন করা হয়েছে। অনেক লোকেরা তৎকালীন রাষ্ট্রপতি কেনেডির হত্যার ঘোষনা আগেই করে দিয়ে ছিলেন। তার হত্যার একদিন আগেই একজন মহিলা ওহাইটস হাউসে ফোন করে খবর দিয়ে ছিলেন যে সে স্বপ্নে কেনডিকে খুন হতে দেখেছেন।

প্রাচীন মিশর তথা ইউনানী দার্শনিকের মতে নিদ্রার সময়ে আত্মা শরীর থেকে আলাদা হয়ে গিয়ে আধ্যাত্মিক পোষন প্রাপ্ত করে। স্বপ্নাবস্থায়ই তিনি সৌন্দর্য্য তথা স্বাস্থ্যকে সমপির্ত মন্দিরগুলির দর্শন করেন। নিদ্রা তার জন্য সৃজনশীলতা তথা আধ্যাত্মিক বিকাশের সময় ছিল। যিশুর মাতা-পিতা যোসেফ তথা মেরীর, ধারনা ছিল যে নিদ্রা ও ছোট মৃত্যুর মতো হয়, সে বিছানায় এই জেনে যেতেন কি হতে পারে, সে পরের দিন সকালে ঘুম থেকে নাই বা ওঠে। সুতরাং তার সুমদায় প্রত্যেক দিনের সাথে নতুন জীবন শুরু করতো। সে প্রতিদিন সুর্যাস্তের আগেই লড়াই-ঝগড়া মিটিয়ে নিতেন কেননা সে জানতো যে এটা ঈশ্বরীয় চেতনারই একটি অংশ।

আধুনিক যুগে আপনি নিজের আন্তরিক শক্তিগুলির ওপর ভরসা করার পরিবর্তে কম্পিউটার, টেলিফোন, টি.ভি. তথা রেডিয়ো ইত্যাদি উপকরণ গুলির ওপর বেশী ভরসা করেন। এই বাহ্যিক উপকরণ আপনার মধ্যে লুকিয়ে থাকা প্রতিভা এবং যোগ্যতার প্রতিবিম্ব মাত্র, আমাদের কাছে নিজের আভ্যন্তরীন যোগ্যতাগুলিকে মান দেওয়ার সময় নেই, এবং আমরা বাইরের সফলতা পাবার চেস্টা করি আমাদের এটা অনুভবই হয়না যে এটা বাস্তবে, আমাদের মধ্যে লুকিয়ে আছে।

আদিম উপজাতিগুলি নিজের স্বপ্নে বর্তমান তথা ভবিষ্যতের টানা পোড়েনের জাল বুনেন তথা ঈশ্বরের সাথে তার সম্পর্কগুলিকে প্রকট করে।

এক মলেশিয়ায়ী জাতি সিলোইয়াতে, যখন ছোট শিশু কথা বলতে শেখে তখন তার পরিবার তথা উপজাতির সাথে নিজের স্বপ্নকে বলার জন্য উৎসাহিত করা হয়। যদি এই উপজাতির ছেলেটির স্বপ্নে কেউ লড়তে দেখা যায় তাহলে বালকটি পুণরায় স্বপ্নে আক্রমণকারীর সাথে লড়ার জন্য প্রেরিত করা হয়। তাদের মতে স্বপ্নে মৃত্যুর সাথে লড়লে ইতিবাচক শক্তি সৃষ্টি হয়। সিলোইয়া বালকটি যেমন স্বপ্ন দেখে সেই অনুযাই পোষাকের রং পরে গান-গায় তথা অন্য গতিবিধিতে অংশ নেয়।

আফ্রিকার উপজাতির স্বপ্নে হওয়া ঘটনার ওপরেও যথার্থ প্রতিক্রিয়া ব্যক্ত করা হয়। যদি কোন ব্যক্তি অন্যজনের স্ত্রীর সাথে স্বপ্নেও ব্যভিচার করে তাকে বাস্তবিক অর্থে দণ্ডিত করা হয়।

সিনিয়াস, জোহসা ইত্যাদি উপজাতিদের স্বপ্নের খুবই গুরুত্বপূর্ণ ভূমিকা আছে। তারা স্বপ্নে দেখা ঘটনার ওপরেই ভিত্তি করে কাজ করেন।

ইউনানী পৌরানিক কাহিনী অনুযাই নিদ্রাদের 'হাইপনো' তথা মৃত্যুদের 'থানাটো' যমজ তথা একই মুদ্রার দুই দিক। সেখানে স্বপ্নের বিশ্লেষন এক জনপ্রিয় বিদ্যা ছিল। পাদরী তথা জাদুকরই স্বপ্নের ভালো মন্দ নিশ্চিত করতেন। ভালো স্বপ্ননুযাই ব্যবহার করা হতো তথা খারাপ স্বপ্নের দুস্প্রভাবকে দূর করার জন্য ধার্মিক কর্মকাণ্ড করা হতো। কেবল প্রাচীন মানুষরাই স্বপ্ন তথা ঈশ্বরে আস্হা রাখতেন না, মহান আধুনিক গবেষকরাও স্বপ্ন দ্বারা সৃজনশীলতা অর্জিত করেছেন, যা হচেছ অর্ধ জ্ঞান মস্তিস্কেরই একটি অংশ। আধুনিক সময়ে কেউ সফলতার এইসব পারম্পরিক পদ্ধতিকে অর্জিত করার চেস্টা করেন না। যদিও এখন আমরা এটা জানার চেস্টা করব যে স্বপ্নের মাধ্যমে নিজের প্রশ্নের উত্তর কি ভাবে জানতে পারি।

1. নিজের শয়নকক্ষে এমন বাতাবরণ তৈরী করুন, যাতে আপনি শান্ত তথা সহজ অনুভব করতে পারেন। ক্লান্তি দূর করার জন্য আপনি গরম জলে জায়ফল, শুকনো আদার পাউডার দিতে পারেন। কিছু সময় পর্যন্ত গরম জলেই থাকুন তার পর তোয়ালে গায়ে দিয়ে বিছানায় চলে আসুন। আদা আপনার শরীরের মাংস পেশীগুলি ও উর্বস্হিবে আরাম দেয়। প্রতিদিন এটা করবেন না। যে দিন আপনি স্বপ্নে ইচ্ছিত প্রশ্নের উত্তর চান, সেই দিন এই পদ্ধতি গ্রহণ করুন।

2. কেবল সম্ভাবিত উত্তর পাবার জন্যই আপনাকে শোবার সময়ে নিজের মুখ উত্তরের দিকে রাখতে হবে অন্যথা স্মরণে থাকে যে বস্তুশাস্ত্র অনুযাই গভীর নিদ্রার জন্য আপনার মুখ দক্ষিণ অথবা পূর্বের দিকে হওয়া উচিত।

3. নিজের বিছানার কাছে কাগজ-কলম রাখতে ভুলবেন না, যাত আপনি ঘুম থেকে জেগেই স্বপ্ন কে লিখতে পারেন।

4. ঘুমোনোর আগে একটি কাগজে লিখুন–আমি স্বপ্নে নিজের প্রশ্নের উত্তর চাই এবং সেই উত্তরটিকে স্মরণে রাখতে চাই। যে প্রশ্ন আপনি জিজ্ঞাসা করতে চান তা একটি কাগজে লিখে বালিশের নীচে রাখুন।

স্বপ্নকে স্মৃতিতে ধরে রাখার উপায়

1. সকালে ধীরে-ধীরে ওঠার প্রয়াস করুন। আপনার মস্তিস্কে স্বপ্নের স্মৃতি আছে তাহলে উত্তেজিত হবেন না। তথা তা লেখার আগে মনে-মনে পুণরাবৃত্তি করে নিন।

2. যদি স্বপ্নটি স্মৃতি থেকে সরে যায় তখন শান্তিপূর্বক গভীর নিঃশ্বাস নিন এবং সেটি স্মরণ করার চেস্টা করুন। একদিন আগে করা কাজকে মনে করুন অথবা স্বপ্নে দেখা কোন রং কে মনে করুন।

3. স্বপ্নে দেখা সংকেতগুলি তথা চিহ্নগুলি অবশ্যই লিখুন। স্বপ্নের সাথে যুক্ত নিজের মনোভাবকেও লিখতে ভুলবেন না।

5. যদি অর্ধেক রাতে স্বপ্নের সময়কালেই আপনার ঘুম ভেঙ্গে যায় তাহলে সেই সময় লেখার প্রয়াস করুন।

মস্তিষ্কের ওপর কিভাবে নিয়ন্ত্রণ করব ?

দ্বাদশ অধ্যায়ের নিম্নলিখিত শ্লোকগুলিতে প্রভু বলছেন–

আমাতেই মনকে একাগ্র করে নিরন্তর আমার ভজন ধ্যান করার সাথে যে ভক্তজন অতিশয় শ্রেস্ঠ শ্রদ্ধাযুক্ত অমার সগুনরূপ পরমেশ্বর কে ভজে আমি তাকে অতি শ্রেস্ঠ মনে করি।'(2)

'যে পুরুষটি ইন্দ্রিয়ের সমুদায়কে ভালো ভাবে বশে এনে মন, বুদ্ধির উর্দ্ধে সর্বব্যাপী, অকথনীয়স্বরূপ তথা সদা একভাবে থাকা, নিত্য, অচল, নিরাকার, অবিনাশী, সচ্চিদানন্দ ব্রহ্মকে নিরন্তর একই ভাবে ধ্যান করার সাথে উপাসনা করছে সে সম্পূর্ণ ভূতের স্বার্থে রত থাকে তথা সবার মধ্যে সমান মনোভাব সম্পন্ন যোগী ও আমাতেই প্রাপ্ত হয়।'(3-4)

'হে অর্জুন! তুই আমাতেই মন তথা বুদ্ধি লাগা, এরপর তুই আমাতেই নিবাস করবি তথা আমাতেই পাব, এতে কোন সংশয় নেই।'(8)

এই ধরনের শান্ত স্বভাব সম্পন্ন যে পুরুষটি, সমস্ত ভূতদের মধ্যে দ্বেষভাব হীন স্বার্থহীন সবার প্রেমী তথা কোন উদ্দেশ্য ছাড়া দয়ালু, মমতা ও অহংকারহীন সুখ-দুঃখের প্রাপ্তিতে সম তথা ক্ষমাবান, অপরাধীকে অভয়দানকারী, ধ্যানযোগে যুক্ত, নিরন্তর লাভক্ষতিতে সন্তুস্ট তথা মন ও ইন্দ্রিয় সহিত শরীরকে বশে রাখার সাথে আমার মনে দৃঢ় নিশ্চয় সম্পন্ন সে আমাতে অর্পন হওয়া মন তথা বুদ্ধিসম্পন্ন ভক্ত হচেছ

আমার প্রিয়।'(13-14)

যার দ্বারা কোন জীব উদ্বেগ পায়না এবং যে নিজে কোন জীব দ্বার 'উদ্বেগ' পায় না তথা যে হর্ষ, অমর্ষ (অন্যের উন্নতি দেখে সন্তাপ করা) ভয় ও উদ্বেগহীন, সেই ভক্ত হচেছ আমার প্রিয়।'(15)

নবম অধ্যায়ের শ্লোক সংখ্যা 34 এ প্রভু বলছেন–

'হে অর্জুন! যে অবস্হায় যোগের অভ্যাসের নিরুদ্ধ হওয়া মনটি উপরাম হয়ে যায়। যে অবস্হায়–পরমেশ্বরের ধ্যান আরম্ভ হওয়া সুক্ষ্ম বুদ্ধি দ্বার পরমাত্মাকে সাক্ষাত করার সাথে ঈশ্বরের সন্তুস্ট হয়। ইন্দ্রিয় দ্বারা কেবল অতীত শুদ্ধ হয়। সুক্ষ্ম বুদ্ধি দ্বারা গ্রহণ করার যোগ্য যে অনন্ত আনন্দ আছে, তাকে যে অবস্হায় অনুভব করছে তথা যে অবস্হায় যোগ ভগবদ রূপে চলমান হয়না পরমাত্মারূপী লাভ প্রাপ্তিকেই সবচেয়ে বড় মনে করছে তথা যিনি দুঃখরূপ সংসারের সাথে সম্পর্কহীন তথা যার নাম হচেছ যোগ, তাকেই জানা উচিত। সেই যোগ তৎপর চিত্তে নিশ্চয়পূর্বক করাই হচেছ কর্তব্য।'

কিছু লোকের অন্যান্যদের তুলনায় মস্তিস্কের ওপর যথেস্ট নিয়ন্ত্রণ থাকে। মহান অর্জুনের ক্ষেত্রে ও নিজের ইন্দ্রিয়কে নিয়ন্ত্রিত করতে অসুবিধার অনুভব হয়েছিল।

অষ্টাদশ অধ্যায়ের শ্লোক সংখ্যা 53 এ প্রভু বলছেন–

'হে অর্জুন! বিশুদ্ধ বুদ্ধি যুক্ত, একান্ত তথা শুদ্ধ দেশের সেবনকারী মিতাহারী, জয় করা মনবানী তথা শরীর সম্পন্ন ও দৃঢ় বৈরাগী, নিরন্তর ধ্যানপরায়নকারী সাত্বিক অন্তকরণকে বশে রাখার তথা শব্দাদিক বিষয়গুলিকে ত্যাগকারী, অহংকার, শক্তি, কাম, ক্রোধ তথা সংগ্রহকে ত্যাগ করে মমতাহীন, সচ্চিদানন্দদ ব্রহ্মে একীভাব হওয়ার যোগ্য হয়। এ ধরনের প্রসন্ন চিত্ত সম্পন্ন পুরুষ না তো কোন বস্তুর শোক করে আর নাই বা কোন বস্তুর আকাঙ্খা করে এবং সব ভূতদের মধ্যে সমভাব হয়। আমার পরাভক্তিতে প্রাপ্ত হয়।'

সপ্তম অধ্যায়ের শ্লোক সংখ্যা 35 এ প্রভু বলছেন–

'হে মহবাহো! নিঃসন্দেহ মন চঞ্চল তথা কঠিনতায় বশে করার মতো, কিন্তু হে কুন্তীপুত্র অর্জুন! অভ্যাস অর্থাৎ অবস্হার জন্য বার-বার প্রয়াস করলে বৈরাগ্য বশে থাকে। সুতরাং একে অবশ্যই বশে করা উচিত।'

সুতরাং প্রভু নিরপেক্ষতা ও অভ্যাসের ওপর জোর দেন কিন্তু আধুনিক যুগে কেউ তা পালন করে না। তার মস্তিস্ক তথা ইন্দ্রিয় সদা

নতুন রসাস্বাদন করতে চায়। একজন মানুষ যার মস্তিস্ক শুদ্ধ সে জীবনে প্রসন্ন তথা সন্তুস্ট থাকে। এর অর্থ এটা নয় যে সে এত সন্তুস্ট থাকে যে নিজের কর্তব্যগুলিও উপেক্ষিত করে দেয়। সন্তুস্টি এক এমন স্তর–

যেখানে মানুষ নিজের কাজ তথা কাজ করার পদ্ধতিতে আনন্দে থাকে তথা আরো ভাল কাজ করতে চায়। এর অর্থ এটা নয় যে সে নিজের বর্তমান অবস্হায় অসন্তুস্ট আছে। সে ব্যবসার সাথে যুক্ত প্রতিটি দিকের বিকাশে সম্ভাব্য সব ধরনের চেস্টা করে। পার্থক্য শুধু এতটা যে সে নিজের কর্মটি প্রভুকে সমর্পিত করে দেয় যার ফলে তার ওপর কাজের চাপ পড়ে না। যদি কাজের চাপ না থাকে তাহলে সেটাও ভালোভাবে নিস্পাদিত করা যেতে পারে। সে কখনো কোন অনুচিত কাজ করেনা। সুতরাং ভয়হীন থাকে। সে উচিত তথা অনুচিতের পার্থক্য করতে জানে। এভাবে সে অনুচিত নির্ণয়কে এড়িয়ে যেতে পারে।

নিম্নলিখিত বিষয়টিরে প্রতি নজর দিন

কি করবেন না

- ইর্ষালু হবেন না
- শত্রুতা করবেন না
- নিজেকে কোন বস্তুর মালিক ভাববেন না।
- মিথ্যা অহমের হাত থেকে বাঁচুন
- ভয় পাবেন না।
- মানসিক চাপকে এড়িয়ে চলুন।
- স্বার্থ থেকে দূরে থাকুন।
- ইন্দ্রিয়ের দাস হবেন না।
- অহংকার করবেন না।
- ঘৃণা ছড়াবেন না।
- অজ্ঞানী হবেন না।
- রাগ করবেন না।
- মোহ থেকে দূরে থাকুন।

কি করবেন

- ঈশ্বরে আস্হা রাখুন।
- সমান ভাব বজায় রাখুন।

- ক্ষমতার গুণ ভুলবেন না।
- নিজের আত্মর ওপর বিশ্বাস রাখুন।
- সহ্য শক্তি বজায় রাখুন।
- সন্তুষ্ট থাকুন।
- সদা উচিত কাজ করুন।

মস্তিষ্ক নিয়ন্ত্রণের ওপর প্রতিরোধ কেন ?

1. **আমাদের ওপর ইন্দ্রিরে নিয়ন্ত্রণ**–যে দিন থেকে আপনি আসে-পাশের পরিবেশের প্রতি সচেতন হয়েছেন, সেইদিন থেকে ইন্দ্রিয় আপনাকে নিয়ন্ত্রিত করতে লেগেছে। সে আপনাকে সদা এই অনুভব করাতে থাকে যে ভৌতিক সুখ-সুবিধা পাওয়াই জীবনের উদ্দেশ্য তথা তা প্রাপ্ত করার জন্য মানুষ যে কোন পয্যায় পর্যন্ত যেতে পারে।

2. **প্রতিদ্বন্দ্বিতা তথা তিরস্কার, জীবন যাত্রার একটি অঙ্গ**–
সত্য থেকে মুখ ফেরানো আমরা হয় জীবনের বাস্তবতাকে জানি না কিংবা তা থেকে মুখ ফিরিয়ে নি। আমরা সিড়ির সেই চৌকাঠে দাঁড়াতে চাই, যেখানে আমরা আগে দাঁড়িয়ে ছিলাম। আমরা নিজের মস্তিষ্ককে সঠিক ভাবে ব্যবহার করতে চাই না। আমরা মনে করি যে মস্তিষ্ককে নিয়ন্ত্রিত করলে কিছু হবে না। কেননা ব্যর্থ হওয়াটা আমাদের ভাগ্যে লেখা আছে। ব্যর্থতার কারণ জানার পরিবর্তে আমরা অন্যকে তার জন্য দোষারোপ করি, আমরা দ্বিধায় বেঁচে থাকি, আমর কিংবা আমাদের ইন্দ্রিয়গুলি মিথ্যা সন্তুষ্টির পেছনে দৌড়ায়, আমরা জানতে পর্যন্ত পারিনা যে আমরা প্রকৃত অর্থে আর আনন্দ পাচ্ছি না।

4. **সম্বন্ধ**–বহু বছর ধরে আমাদের আসে পাশের ভৌতিকবাদী বস্তুগুলির প্রতি এত ভালবাসা জন্মে গেছে যে আমরা নিজের মাথায় পছন্দ-না পছন্দের বিশেষ ধারণা তৈরী করে নিয়েছি, আমরা সঠিক পথে চলতেই চাই না এবং নিজের ভুল হলে পর তা সংশোধন পর্যন্ত করতে চাই না।

5. **বিবাদ**–আমরা এত বিবাদপ্রিয় হয়ে গেছি যে যে কোন রোমাঞ্চকর ঘটনার দর্শক, শ্রোতা অথবা অংশীদার হওয়া ছাড়া, আমরা আনন্দিত হইনা, সম্ভবতঃ এই কারণে সংবাদপত্র, বিবাদিত তথা নেতিবাচক খবর প্রস্তুত করতে এগিয়ে আছে কেননা পাঠক এই রকমই খবর পড়তে চায়।

6. **উচ্চাকাঙ্ক্ষী–** উচ্চাকাঙ্ক্ষী ব্যক্তি যে কোন মুল্যে নিজের মিথ্যা অহমের সন্তুষ্টি চায়।
7. **অপরাধবোধ–**আমরা নিজের বিগত দিনের নেতিবাচক কর্মের অপরাধবোধে এতই মগ্ন হয়ে যাই যে ইতিবাচক চিন্তাধারা গ্রহণ করার পরিবর্তে অতীতেই জড়িয়ে থাকে, এই প্রক্রিয়াটি আমাদের বর্তমান তথা ভবিষ্য দুটিকেই নষ্ট করে দেয়। আমর নিজেকেই ক্ষমা করতে অসুবিধা অনুভব করি, যদিও নিজেকে ক্ষমা করার অথ এটা নয় যে আমরা ভুল কাজ করেও নিজেকে ক্ষমা করতে থাকি।
8. **আত্মনিন্দা–**আমাদের মধ্যে কিছু লোক স্মাংলিং ইত্যাদি অসম্মানজনক ব্যবসায়ে লিপ্ত থাকে। ব্যর্থ হলে পর আমরা নিজেরই নিন্দা করি যে আমাদের স্মাংলিং এর ভালো কোন পদ্ধতি নেওয়ার উচিত ছিল। আমর নিজেকে খুব সান্তনা দি যে পরের বার এমন হবে না, সুতরাং নেতিবাচক কার্যকলাপে রত লোকজনদের মধ্যে যথেস্ট ইতিবাচকতা দেখা যায়, আমাদের মধ্যে কিছু লোক জানতেই পারি যে ব্যর্থতার সবচেয়ে বড় কারণ ইচেছ আমরা ঈশ্বর ও প্রকৃতির নিয়মের বিরুদ্ধে কাজ করছি।
9. **আত্মদয়া–**আমরা ভুল কাজ করি তথা নিজের জন্যই সহানুভূতি প্রকট করি। নিজের ভুলগুলি থেকে শিক্ষা নেওয়া পরিবর্তে আমরা নিজে কে বলি–

'আমি কঠিন পরিশ্রম করেছিলাম, কিন্তু কিছুই হাতে আসেনি, এটা আমার ভাগ্যের দোষ ছিল। আমি আশা করছি যে এমনটা আর হবে না।' আমরা পুরোপুরী বিশ্বাস করি যে আমরা যেটা করছি, তা একদম সঠিক, কেবল আমার ভাগ্যেরই দোষ আছে।

মস্তিষ্ক নিয়ন্ত্রণের অযোগ্যতার কিছু অন্য কারণ

- **উপার্জিত বস্তুগুলি**
- **অজুহাত করা**
- **অত্যন্ত বেশী পছন্দ অথবা নাপছন্দ**
- **বিশৃংখল জীবন যাত্রা**
- **অহংকার**
- **বদলা নেওয়ার মনোভাব**

মস্তিষ্ক নিয়ন্ত্রণের উদ্দেশ্য

1. **সর্বদা ঈশ্বরের ধ্যান করুন**–আমি এটা বলছি না যে ঈশ্বরের ধ্যান করার জন্য আপনি কোন কাজ করবেন না। সারা দিন প্রার্থনা করার ও পরামর্শ দেওয়া হচ্ছে। না। আমাদের নিজের কর্ম প্রভুকে সমর্পিত করে দেওয়া উচিত এবং তার পর নিঃস্বার্থ মনোভাবে কর্তব্য পালন করা উচিত। আমাদের নিজের ইন্দ্রিয়কে নিয়ন্ত্রিত করে মনে রাখা উচিত যে সে আমার কাছে ভৌতিক সুখ-সুবিধাগুলি যাতে না চায়। এইসব ভৌতিক সুখ-সুবিধাগুলি আমাদের বশে নেই, এগুলি পাবার পরিবর্তে নিজের অন্তিম লক্ষ্যের প্রতি কাজ করা উচিত। যে কোন কাজ করার আগে আমাদের নিজেদের কাছে জিজ্ঞাসা করা উচিত, 'এতে ঈশ্বরকে কেমন লাগবে ?' যদি উত্তর আসে যে তিনি প্রসন্ন হবেন না তাহলে এমন কাজ কখনো করবেন না।
2. **অভ্যাস**–প্রভু যেমন বলেছেন, 'মস্তিষ্ক নিয়ন্ত্রণের উদ্দেশ্য অভ্যাস করা গুরুত্বপূর্ণ।' প্রতিটি মানুষকে এই অভ্যাস করা উচিত যে তার অর্ধজ্ঞান মস্তিস্কে সাত্বিক চিন্তাধারা বাসা বাঁধুক হোক। নেতিবাচক চিন্তাধারার ওপর নজর দিতে পারেন। কিন্তু একবার এই প্রয়াস সফল হলে আপনি জানতে পারবেন যে ইতিবাচক চিন্তা কোন প্রয়াস ছাড়া আপনার কাছে পৌঁছাছে। মস্তিস্ককে নিয়ন্ত্রিত করতে তাড়াহুড়ো করবেন না কেননা তাড়াহুড়ো ও অনিয়ন্ত্রিত মস্তিস্কেরই একটি লক্ষন যদি আপনার মস্তিস্ক ইন্দ্রিয়ের দিকে পথভ্রান্ত হয় তাহলে তা ইতিবাচক চিন্তাধারা দ্বারা শান্ত করার প্রয়াস করুন।
3. **অনুকূল অবস্হাগুলি**–মস্তিস্ক নিয়ন্ত্রণের উদ্দেশ্য আপনাকে জীবনের মুখ্য অনুভবগুলি স্বীকার করার সাথে অনুকূল অবস্হা তৈরী করতে হবে। আপনাকে নিজের মস্তিস্ক থেকে অবাঞ্চনীয় সমস্যাগুলোর চাপ থেকে মুক্ত রাখতে হবে। আপনাকে বৃদ্ধাবস্হা, রোগ, মৃত্যু বিয়োগ তথা পাপের ওপরও চিন্তন করতে হবে। এতে আপনি যুবাবস্হা, স্বাস্হ্য, জীবন,, অধিকার ও বদঅভ্যাসের অহংকার থেকে মুক্ত হতে পারবেন। নিজের মস্তিস্ক কে ছোট-খাট অসুবিধাগুলি থেকে দূরে রাখুন যাতে আপনি সফলতাপূর্বক বড় সমস্যার সমাধান খুঁজতে পারেন। নিজের কার্য-ক্ষমতায় বৃদ্ধির যথা সম্ভব চেস্টা করুন। বর্তমানে আমাদের তৎকাল ভৌতিক স্হান,

বাড়ী কিংবা কর্মক্ষেত্রকে সুবিধাজনক পরিধি মনে করা হয়। যতক্ষন পর্যন্ত এই অঘোষিত গোপনীয়তায় কেউ প্রবেশ না করছে, আমরা নিজেকে সহজ অনুভব করি। এই ভাবে আজকাল লোকদের মধ্যে কৃত্রিমতার মনোভাব বেড়েই চলেছে। তারা লোকদের বলে থাকে–আপনি এলে আমরা খুশি হব কিন্তু দয়া করে জানিয়ে আসুন এটা এই জন্য হয় যাতে সে অতিথিদের স্বাগতের মনঃ অবস্থায় আসতে পারে। আপনার মস্তিস্ক এতটা নিয়ন্ত্রিত হওয়া উচিত যে দৈনন্দিন কাজে কোন বাঁধাকে স্বীকার করতে পারে।

4. **আহার**–শরীরকে সন্তুষ্টি তথা পোষনকারী আহার মস্তিস্ককেও শুদ্ধ করে। এটা একজন মানুষকে স্বাস্থ্য তথা আনন্দে রাখে। শুদ্ধ মস্তিস্ককে নিয়ন্ত্রিত করা সরল। তেতো আহার, দুঃখ, পীড়া, তথা রোগের বাহক। অশুদ্ধ আহারই ঘৃণা, ক্রোধ, লালসা, ঈর্ষা ইত্যাদির কারণ হয়ে যায়। যদি এটা জেনেও আপনি আহার পরিবর্তন না করেন তাহলে এই দোষ প্রভুর নয় আপনার।

ভগবদ্গীতা অনুসারে 17 অধ্যায়ে প্রভু বলছেন–

'আয়ু, বুদ্ধি, বল, আরোগ্য, সুখ তথা প্রীতি বৃদ্ধিকারী, রসযুক্ত, চিকন তথা সারযুক্ত আহার সাত্বিক পুরুষের প্রিয় আহার।'(8)

'তিক্ত, টক্, লবনযুক্ত, অতিগরম তথা তীক্ষ্ণ রুক্ষ এবং দাহকারক, দুঃখ তথা চিন্তা উৎপন্নকারী আহার রাজসী পুরুষের প্রিয় আহার।'(9)

'অর্ধপক্ক, রসহীন, দুর্গন্ধযুক্ত, বাসী, এঁটো তথা অপবিত্র আহার তামসিক পুরুষের প্রিয় আহার।'

5. **ব্যক্তি**–আপনার আসে পাসে থাকে লোকজনদের ক্ষেত্রের ওপরে ও আপনার মানসিক অবস্থা নির্ভর করে। জীবনের প্রতি শান্ত তথা ইতিবাচক মনোভাব সম্পন্ন লোকদের প্রতি বেশী বেশী করে সময় কাটানো কেননা এ ধরনের ব্যক্তিদের মস্তিস্ক যথেস্ট নিয়ন্ত্রিত হয়। ভালো লোকের ভাব তরঙ্গ আপনার মস্তিস্কে পরিবর্তন আনে। নেতিবাচক লোকজনদের এড়িয়ে চলুন কেননা সে তো আগে থেকেই জীবনের নিম্ন স্তর কাটাচেছন। জীবনে একজন গুরুর মার্গদর্শন অবশ্যই গ্রহণ করুন, যার কাছে আপনি নিজের সমস্যাগুলি নিঃসঙ্কোচে বলতে পারেন, কিন্তু গুরু জ্ঞানী হওয়া দরকার তথা আপনাকে ব্যক্তিগত ভাবে সময় দিতে পারে। আধুনিক গুরুদের লক্ষ লক্ষ অনুগামী আছে, সে তাঁদের জন্য

ব্যক্তিগত ভাবে সময় বের করতে পারেন না। আমি এখানে গুরুদের মহিমা খণ্ডিত করতে চাইনা, কিন্তু আমাদের এমন গুরুর কাছে যাওয়া উচিত, যার কাছে আমাদের জন্য সময় থাকে। আমরা বড় গুরুদের সৎসঙ্গ ও দর্শন লাভ তো করতে পারি কিন্তু আমাদের কাছে একজন এমনও গুরু থাকা চাই যিনি জীবনের সত্য পথ দেখাতে পারে।

6. **অনুশাসন**–মস্তিস্ক কে নিয়ন্ত্রিত করার জন্য আপনাকে নিজেকে অনুশাসিত করতে হবে। আপনাকে মস্তিস্ক নিয়ন্ত্রণের উপায়গুলিকে দৃঢ়তার সাথে গ্রহণ করতে হবে। যদি আপনি দুই মাস পর্যন্ত অনুশাসনের পালন করেন এবং তারপর সেটা নীরস তথা ব্যর্থ ভেবে ত্যাগ করে দেন তাহলে সেটা আপনার কোন কাজে আসবে না। যদি এমন হয় তাহলে আপনি আগের তুলনায় অধিক কুণ্ঠিত ব্যাকুল, ভ্রমিত তথা হতাশ হয়ে যাবেন। নিজের অনুশাসিত জীবনযাত্রার ত্যাগ কদাপি করবেন না কেননা মস্তিস্ক নিয়ন্ত্রণের উদ্দেশ্যে ধারাবাহিকতার প্রয়োজন।

7. **পার্থক্য জানুন**–আপনাকে জীবনের প্রতি বিস্তৃত দৃষ্টিকোন গ্রহণ করার সাথে পক্ষপাত্রিত্বের মনোভাব থেকে মুক্ত হতে হবে। যদি আপনি পক্ষপাতি তাহলে এর অর্থ দাঁড়াচেছ যে আপনি স্বার্থী তথা ইন্দ্রিয়ের দাস। সুতরাং আপনাকে বিভিন্ন অবস্হায় ভালো মন্দ এর পার্থক্য জানতে হবে তথা সত্যের পক্ষ নিতে হবে, আপনি ক্ষতি হোক না কেন। এতে আপনার চরিত্রের পরিচয় ও পাওয়া যায়। যদি আপনার আত্মা কোন কাজের সাক্ষী না হয় তাহলে তা কদাপি করবেন না।

8. **অধিকার ভাবনা**–মস্তিস্কটিকে সর্বদা স্বাস্হ্য তথা সৃজনশীল ব্যবসায়ে লেগে থাকে উচিত। একটি পুরানো প্ররাদ অনুযাই খালি মাথা শয়তানের বাসা হয়। এই প্রবাদবাক্যটি এমনি তৈরী হয়নি, এতে গভীর অর্থ লুকিয়ে আছে, মস্তিস্ককে ধৈর্য্যশীল তৈরী করার সবচেয়ে সম্ভাবিত উপায় এটাই যে ব্যক্তি সর্বোচ্চ মনোভাবকে জীবনের লক্ষ্য মনে করুক, এতে সজগতাও উৎপন্ন হয়। সৃজনশীল চিন্তাধারা সর্বদা ইতিবাচক হয়। নিজের বিরুদ্ধে বলা কথাগুলি সম্পর্কে নেতিবাচক চিন্তা গ্রহণ করার পরিবর্তে এটা চিন্তা করুন যে তা আপনার বিরুদ্ধে কেন বলা হল ও তা সংশোধনের জন্য কি করা যেতে পারে।

প্রায় লোকেরা খালি বসতেই ব্যর্থ তথা উদ্দেশ্যহীন চিন্তন করতে থাকে। এই সম্ভাবিত কল্পনাগুলি তথা ভয় হওয়াটা অহেতুক। নেতিবাচক কল্পনাশক্তি দ্বারা আপনি অবাস্তবকে বাস্তবে পরিণত করেন। আপনি

সন্দেহের ঘেরায় চলে আসেন। এমন অবস্থায় মস্তিস্কের ওপর নিয়ন্ত্রণ পাওয়া কঠিন হয়ে যায়।

9. ইচ্ছাগুলিকে ত্যাগ করুন–আপনাকে জীবনের কৃত্রিম আনন্দ ত্যাগ করতে হবে। এর অর্থ এটা নয় যে আপনি আনন্দিত হবেন না। আপনাকে ইন্দ্রিয় দ্বারা প্রাপ্ত সুখকে ত্যাগ করতে হবে যা হচ্ছে প্রকৃত আনন্দ প্রাপ্তির পথে বাঁধা। আনন্দ এমন হওয়া দরকার যা আপনার শারীরিক তথা মানসিক স্বাস্থ্যের ওপর খারাপ প্রভাব না ফেলে।

মন্থর বিষের মতো প্রভাবকারী আনন্দ থেকে দূরে থাকুন। যতক্ষন পর্যন্ত আমরা আনন্দের উদ্দেশ্য থেকে উর্দ্ধে ওঠতে পারছি না, আমর যা কিছু করি, মস্তিস্কের ওপর সম্পূর্ণ নিয়ন্ত্রণ করতে পারব না। দুই ধরনের মানুষের জীবনে আভ্যন্তরীন সংগ্রাম হয়না। প্রথম হচ্ছে সে যে আনন্দ তথা বিষয়-যোগের দাস। সে এটা পাবার জন্য যে কোন পর্যায় পর্যন্ত, যে কোন অনুচিত কাজ করতে পারে। দ্বিতীয় হচ্ছে সে যিনি মস্তিস্ক কে পুরো নিয়ন্ত্রিত করে নিয়েছেন। সে শান্ত, সহজ, এবং সন্তুস্ট থাকেন। এই দুটি শ্রেণির বাইরের লোকগুলোকে আভন্তরীন সংগ্রাম, অসন্তুস্টি ও ভ্রমের মুখোমুখি হতে হয়। সে জানেনা যে তাকে কোন পথে চলতে হবে, ভালো কিংবা খারাপ ? এই ভাবে ভালো জিনিসপত্র পাবার পাগলামীতে লোভ ও ইর্য্যা ইত্যাদি নেতিবাচক মনোভাব জন্ম নেয়, যা হচ্ছে মনের শত্রু।

10. আত্ম-পরামর্শ–নামেই এটা স্পস্ট আমাদের নিজেকে সেই ইতিবাচক চিন্তা তথা পরিবর্তনের পরামর্শ দিচ্ছে, যা আমরা নিজের জীবনে আনতে চাইছি। আমাদের নিজের মনকে পরামর্শ দিতে হবে যে আমাদের সেই অসমাপ্ত কামনাগুলি প্রকৃত অর্থে পুরো হয়ে গেছে। আমাদের নিজের মনকে ইচিবাচক চিন্তা গ্রহণ করার পরামর্শ দিতে হবে, যেমন আমি সফল, 'আমি ধনী,' 'আমি সুস্থ্য', 'আমার মনে শান্তি', 'আমার বস আমায় ভালোবাসে' ইত্যাদি। আমাদের নিজের ব্যক্তিত্বের সেই দিকটির বিষয়ে আত্ম পরামর্শ দেওয়া উচিত যেটায় আমার সংস্কার করতে চাই যেমন–'আমি বিশ্বাসে পরিপূর্ণ', 'আমার সংপ্রেষন ক্ষমতা অনেক ভাল', 'আমি যা আছি তার জন্য লোক আমায় চায়..'

আত্ম পরামর্শ করার সময় আপনাকে এই অনুভব করতে হবে যে সেই সব অপুর্ন ইচ্ছাগুলি পুরন হচ্ছে (ইতিবাচক চিন্তন), এমন ভাববেন না যে সে গুলি পুরো হবে (আশা)। আমাদের নিজের মনকে বলতে হবে

যে, ‘আগে থেকেই সফলতা অর্থ, ও অন্যান্য ইচ্ছাগুলির পুর্তির অনুভব করছেন। হ্যাঁ, এটা করার সময় আপনার মনে এই শক্তিশালী টেকনিকের বিষয়ে কোন সন্দেহ থাকা উচিত নয়। এটাও খেয়াল রাখবেন যে, এগুলি দিনের বেলায় করলে অধিকতম লাভ হতে পারে। সকালে উঠেই করলে পর আরো ভালো হবে কেননা সেই সময় মন এত সজাগ থাকে না এবং মস্তিস্কটি ও আল্ফা অবস্হায় থাকে। রাতে ঘুমোনোর আগে ও তা পুণরায় করুন। দিনে দুইবার পুরো আস্হার সাথে করুন, আপনার জীবন পাল্টে যাবে। আমরা জীবনে পরিবর্তন আনতে চাই কিন্তু অসমাপ্ত ইচ্ছাগুলি পুরো করার পদ্ধতি জানিনা। সবার আগে আমাদের ইচ্ছা ত্যাগ করতে হবে। ইচ্ছা জন্ম নিলে পর লালসা উৎপন্ন হয়, আমরা নিজের ও অন্যদের কাছে প্রত্যাশা করতে থাকি।’

যদি আপনি রাতে আত্মপরামর্শের পর ঘুমোতে যান তো সেই সময় হিপ্পোকৈম্পস (যেখানে মস্তিস্কে স্মৃতি সুরক্ষিত থাকে) খুবই সক্রিয় হয়ে যায়, সে এই তথ্যকে আল্পকালীন থেকে দীর্ঘকালীন স্মৃতিতে বদলে ফেলে। যখন আপনি আত্মপরামর্শের পর ঘুমিয়ে পড়েন তখন মস্তিস্কটি স্নায়ু এক নিশ্চিত ক্রমে চলতে থাকে, নিদ্রার সময়কালে কোন দৃশ্য উত্তেজক থেকে বাঁধা ও পায় না এবং আপনার চিন্তা সেই রকমই ক্রিয়া প্রতিক্রিয়া থেকে যুক্ত হয়ে যায় সুতরাং আত্মপরামর্শ ও মানসিক চিত্রন মনকে নিয়ন্ত্রণ ও উৎপাদকতা বৃদ্ধিতে সহায়ক হয়।

11. মানসিক চিত্রণ–পা মুড়ে, চোখ বন্ধ করে ও আরাম করে বসুন। আপনি চেয়ারে ও বসতে পারেন কেবল শিরদাড়ার হাড় সোজা রাখবেন। সেই সময় কেউ আপনার ধ্যান যাত ভঙ্গ না করে সুতরাং মোবাইল বন্ধ করে দিন, কামরা বন্ধ করে দিন ও দরজায় বোর্ড লাগিয়ে দিন যাতে কেউ আপনাকে বিরক্ত না করে।

এবার সেই আদর্শ অবস্হার মানসিক চিত্রণ করুন, যেটার আপনি আসতে চাইছেন। যদি আপনি কাজের বিষয়ে মানসিক চিত্রণ করছেন তাহলে কল্পনা করুন যে আপনি কি পরে আছেন। কল্পনা করুন যে আপনি হাশিমুখে যাত্রা করছেন, দেখুন যে আপনি অফিসে পৌঁছে নিজের কার্ড পাঞ্চ করছেন–এবং সীট পর্যন্ত চলে গেছেন। আপনি ফোনে সেই সব গ্রাহকদের সাথে কথাবার্তা বলছেন যারা আপনার পরিষেবায় সন্তুস্ট। ঠিক সেই ভাবে নিজেকে, স্বয়ং বসের সাথে কথা বলতে দেখুন। কল্পনা করুন যে বস আপনার প্রাদর্শনে খুবই সন্তুস্ট এবং প্রবন্ধনের জন্য

আপনার প্রয়াসের প্রসংশা করছেন। মানসিক চিত্রন করুন যে আপনার পদোউন্নতি হচ্ছে।

মানসিক চিত্রন হচ্ছে এক এমন সাধন, যা প্রতিটি ক্ষেত্রে সহায়ক, আপনি ব্যবসায়ী হোন কিংবা কোন গৃহিনী। আপনি যে কোন ক্ষেত্রে এই সাধনের প্রয়োগ করতে পারেন। দয়া করে প্রথম সাফল্য লাভের পর মানসিক চিত্রণ বন্ধন করবেন না, কেননা আপনি এই অভ্যাস কে যতবার করবেন, ততই লাভ পাবেন। এটা পূর্ণ আস্হার সাথে করুন তথা মানসিক চিত্রন করার সময় গোটা প্রক্রিয়ার এইভাবে অনুভব করুন যে যেন সেটা বাস্তবে ঘটছে।

মানসিক চিত্রন করার সময় ব্যক্তির পরা কাপড়, জুতো ও শারীরিক ভাষা ইত্যাদিরও খেয়াল করা উচিত। ধীরে-ধীরে আপনি নিজের মগজকে নতুন চিন্তায় পরিপূর্ণ পাবেন, এটা আপনাকে সমস্যাগুলির সমাধানের সৃজনশীল উপয় দেবে, যে বিষয়ে আপনি এর আগে কখনো চিন্তা পর্যন্ত করেন নি। প্রতিদিন 15-20 মিনিট পর্যন্ত মানসিক চিত্রনের অভ্যাস করা উচিত। এটা প্রতিদিন না করা হলে কোন লাভ পাওয়া যাবে না। হতে পারে প্রথম দুই-তিন দিনের অভ্যাসে কিছু দেখা না যায় কিংবা কোন আনন্দ না মেলে কিন্তু ক্রমশঃ এর এক এক মুহূর্তের আনন্দ পেতে থাকবেন।

দিনে দুইবার নিম্নলিখিত বাক্যটি পুণরাবৃত্তি করুন–

- আমি সেই, যেমন আমি নিজের সম্পর্কে চিন্তা করি।
- আমি নিজেরী চিন্তার জোরেই বর্তমান অবস্হায় পৌছেছি।
- আমি প্রভু ছাড়া অস্তিত্বহীন।
- কেবল কর্ম করাই আমার হাতে।
- কর্মের ফল কেবল প্রভুর হাতে।
- ভাগ্য অথবা নিয়তি বলে কিছু নেই।
- প্রভু পক্ষপাতি নয়। যদি আমি তাঁর সঙ্গে তাহলে তিনিও আমার সঙ্গে আছেন।
- আমি নিজের সমস্ত কর্ম প্রভুর কাছে সমর্পিত করলাম।
- কেউ আমাকে ভালো বাসুক অথবা না বাসুক, আমি সবার সাথে প্রেমের সম্পর্ক রাখব।

- আমি নিজের তথা অন্যের প্রতি সত্যতা বজায় রাখব।
- আমার অবস্হাগুলি আমাকে গড়ে তোলে না, সে আমাকে উদঘাটিত করে।
- আমি প্রতিটি বাধাকে সুযোগ হিসাবে জানি।
- আমি দায়িত্বহীনতা থেকে দূরে থাকি।
- আমি নেতিবাচক চিন্তাগুলির উপেক্ষা করছি।
- আমি নিয়মিত আত্মবিশ্লেষণ করি।

❑

অধ্যায় 5

বিশ্বাস

বিশ্বাস নিজের স্বভাবেই অজ্ঞাতক্ষমতায় আরম্ভ হয় তথা সেখানেই তার সমাপ্তি হয়ে যায়। এটা মনের এক এমন অবস্হা যাকে নিরন্তর অর্ধ জ্ঞান মনকে পোষিত করার সাথে, প্রতিটি মানুষের মধ্যে উৎপন্ন করা যেতে পারে। এগুলি সেইসব বস্তুগুলি বিষয়ে যাকে আমরা অনুভব দ্বারা জানতে পারিনা। যাকে সাক্ষ্যের সমর্থন দ্বারা প্রাপ্ত হয়। বিশ্বাসের মাধ্যমেই আমরা ঈশ্বরের স্বর্গ ইত্যাদির অদৃশ্য বস্তুগুলিকে স্বীকার করি।

এর অর্থ কি এটা যে বিশ্বাস করা অন্যায়। জবাব হচেছ 'না', এটা কিছুটা এরকমই, যেন কেউ তা মনে করতে পারে কিন্তু আঁচ করতে পারে না। ঈশ্বরকে রাসায়নিক বিন্যাসের দৃষ্টিতে মানা যেতে পারে না কিন্তু ঈশ্বরের অস্তিত্বকে প্রমাণিত করার অন্যান্য সাক্ষ্য বিদ্যমান আছে। বিশ্বাসই ঈশ্বর তথা জীবনের প্রতি মানুষের মনোভাব তৈরী করে জোরেই আপনি নিজের প্রতি ভরসা করতে পারেন কিন্তু বিরোধাভাষ হচেছ এই বিশ্বাসই হচেছ এটাই যে আপনার মধ্যে অবিশ্বাসও সৃষ্টি করছে সুতরাং এটা ব্যক্তির ওপর নির্ভর করছে যে সে ইতিবাচক বিশ্বাসকে চিনুক তথা তার ভিত্তিতে কাজ করুক। ইতিবাচক বিশ্বাস মানসিক অবস্হাকে শুদ্ধ করে তোলে। এটা একজন রাক্ষসকে মানুষ, মানুষকে দেবতায় পরিণত করতে পারে। জীবনের হীন মনোভাব তথা শ্রেষ্ঠ-মনোভাব, এই বিশ্বাসের অবদান। এমন কি আপনার ভয় ও বিশ্বাসের সাথে জড়িত। সুতরা যে কোন বিষয়ের প্রচুরতার জন্য মানুষকে নিজের মধ্যে বিশ্বাস জাগাত হবে।

যদি আপনি একদিকে প্রভুর কাছে পরীক্ষায় ভালো অংক তথা ব্যবসায়ে সাফল্যের কামনা করেন তথা অন্যদিকে মনে-মনে ব্যর্থতার ভয় পান, তাহলে রাত দিন করা পার্থনা ও ফলপ্রশ্রু হতে পারেনা, কেননা ভেতরের বিশ্বাসটি আপনাকে অনবরত নিরুৎসাহিত করতে থাকবে

তথা ব্যর্থতার ভয় দেখাতে থাকবে। এটা এইজন্য হবে কেননা আপনিও ভেতর থেকে জানেন যে আপনার প্রচেস্টায় ঘাটতি আছে।

আপনার প্রার্থনা পুর্ন হবে না কেননা প্রভু আপনার অন্তর্মন শোনেন, যে হতাশায় ভয়াক্রান্ত। ঈশ্বর অনুযাই, অবিশ্বাসের কারণ ব্যক্তিটির আভ্যন্তরীন ইচছা ছিল যে সে ব্যর্থ হবে। এটা সত্য যে তা জেনে বুঝে করা হয়নি এবং কেউ জেনে শুনে ব্যর্থ হতে চায় না কিন্তু জ্ঞান ও অর্ধজ্ঞান মন দুটি একসাথে ঈশ্বরকে ব্যর্থতার বার্তাই প্রেষিত করছিল। একটি প্রবাদবাক্য ও আছে যে ঈশ্বর-তাকে সাহায্য করে যে নিজের সাহায্য নিজেই করে। নিজের মধ্যে বিশ্বাস সৃষ্টি করুন তথা ইতিবাচক রূপে কার্যরত হোন, ঈশ্বর কখনে আপনাকে ফিরিয়ে দেবেন না। প্রভুর প্রতি সত্য আস্হা হলে পর বড়-বড় সংকট ও কেটে যায়। ঈশ্বরে বিশ্বাস করার অর্থ কেবল সত্যে বিশ্বাস করা নয় বরং এটা ব্যক্তির জীবনে সত্যের বৈশিস্ঠ্যগুলিতেও প্রকট হয়। রাষ্ট্র পিতা-মহাত্মাগান্ধীর কাছে কিছুই ছিল না। তার কাছে নিজের উদ্দেশ্য সাধনের জন্য তো অর্থ ছিল আর না ছিল সেপাই, কিন্তু তা সত্ত্বেও তিনি দেশ থেকে ইংরেজকে তাড়াতে পেরেছিলেন। এটা এই কারণে সম্ভব হয় যে কেননা তিনি অহিংসা তথা নিজেকে পূর্ণ বিশ্বাস করতেন। তাঁর নিজের পথের ওপর ভরসা ছিল। এই ভরসার জোরে লক্ষ লক্ষ অনুগামী তাঁর সঙ্গ দেয় তথা গোটা দেশে তাঁর সমর্থকের কোন অভাব ছিল না।

শ্রীমদ্দভগতগীতার অধ্যায় তিন এর শ্লোক-17 তে প্রভু বলছেন যে ‘প্রকৃতির তিনটি রূপগুলির মধ্যে থেকে মানুষ কে একটি পথ বাছতে হয়। ব্যক্তি যে পথটি বেছে নেয় তার আস্হাও সেরকম ভাবে গড়ে ওঠে।’

সর্বপ্রথম মানুষকে ঈশ্বরের প্রতি আস্হা রাখা উচিত। এই আস্হা নিরপেক্ষ তথা শর্তহীন হওয়া উচিত। যখন ঈশ্বরে বিশ্বাস করবেন তাঁরই বলা পথে চলবেন তাহলে আত্মবিশ্বাস আরও ধারালো হবে। আমার বিশ্বাস যে আপনি এতক্ষন ঈশ্বর ও প্রকৃতির বিষয়ে জেনে গেছেন। জীবনে এগিয়ে যাওয়ার জন্য আপনাকে প্রাকৃতিক নিয়মগুলিকে স্বীকার করতে হবে।

চতুর্থ অধ্যায়ের শ্লোক সংখ্যা 40-এ প্রভু বলছেন–

‘ভগবত–বিষয় সম্পর্কে অজ্ঞ তথা শ্রদ্ধাহীন ও সংশয়যুক্ত পুরুষ পরমার্থ দ্বারা ভ্রষ্ট হয়ে যায়। তাদের মধ্যেও সংশয়যুক্ত পুরুষের জন্য না তো ইহলোক আছে আর নাই বা পরলোক আছে।’

প্রভু স্পস্টভাবে বলেছেন যে যদি আপনি সংশয়ে থাকবেন তাহলে কখনোও আনন্দের অনুভব করতে পারবেন না। এই জগতে প্রতিটি

মানুষ আনন্দের জন্যই প্রয়াসরত আছে। প্রতিটি মানুষ আনন্দে থাকার কামনায় মানসিক চাপ সহ্য করে।

তা এজন্য যে কেননা তাঁর নিজের ছাড়া অন্য কারোর ওপর ভরসা হয়না। নিজের এই মানসিকতার কারণে সে আনন্দের জন্য ব্যাকুল থাকে। এই জগতে চারিদিকে এত বিভ্রান্তি ছড়ানো আছে যে মানুষ কারোর ওপর বিশ্বাস করতে পারেনা। যদি কেউ সরল মনোভাবে অন্যকে সাহায্য করতে চায় তখন তাকে সন্দেহজনক দৃষ্টিতে দেখা হয়। বর্তমান জগত থেকে ইতিবাচক বিশ্বাস হারিয়ে যেতে বসেছে। মানুষের অবস্হা অনবরত খারাপ হয়ে আসছে।

নিম্নলিখিত অধ্যায়-16-র শ্লোকগুলির মাধ্যমে প্রভু স্পষ্ট, করেছেন যে তামসিক (আসুরী) প্রবৃতির লোকদের কেমন ব্যবহার হয়।

'আসুরী স্বভাবের মানুষ কর্তব্য কাজে লাগা তথা আকর্তব্য থেকে সরে আসাও জানেনা। তাদের মন না তো বাহ্যিক–আভ্যন্তরীন ভাবে শুদ্ধ হয়, আর নাই বা শ্রেস্ঠ আচরণ আর সত্যভাষণ থাকে। তাঁদের মতে এটা আশ্রয়হীন তথা মিথ্যা জগত ঈশ্বর ছাড়া নারী পুরুষের সংযোগে উৎপন্ন হয়েছে। সুতরাং ভোগ করা উচিত। (7-8)

'সে মরন পর্যন্ত অনন্ত চিন্তা করতে থাকে তথা বিষয়ভোগকে ভোগ করতেই আনন্দমগ্ন থাকে। সুতরাং আশারুপী শত শত ফাঁসে বাঁধা কাম-ক্রোধের পরায়ণ তথা বিষয়-ভোগের পুর্তির জন্য অর্থ ইত্যাদি বস্তুগুলির সংগ্রহ করার চেস্টা করে।'(11-12)

'এইসব পুরুষদের এরুপ চিন্তা থাকে যে আমি এটা পেয়েছি, এবার এই জিনিস পাব। আমার কাছে এত অর্থ আছে যা ভবিষ্যতে আরো বেশী হবে।'

সব শত্রু আমার হাতেই মারা গেছে। আমি হচিছ ঈশ্বর তথা ঐশর্য্য ভোগকারী তথা সব সিদ্ধিগুলি থেকে যুক্ত বলবানও সুখী।

আমি বড় ধনী তথা খানদানী তথা আমার মতো কে আছে। আমি যজ্ঞ করব, দান করতে গিয়ে আনন্দিত তথা হর্ষিত হব, এ ধরনের অজ্ঞান দ্বারা গ্রস্ত আছে।'(13-15)

'এ ধরনের দ্বেষকারী অত্যাচারী, নিস্ঠুর তথা পাপীদেরকে আমি জগতে বার-বার আসুরী যোনীতে ফেলি অর্থাৎ শুকর, কুকুর ইত্যাদি নীচ যোনীতে উৎপন্ন করি।'(190)

যে ভাবে আপনি উক্ত শ্লোকে দেখলেন, আসুরী প্রবৃতির লোক জীবনে সদা নীচ কর্ম করেন তথা ভৌতিক ও আধ্যাত্মিক রূপে রসাতলে নিক্ষেপ হোন। এমন কি সে পরের জন্মেও সাজা পায় তথা হীন

বৈশিষ্ঠ্যগুলি থেকে যুক্ত হয় কেননা তার পূর্বজম্মে ও তাঁর কৃত্য ঈশ্বর তথা প্রাকৃতিক নিয়মের বিরুদ্ধে ছিল। যখন এ ধরনের ব্যক্তি ঈশ্বরের অস্তিত্বেই সন্দেহ করে তাহলে তার কাছে প্রাকৃতিক নিয়মগুলির পালনের অপেক্ষা কেমন করে করা যেত পারে? বর্তমানে তার ব্যক্তি সংগ্রামরত আছে কেননা সে অজ্ঞানের অন্ধকারে ডুবে আছে। সে না তো জ্ঞান পেতে চাইছে আর না তো এর জন্য কোন চেস্টা করছে। প্রভু বলছেন–

হে অর্জুন! দেব তথা আসুরী সম্পত্তি প্রাপ্ত ব্যক্তিদের লক্ষন তোমাকে বলছি। দেবীয় সম্পাদাযুক্ত ব্যক্তিদের মধ্যে ভয়ের অভাব আভ্যন্তরীন স্বচছতা, তত্ত্বজ্ঞানের জন্য নিরন্তন ধ্যানযোগে দৃঢ় অবস্হা, সাত্বিক দান, ইন্দ্রিয়ের দমন, ভগবত পূজা, অগ্নিহোত্র, বেদ শাস্ত্রের পঠন-পাঠন, স্বধর্ম-পালনের জন্য কস্ট সহ্য করা তথা অন্তঃকরণের সরলতা, মন, বানী তথা শরীর দ্বারা কাউকে কস্ট না দেওয়া যথার্থ ও প্রিয় ভাষন, সাহায্যকারীদের ওপর কখনো রাগ না করা, কর্ম করার অভিমানের ত্যাগ, নিন্দা ইত্যাদি না করা, আশক্তি না হওয়া তথা আচরণের লজ্জা তথা ব্যর্থ চেস্টার অভাব ইত্যাদি পাওয়া যায়।

হে পর্থ! ভণ্ডামী, অহংকার, অভিমান তথা ক্রোধ ও কঠোর বানী এবং অজ্ঞান আসুরী সম্পদা প্রাপ্ত পুরুষের লক্ষন।

সুতরাং জীবনে স্বছলতার জন্য আপনাকে (1-3) ঈশ্বর প্রদত্ত বিধানের পালন করতেই হবে। যেটায় কর্তব্য, বিশ্বাস, সততা, আত্মবিশ্বাস, ভয়ের অভাব, দৃঢ়তা তথা একাগ্রতা ইত্যাদি গুণ সামিল।

আত্মবিশ্বাস

বিশ্বাসই হচেছ আত্মবিশ্বাসের মূল ভিত্তি। আমরা বিশ্বাস তথ্য আত্ম-বিশ্বাসের মতো বৈশিষ্ঠ্যগুলির সাথেই জম্ম গ্রহণ করে থাকি, কিন্তু অনবরত সামাজিক চাপের কারণে এ দুটি বিষয় চাপা পড়ে যায়। আজকাল প্রায়ঃ 'আত্মবিশ্বাস' শব্দের প্রয়োগ করা হচেছ। এটা কোন ব্যক্তির ব্যক্তিত্বকে চেনার বৈরোমীটার মনে করা হয়। প্রতিটি মানুষ আত্মবিশ্বাসের স্তরে বৃদ্ধি চায় কিন্তু প্রশ্ন হচেছ এটাই যে একে কি ভাবে বৃদ্ধি করা যায়? যদি আপনি মস্তিস্ককে নিয়ন্ত্রিত করে ইতিবাচক চিন্তন করতে থাকেন তাহলে অবশ্যই আপনার আত্মবিশ্বাস দৃঢ় হবে তথা আত্মবিশ্বাসের স্তরে বৃদ্ধি ঘটবে। আরো কিছু উপায়ও আছে, যা পালন করলে আপনি লাভ প্রাপ্ত করবেন।

বিক্রির ক্ষেত্রে, কোনও উৎপাদ বিক্রেতা কে নিজের উৎপাদ বিক্রেতা কে নিজের উৎপাদে পুরো রুচি তথা বিশ্বাস থাকা জরুরী। এই ভাবে আপনি জগত যা কিছু করতে চাইবেন–সেই চিন্তাধারার প্রতি আপনার

বিশ্বাস মজবুত হয়। বিশ্বাস অর্থাৎ আপনি যা কিছু কাজ করবেন, তা সরল কিংবা কঠিন যাই হোক না কেন, জয় আপনার হবেই। আপনি এমন কিছু করবেন না যাতে আপনার কিংবা অন্যের ক্ষতি হয়। আপনার দ্বারা করা কাজ ঈশ্বর দ্বারা প্রংসশিত হবে।

যদিও গোটা জগত খুবই বুদ্ধিমান কিন্তু যখন কোন উৎপাদ বিক্রেতা পুরো আত্মবিশ্বাসের সাথে নিজের নষ্ট উৎপাদের প্রচার করে তখন যেন সবাই কালা হয়ে যায়। যদিবা মিথ্যা প্রচারকারী বিক্রেতা তথা কোম্পানী গুলি নিজের দোষে সাজা পায়। কয়েকবার এমন হয় যে একটি ভাল উৎপাদ ভালো প্রচারের অভাবে গ্রাহক পায় না।

বিশ্বাসে বৃদ্ধি

আরাম করে বসুন, সকাল বেলা ভালো হবে কেননা সেই সময় আপনার মস্তিস্কটি অল্ফা অবস্হায় থাকে। আপনি মুঠো বন্ধ করে, চোখ বুজে কল্পনা করুন যে আপনি পুরো আত্মবিশ্বাসের সাথে নিজের বরিস্টদের সাথে কথাবার্তা বলছেন। আপনায় মুখ দিয়ে শব্দগুলি তথা বাক্যের সহজ ব্যবহার হচ্ছে। আপনার শরীরটি সহজ তথা সম্প্রেষনে ও পুরো সাহায্য করছে। এবার আস্তে-আস্তে চোখ খুলুন ও পাঁচ সেকেণ্ড পর্যন্ত নিজের মুঠি দেখুন। তারপর ফের চোখ বুজে কল্পনা করুন যে আপনি আত্মবিশ্বাসে ভরপুর, দুই মিনিট পর্যন্ত এর মানসিক চিত্রন করুন তারপর চোখ খুলুন ও 10 সেকেণ্ড পর্যন্ত মুঠিকে দেখুন। তারপর ফের চোখ বন্ধ করে মানসিক চিত্রন করুন যে আপনি আত্মবিশ্বাসে পরিপূর্ণ তথা প্রতিটি প্রশ্নের সঠিক উত্তর দিচেছন। এবার 2 মিনিট পর ফের চোখ খুলুন ও নিজের মুঠিকে 20 সেকেণ্ড পর্যন্ত দেখুন। এই অভ্যাসটিকে 21 দিন পর্যন্ত করুন।

যখনই কখনো আত্মবিশ্বাসে ঘাটতি মনে হয় কিংবা সমস্যার সমাধানে সন্দেহ লাগে, নিজের মুঠির দিকে তাকালেই সেই সব ইতিবাচক অনুভব আপনার মনে চলে আসবে, সেই সব আত্মবিশ্বাসে পরিপূর্ণ মুহূর্ত ও সামনে এসে দাঁড়াবে, যাকে আপনি চোখ বন্ধ করে দেখেছিলেন। ফলে আরো একবার আপনি আত্মবিশ্বাসে পরিপূর্ণ হয়ে উঠবেন।

নিজেকে নিম্নলিখিত বাক্যটি অবশ্যই বলুন–

আমার ঈশ্বর তথা তার তৈরী কর নিয়মগুলিতে পূর্ণ আস্হা আছে সুতরাং আমি দৃঢ় সংকল্প ও আস্হার সাথে সেই সব নিয়মগুলির পালন করব তথা কঠিন অবস্হাতেও সেগুলি পরিত্যাগ করব না।

এই সব করার জন্য আমার কাছে শক্তির পরিপূর্ণ স্রোত আছে।

সফল হবার জন্য আমি প্রতিটি মানুষকে সমান চোখে দেখি, কেননা ঈশ্বরই প্রতিটি মানুষকে গড়েছে। যদি আমি তার অপমান করব তাহলে তাতে আমার ও অসম্মান হবে। আমি ধনী, নির্ধন, মিত্র, শত্রু, আত্মীয় তথা অচেনাদের সাথে একই রকম ব্যবহার করব তথা এটা আমি যথাসাধ্য শক্তি সহকারে করতে পারব।

আমি প্রত্যেক মাসে পাঁচজন নতুন বন্ধু তৈরী করব, আমি জানি যে তা করতে আমি সমর্থ।

আমি নিজের ভেতর মানবতার প্রতি ভালবাসা সৃষ্টি করব। আমি জানি যে আমার মধ্যে এতটা শক্তি আছে।

আমি প্রত্যেক দিন 15 মিনিট পর্যন্ত প্রার্থনা করব। আমি পূর্ণ একাগ্রতার সাথে পার্থনা করার সাথে ঈশ্বরের মার্গ দর্শন গ্রহণ করব, ভবিষ্যতের জন্য কল্পনা করব তথা নিজের বাধাগুলি পেরিয়ে যাব। আমি জানি যে তা আমি করতে পারি।

আমি জানি যে নিজের অর্ধজ্ঞান মস্তিস্ককে ইতিবাচক চিন্তার জন্য প্রোৎসাহিত করতে হবে। সুতরাং আমি নিজের মস্তিস্ককে ইতিবাচক চিন্তাধারা দ্বারা ভরিয়ে তুলব তথা অনুচিত কার্য করব না, আমি জানি যে আমি এগুলি করতে পারি।

দৃঢ়তা

যখন 'ডি বিট বালেস' নামক ব্যক্তিটি নিজের পত্রিকার প্রকাশন শুরু করেন তখন তিনি কল্পনা করতে পারেননি যে তার পত্রিকাটি 170 থেকেও বেশী দেশে পৌঁছে যাবে তথা এক মাসে 30 কোটি থেকেও বেশী কপি বিক্রি হবে তথা এটি 13 টির বেশী ভাষায় প্রকাশিত হবে। যদি তিনি নিজের কাজের প্রতি দৃঢ় প্রতিজ্ঞ না হতেন তাহলে এটা কখনই সম্ভব হতে পারতো না। এই পত্রিকা সেই দিন শুরু হয় যখন শ্রী বাল্স, 1918 সালে একটি ফৌজী হাস্পাতালে স্বাস্থ্য লাভ করছিলেন। সেখানে তিনি অনেক পত্রিকা পড়েন। তিনি দেখলেন যে লেখাগুলি প্রয়োজনের তুলনায় বেশী বড় ছিল। তিনি লেখাগুলিকে সংক্ষিপ্ত রুপ দিতে শুরু করেন, হাসপাতাল থেকে ফিরে আসার পর তিনি কিছু লেখা প্রকাশকদের কাছে নমুনা হিসাবে পাঠিয়ে দেন। তিনি বললেন যে গোটা বই সেই প্রকাশককে দেবেন যে তাকে নিজের সম্পাদক পদ দেবে। কেবল একজন প্রকাশকের বিষয়টি ভাল মনে হয়, কিন্তু সেও বলে যে ওর হাজারের বেশী বিতরণ হবে না সুতরাং তার জন্য ছোট প্রোজেক্ট ছিল।

বাল্স তা শুনে হতাশ হয়ে যান কিন্তু নিজের মতে টিকে থাকেন। তারপর লীলা বৈলের সাথে তার সাক্ষাত হয়। তিনি বিভিন্ন প্রকাশকদের নিজের প্রস্তাব পাঠাতে থাকেন। 1921 সালে তিনি লীলার সাথে বিবাহ করেন তথা বেড়াতে চলে যান।

যখন তিনি ফিরে আসেন তখন বহু চিঠি তার অপেক্ষায় ছিল। তার যথেস্ট ঋণ ছিল কিন্তু তিনি আরো ধার নেন তথা প্রথম অংকের 5 হাজার কপির মাল মশলা তৈরী করেন। 1922 সালের ফ্রেব্রুয়ারীতে প্রথম প্রকাশিত হয় কিন্তু পরের সংস্করণ জন্য যথেস্ট অর্থ ছিলনা? লীলার বেতনে বাড়ী ভাড়া মিটিয়ে দেওয়া হতে লাগলো। তিনি একটি কামরা ভাড়ায় দিয়ে দেন তথা ভাড়াটিয়াদের সাথে কিচন তথা বাথরুম শেয়ার করেন কিন্তু তা সত্ত্বেও তিনি সেই পত্রিকার শুল্ক মেটাতে পারছিলেন না, যেটা থেকে লেখা নেওয়া হতো। বাল্স একটি লাইব্রেরীতে চাকরী করতে লাগলেন। তিনি লেখার কাজে কঠিন পরিশ্রমে লেগে পড়ে থাকেন। তার শরীরের অঙ্গ-প্রত্যঙ্গ পরিশ্রমে ক্লান্ত হয়ে আসতো। কিছু দিনেই পত্রিকার প্রসারণ তীব্রতার সাথে হয়। 1926 সালেএই সংখ্যা 50,000 কপি ছিল যা 1929 পর্যন্ত 2,28,000 হয়ে যায়। এই পত্রিকার নাম ছিল রীডার্স ডাইজেস্ট।

বহু অসুবিধা, তথা ধার সত্ত্বেও যুগল দম্পতি নিজের স্বপ্নকে সফল করে তোলে তথা প্রভুর কাছে সফলতার প্রসাদ গ্রহণ করে।

অনেকাংশ লোকেরা জীবনে এই জন্য ব্যর্থ হন না যে তার কাছে ভালো চাকরী নেই কিংবা আত্মবিশ্বাসের অভাব বরং তার কাছে ধৈর্য্যের অভাব থাকে। তীব্রতার সাথে গতিময় জগতে লোকেরাও গতিশীল হতে চায়। চারিদিকে অরাজক প্রতিদ্বন্দ্বিতা ও অসন্তোষ ছড়িয়ে আছে। লোকের মনোবৃত্তিই এমন যে তারা সমাজের কোন ভাল তো করতে চান না, শুধু অন্যের থেকে এগিয়ে যেতে চান যাতে তাকে হীন চোখে দেখা যেতে পারে। সে আকর্ষনের কেন্দ্রবিন্দু হতে চান যাতে অন্যরা তাকে ইর্ষ্যা করতে পারে, যখন লোকেরা এতই নেতিবাচক মনোভাবের ও পদ্ধতির সাথে কাম করছেন তাহলে প্রকৃতির নিয়ম তাকে সফলতার আশীর্বাদ কেমন করে দিতে পারে? এটা অসম্ভব এবং এ ধরনের লোক ধনী হবার জন্য রাতারাতি নিজের চাকরী-বদলাতে থাকেন। সে কোন এক জায়গায় টিঁকে থেকে কাজ করেননা, পারিশ্রমিক কিংবা বেতনে কিছুটা বৃদ্ধি পাওয়ার আভাস পেতেই, সে অন্য জায়গায় কাজ করতে লাগে। ধৈর্যই হচ্ছে সফলতার চাবিকাঠি।

থোমস এডিসন বিদ্যুতে জ্বলা বাল্বের আবিস্কার করার ইতিপূর্বে

দশ-হাজার বার ব্যর্থ হয়েছিলেন কিন্তু বর্তমানে, আমরা যে কোন পর্যায়ে এমন কি একবারের জন্য ও নিজের ব্যর্থতা স্বীকারে রাজী নই। প্রতিদ্বন্দ্বিতার অর্থ কোন দৌড় নয়। অনেকের জন্য এটা স্বাস্থ্য ব্যাপার এবং সে অনেক প্রতিদ্বন্দ্বী থাকা সত্ত্বেও সফল হোন। এরা হচেছ সেই লোক, যারা ব্যর্থতা সত্ত্বেও পরাজয় স্বীকার করেনি এবং নিজের পোশাকে বাড় বাড়ন্তের পুরো সময় দিয়েছেন, তিনি পথে আসা ব্যর্থতাকে সাহসের ও আনন্দের সাথে মুখোমুখী হয়েছেন।

নিজের কাজ বন্ধ করার পরিবর্তে সাহসের সাথে লড়ে গেছেন। অন্যদিকে আপনি দেখে থাকবেন যে ব্যর্থ ব্যক্তি লাগাতার নিজের ব্যবসা পরিবর্তন করতে থাকেন, এইসব সুযোগসন্ধানীদের পক্ষে অর্থ উপার্জন করাই জীবনের সবচেয়ে বড় উদ্দেশ্য। সে অনুভব করতে পারেন না যে অন্যকে কোন ব্যবসা থেকে ভালো উপার্জন হতে দেখে লোভ করা এবং সেই কাজ করার অর্থ হচেছ তাকে গোড়া থেকে শুরু করতে হবে এবং বিগত দিনের যে কোন ক্ষেত্রের 25% থেকে বেশী অভিজ্ঞতা তার কাজে লাগবে না। যতক্ষন না তিনি এই ক্ষেত্রের সমস্ত কিছু জেনে যাচেছন, ততক্ষন আরো কয়েকজন নতুন শিল্পপতি এসে যাওয়াতে প্রতিযোগিতা আরো কঠিন হয়ে উঠবে। ফলে উৎপাদনে বৃদ্ধিও চাহিদা কম হলে উৎপাদন বিক্রি ও লাভ কমবে। অবস্থা এতই খারাপ হয়ে যাবে যে এরা নতুন করে কোন মুনাফা সৃষ্টিকারী ধান্ধার খোঁজে পালিয়ে বেড়াবেন। এই কারণে সে জীবনে কখনো সফল তথা সন্তুষ্ট হতে পারেন না এবং ক্রমশঃ দেউলিয়া হয়ে যান।

নীচে কিছু কারণ দেওয়া হল, এইসব কারণে তারা কোন এক জায়গায় টিঁকে থেকে কাজ করতে পারেন না।

নির্ণয় স্হগিত করা–সাহসের অভাব তথা ঝুঁকি নিতে না পারার কারণে লোকেরা নিজের নির্ণয় স্হগিত করে থাকেন। এই মানসিকতা তার বর্তমান পেশায় অত্যন্ত খারাপ প্রভাব ফেলে। সঠিক ও উচিত নির্ণয়ের ক্ষমতার অভাবে তার ক্ষতি হয় তথা ব্যবসা বন্ধ করার পালা চলে আসে। তখন ও সে বুঝতে পারে না যে জীবনে সেই সব নির্ণয়ের কারণে ওলট পালট এসেছে, যাকে সে বড়ই সুবিধা সহকারে এড়িয়ে গেছে। নির্ণয়কে স্হগিত করা ব্যক্তিগত স্বয়ং কে কিছু শেখানো থেকেও দূরে সরিয়ে নেয় কেননা সে নতুন কোন অভিজ্ঞতার জন্য প্রস্তুত নয় এবং অভিজ্ঞতা ছাড়া কিছুই করা যায় না।

আপোষ–লোকেরা প্রায়ঃ নিজের কাজকে প্রাথমিকতা দেননা কেননা সে ভুলে যান যে ‘কর্মই হচেছ পুজা।’ সে নিজের কাজের সাথে আপোষ

করে ব্যক্তিগত তথা সামাজিক জীবনে ব্যস্ত হয়ে যান, যার ফলে কাজের ক্ষতি হয়। সে কোন কাজের প্রতি কেন্দ্রিত হবার পরিবর্তে তার পরিণাম ও সুখের প্রতি ভেতর ভেতর নজর রাখেন, ক্রমশঃ তিনি সেই প্রক্রিয়ার ওপর কেন্দ্রিত থাকতে পারেন না, যা তাঁকে সেই পরিণাম পর্যন্ত নিয়ে যাচ্ছিল, কিছু সময়ের অন্তরালে সেই প্রক্রিয়াটি, এক প্রয়োজন না হয়ে বোঝা হয়ে দাঁড়ায়।

রুচির অভাব–কয়েক বার সে কাজে মনোযোগ দেয় না। যেহেতু সে অর্থকেই নিজের লক্ষ্য মনে করে। সুতরাং সে কি করে একাগ্র হতে পারে তাই কিছু সময় পর সে ও পেছনে সরে যায়। নিজের মতামতের সাথে দ্বন্দ্বের কারণে রুচির অভাব জন্ম নেয়, সে একবারে কয়েকটি কাজ করতে চায় এবং কোথাও যেতে পারে না। সে সুযোগ বুঝে নিজের রুচিও পরিবর্তন করতে থাকে, সে মনে করতে পারে না যে এমন কোন ব্যবসা নেই, যেটায় অর্থ উৎপন্ন হয়না।

অপ্রগতিশীল–মানুষ কোন কাজ না করেই সব কিছু পেতে চায়। এটা এক সামান্য ধারণা হয়ে গেছে। অপ্রগতিশীল মানুষ কেবল স্বপ্নেই ডুবে থাকে কিংবা ভাবেন যে সে কাজের যোগ্যই নয় অথবা ভাবেন যে ভাগ্যে যা লেখা আছে সেটা এমনিতেই পাওয়া যাবে। এই মনোভাবের কারণে সে অজুহাত খুঁজে বেড়ায়। এগুলিকে সে নিজের প্রগতির পথে সত্যিকারের বাঁধা মনে করে এবং হেরে গিয়ে সবকিছু ছেড়ে দেয়।

এ ধরনের ব্যক্তি ও নিম্ন উপায় গ্রহণ করে অটল প্রতিজ্ঞ হতে পারেন।

1. পূর্ণ রুচিযুক্ত বিনিয়োগ–তার কাছে একটি উচিত পরিকল্পনা থাকা চাই তথা আপনার নিজের কাজের প্রতি ভালোবাসা থাকা উচিত। নিজেীর কাজের প্রতি রুচি গড়ে নেওয়া আপনার জন্য ভাল হবে। যদি কোন লোক নিজের বাড়ীতে পোষা পশু রাখে তাহলে তার প্রতি ভালবাসা গড়ে ওঠে, এই ভাবে কাজও ব্যক্তির উপার্জনের স্রোত, প্রতিদিন সে 8-10 ঘন্টা তাতে যুক্ত থাকে, সপ্তাহে 5-6 দিন তার সাথে কাটায় সুতরাং তার সাথেও তার ভালবাসা হতে পারে। অপবাদ কেবল এটাই যে ব্যক্তিটি তার জন্য পুরোপুরী দায়বদ্ধ না হয়ে কিংবা জেনে শুনে নিজেকে তা থেকে দূরে রাখুক।

2. নেতিবাচক মত তথা লোকেদর সাথে সতর্ক থাকুন–আপনি ও অনুভব করে থাকবেন যে নেতিবাচক মতামতকে নিরুৎসাহিত করা কত গুরুত্বপূর্ণ হতে পারে, কেননা সে আপনার কাজে বাধা দেয়। নেতিবাচক মত জীবনে কিছু করতে চাওয়াদের ভয়াক্রান্ত করে দেয়। নেতিবাচক

মানসিকতা সম্পন্ন ব্যক্তি নিজের সাথে সাক্ষাতকারীদের চিন্তাধারা ও নেতিবাচক করে তোলে। সুতরাং সর্বদা এমন লোকজনদের কাছে পরামর্শ নিন যে আপনাকে প্রেরণা দিতে পারে। সে আপনাকে ভবিষ্যতে সম্ভাবিত বিপদগুলি থেকে সতর্ক করবে তথা সমাধান ও প্রস্তুত করবে।

3. অতি সাবধানতা–সাবধান থাকা ভালো কথা, কিন্তু কম কিংবা বেশী সাবধান থাকা দুটোই বিপদজনক হতে পারে। কাজের প্রতি অধিক সজগ হবেন না। অন্যকে পরোয়া না করেই গভীর মনোযোগে কাজ করুন। বুদ্ধিসহকারে নির্ণয় নিন তথা নিজের মধ্যে আস্হা সৃষ্টি করুন। অতি সজগতা ও আপনার নির্ণয় ক্ষমতা কে প্রভাকিত করতে পারে, যার ফলে আপনার আত্মবিশ্বাস টলে যেতে পারে।

ভয়

এটা ব্যক্তির আস্হাকে সম্পূর্ণভাবে দুষিত করে দেয়। এটা একজন মানুষকে নিস্কৃয় করে দিতে পারে। কয়েকবার আপনি লোকদের মুখে শুনে থাকবেন–'আমি সেই জায়গায় ভয় পাই, আমি সেখানে যাব না, আমি কখনো ঘোড়ায় চড়ব না...ইত্যাদি।' কয়েকজন বিয়ে করতে ভয় পান তো কয়েকজন চাকরী চলে যওয়ার ভয়ে চিন্তিত থাকেন। চারিদিকে এত ভয় কেন? এটা মানুষকে কয়েক রকম ভাবে ক্ষতিগ্রস্হ করে তোলে। এটা তাঁকে অবসাদ ও হতাশাগ্রস্ত করে তুলতে পারে। তার উদ্যোগ নেবার ক্ষমতা কমে যায়। অনিদ্রা রোগ ঘিরে ধরে তথা সে প্রায়ঃ ভালো সুযোগ হারিয়ে ফেলে। দুঃখ তথা অপ্রসন্নতা তার সাথী হয়ে যায়। ভয় আপনাকে বিশ্বাস করায় যে আপনি জগতে একলা তথা আপনার রক্ষক কেউ নেই। ভয়ের কারণে প্রভুভক্তি টলে যায় এবং ব্যক্তি মানসিকচাপ তথা ভবযুক্ত জীবন কাটানোর জন্য বাধ্য হয়ে যায়। **মিল্টন** অনুযাই–

ভয় তথা আবেগের মনঃস্হিতির ওপর নিয়ন্ত্রণকারীই হচেছ সম্রাট।

ভয়ের রকম ঃ মৃত্যু, বৃদ্ধাবস্হা, নির্ধনতা, সমালোচনা তথা রোগ

নির্ধনতার ভয়–নির্ধনতার ভয়ে গ্রস্ত মানুষটি সর্বদা সজগ থাকে। সে সর্বদা নিজের বাঁচার চেস্টা করে থাকে। সে বিপদের মুখোমুখি হতে ঘাবড়ে যায় তথা অনির্ণয়ের মনোভাব গ্রস্ত থাকে। সে সঠিক সময়ে কাজ করতে পারে না কেননা সে কেবল ক্ষতি বিষয়ে ভাবতে থাকে। সে

চিন্তা করে যে হতে পারে সে পেট পুরে আহার না পায়...। আমি একটি চেনেল বিখ্যাত অভিনেতা-নির্দেশক শেখর কাপুরের সাক্ষাৎকার দেখেছিলাম। তিনি বলছিলেন।

'এতে কোন সন্দেহ নেই যে আমার কাছে সব কিছু আছে তাহলেও আমি কঠিন পরিশ্রম করি কেননা আমার ভয় হয় যে যদি আমি কাজ না করি তাহলে একদিন আমিও ভিখরীদের সারিতে গিয়ে দাঁড়াব।' যদি একজন স্বচ্ছল মানুষ নির্ধতার ভয়াক্রান্ত তাহলে তো জগতের প্রতিটি মানুষ এমনি এমনি ঘাবড়ে যায় না কিন্তু প্রশ্ন হচ্ছে যে আপনি ঈশ্বরের তথা তাঁর তৈরী নিয়মে বিশ্বাস করেন না কেন? আপনি কি ভাবেন না যে ঈশ্বর নিরপেক্ষ? এই ধরনের জন সাধারণর জন্য আপোষই হচ্ছে সবচেয়ে বড় বৈশিষ্ঠ্য। সে জানে না যে এটা সর্বদা কার্যকরী হয়না। সে অন্যকে নিজের যুক্তি দ্বারা কিছুই বোঝানোর চেস্টা করেন না। তার সাথে হামেশা তাই হয়।

এ ধরনের ব্যক্তি যে কোন নির্ণয় নেওয়ার সময় এটাই মনে করে যে তার সিদ্ধান্ত ভুলই হবে। যে প্রতিটি কাজকে সন্দেহের চোখে দেখে তথা প্রতিটি কাজের বিষয়ে ভ্রমে থাকেন।

সমালোচনার ভয়–কিছু ব্যক্তি যথেস্ট আত্ম-সজগ হয় সে জীবনের ছোট-ছোট কথায় গভীর চিন্তা করে থাকে। যদি সে কারোর সাথে কিছু বলে তাহলে তার কি প্রতিক্রিয়া হবে।

'আমি সেই মানুষটিকে এমন কিছু বলবনা, যদি আমি বলি তাহলে সম্ভবতঃ তাকে হারিয়ে ফেলব।' তার কার্যশীল মস্তিস্কটি অপ্রয়োজনীয় কথায় চিন্তা করতে থাকে। সে জানতেও পারেনা যে এই ধরনের অপ্রয়োজনীয় কথা চিন্তা করলে তার শক্তি কমে আসবে কেননা সে সদা অন্যের নজরে নিজেকে ভালো মানুষ করে রাখতে চায়।

এই ধরনের ব্যক্তিদের মধ্যে উচ্চাকাঙ্খা তথা উদ্যোগের অভাব থাকে। সে এই ভয় করতে থাকে যে অন্য ব্যক্তি তাকে পছন্দ করবে না। সুতরাং এই ধরনের ব্যক্তিদের ব্যক্তিত্ব ও প্রভাবশালী হয় না সে পাতলা-রোগা, অন্তর্মুখী তথা ভাবহীন মনে হয়। এই ধরনের মানুষ নিজের ঢাক নিজেই পেটায়।

সে হামেশা সমাজের শ্রেস্ঠ ব্যক্তিদের সান্নিধ্যে থাকতে চায়। এতে সে আনন্দ অনুভব করে। এই আনন্দের প্রাপ্তির জন্য সে মুর্খের মত নিজের সময় তথা কাজের সাথে অপোষ করে থাকে। এই ধরনের ব্যক্তি স্বাভিমানী হয় না কেননা তার মনে হয় যে তার স্বাভিমান কারো কে আঘাত যাতে না দেয়। এই ভাবে তার কল্পনাশক্তি ও মনুষ্যত ও প্রায়ঃ

নষ্ট হয়ে যায়।

খারাপ স্বাস্থ্য তথা বৃদ্ধাবস্থার ভয়–কিছু লোক এই মনে করে যে তার স্বাস্থ্য ঠিক নেই তথা শরীরের আকৃতি ও বিচিত্র রকমের। সে হামেশ কাল্পনিক রোগে গ্রস্ত থাকে তথা নিজের স্বাস্থ্যের চিন্তা করে। যদি কোন রোগের পাঁচ-ছয়টি লক্ষণের মধ্যে একটাও তার মধ্যে দেখা যায়, তখন সে পুরোপুরী বিশ্বাস করে যে সেই রোগে যে আক্রান্ত হয়ে আছে এবং সেই সম্পর্কে চিন্তা করতে থাকে। সে কেবল ডাক্তারের পরামর্শেই সান্তনা পায়। দুই কিংবা তিন জন ডাক্তারের পরামর্শ নেওয়া ছাড়া সে দমে না। ব্যক্তিকে সন্দেহ নামক রোগের হাত থেকে বাঁচা প্রয়োজন, আপনি জানেন যে মস্তিস্ক যা ভাবে, তাই পায়। ঠিক এই ভাবে একজন মানুষ যদি কোন রোগ বিশেষের প্রতি সর্বদা চিন্তা করে থাকে তাহলে এই চিন্তাধারা পরে তার রোগের কারণ হতে পারে। সুনিশ্চিত করুন যে আপনি নিজের স্বাস্থ্য বিষয়ে চিন্তা করবেন না কেননা এই ধরনের মানসিকতা আপনার কার্যক্ষমতা কে ভালো রকম প্রভাবিত করে।

বৃদ্ধাবস্থার আগমন হলে মানুষের মধ্যে হীন মনোভাব বিকশিত হতে লাগে। 50 বছর বয়স হলে পর মনে হয় যে তার শরীরের ক্ষমতা ও শক্তি, কোন ক্ষেত্রের ফলে নয় বরং বয়সের জন্য কমে আসছে। আমাদের সেই সব দাবা খেলোয়াড়দের অদেখা করতে নেই, যারা 70 বছর বয়স পর্যন্ত পেশাদারীরূপে খেলে। বৃদ্ধাবস্থা কেবল আপনার মস্তিস্কে আসে। চুল পেকে গেলে আপনি নিজেকে তথা অন্যজনকে প্রায়ঃ বলেন যে আপনি বুড়ো হচেছন। অর্ধজ্ঞন মস্তিস্কও নিরন্তর এই শব্দটি পুণরাবৃতি করে। ফলে মস্তিস্ক আপনাকে সেই বৃদ্ধাবস্থা সপে দেয় যার ভয়ে আপনি আক্রান্ত ছিলেন। এটা সেই সব ব্যক্তিদের জন্য একটি অজুহাতও হতে পারে যারা জীবনে কোন উদ্যোগ নিতে চায়না। সে নিজের শক্তি সমর্থ যুবস্থায় বলেন যে বিশেষ কিছুই করার জন্য সে অপরিপক্ক তথা অভিজ্ঞতাহীন। পৌড়াবস্থায় অভিজ্ঞতা থাকতেও সে শক্তির কম হবার ফলে কোন বড় পরিকল্পনায় হাত দেননা।

বৃদ্ধাবস্থায় এমনিতে কোন অজুহাতের ঘাটতি থাকেনা। এই ভাবে তার জীবনটি ব্যর্থ হয়ে যায়।

মৃত্যুর ভয়–সব বয়সের এবং লিঙ্গের মানুষ মৃত্যু ভয়ে ভীত থাকেন। এটা এই কারণে যে আমরা সবাই জগতকে ছাড়তে চাইনা আমরা জানিনা যে মৃত্যুর পর আমাদের কি হবে ? কিন্তু সত্য হচেছ এটা যে ছোট-বড় বহু ব্যক্তিত্ব আজ আমাদের মধ্যে নেই যারা আজকেও একশো বছর

পূর্বে এই জগতের অংশ ছিলেন। যে কোন বয়সের ব্যক্তির মৃত্যু হতে পারে। এটা কোন অভিশাপ নয়। এটা খারাপ লোকদের জন্য আশির্বাদ কেননা খারাপ লোকদের আগামী জন্ম বর্তমানের তুলনায় আরো খারাপ হবে তথা ভালো লোক ভালো যোনীতে জন্ম নেবে তথা উৎকৃস্ট জীবন কাটাবে।

অধ্যায়-6এর শ্লোক সংখ্যা 41-42 এ প্রভু বলছেন–

'নিবাস পুরুষ স্বর্গাদি উত্তম লোকে প্রাপ্তি করে, তাতে বহু বছর পর্যন্ত শুদ্ধ আচরণকরী জ্ঞানী সৎপুরুষের ঘরে জন্ম নেয়, অথবা বৈরাগ্যবান পুরুষ জ্ঞানবান যোগী কূলে জন্ম নেয়।'

সুতরাং এটা পরিস্কার যে জীবন হচ্ছে এক সতত প্রক্রিয়া তথা এটা কোন একটির মৃত্যুর পরে শেষ হয়ে যায় না। আমরা নিজের কর্মের ভিত্তিতে সেখান থেকেই নতনু জীবন আরম্ভ করি, যেখান থেকে পুরানোর অবসান হয়েছিল। এই সময়ে অন্তরালে আমরা নতুন শরীর ধারণ করি। অজ্ঞানী ব্যক্তি জীবনের চিন্তন করার পরিবর্তে সদা মৃত্যু সম্পর্কে ভাবতে থাকে, জীবনে উদ্দেশ্যহীণতাই হচ্ছে এর মুখ্য কারণ।

একাগ্রতা

একাগ্রতা আপনার বিশ্বাসকে দৃঢ় করে তোলে। একাগ্রতা ও বিশ্বাস পরস্পরের বৃদ্ধিতে সহায়ক হয়। মানুষ নিজের আকাক্ষিত বস্তুগুলির প্রতি সহজেই একাগ্র হতে পারে, কিন্তু এই একাগ্রতা যথেস্ট নয় কেননা এই কাক্ষিত পথে চলাও সহজ নয়।

মনের মতো জিনিসের প্রতি সম্পূর্ণ সংকল্পশক্তি দিয়ে করা চিন্তাধারার প্রবাহই হচ্ছে একাগ্রতা। এতে আপনার সংকল্পশক্তি পূর্ণ হয়। যখন আপনি ভৌতিক বস্তুগুলির প্রাপ্তির জন্য একাগ্র হোন তখন ইন্দ্রিয় মস্তিস্ককে নিয়ন্ত্রিত করে কিন্তু যখন আপনি ইচ্ছা পুর্তির পথে অগ্রসর হোন তখন আপনাকে মস্তিস্ক ও বুদ্ধিকে নিয়ন্ত্রিত করতে হয়। এর অর্থ হল যে আপনি একবার কঠিন পরিশ্রম ও আস্থার সাথে সঠিক পথের অনুসরণ করা আরম্ভ করে দেন। তাহলে আপনি সফল হবেন। কখনো-কখনো ইন্দ্রিয়ই পরামর্শ দিতে থাকে যে কাজটি কালকের জন্য ছেড়ে আরাম করো। যেহেতু আপনি কঠিন-পরিশ্রম করে আসছেন তাই বিশ্রামের ইচ্ছা হয়। এইভাবে ইন্দ্রিয়গুলি আপনার একাগ্রতা ভঙ্গ করার সাথে কাজ থেকে দূরে নিয়ে যাওয়ার লোভ দেয়। যদি আপনি তার কাছে সমর্পন করেন তাহলে কাক্ষিত সফতলা পেতে বিলম্ব হতে পারে

কিংবা আপনি বাকী জীবন এমনি-এমনি কাটিয়ে দেবেন। অন্য দিকে যদি আপনি বুদ্ধির সঙ্গ দেন তাহলে আপনি শীঘ্রই পূর্ণ একাগ্রতায় আপনি কাজে ফিরতে পারেন।

নিজের একাগ্রতা বৃদ্ধির জন্য আপনাকে আত্মনিয়ন্ত্রণের অভ্যাস করা উচিত। ব্যর্থ কথাবার্তায় আপনার একাগ্রতা ভঙ্গ হয় তথা মানসিক শক্তি ক্ষয় হয়। উদ্দেশ্যহীন কাজ, বিবাদ, মুর্খের মতো আনকোরা পরিকল্পনা, গোড়ামীবাদী ভয় তথা অন্যের দোষ খুঁজে বেড়ালে আপনারই ক্ষতি হয়। জীবনে য কিছু পেতে চান, সঠিক সময়ে ও জায়গায় তার ওপর একাগ্র হোন একাগ্র হবার সময় প্রত্যেক জন বেশী চাপ দেবেন না তথা ধৈর্য রাখুন কেননা এই কাজের জন্য বেশী অভ্যাসের প্রয়োজন হবে। অনাসক্তি, ধ্যান তথা প্রভুর প্রতি প্রেম ভালবাসা আপনার একাগ্রতার শক্তি বৃদ্ধি করে। এই কাজটি সহজ নয়, কিন্তু অসম্ভবও নয়।

আপনি খেয়াল করে থাকবেন যে মনের মতো বিষয় অথবা বই-এর প্রতি আপনার ধ্যান শীঘ্রই একাগ্র হয়ে যায়। যদি বিষয়টি মনের মতা না হয় তাহলে একাগ্রতা শীঘ্রই ভঙ্গ হয়ে যায়। এটা পাবার কোন সহজ বিধি নেই কেবল অভ্যাস দ্বারাই তা প্রাপ্ত করা যেতে পারে। যদি শুরুতে আপনি সফল নাও হোন তাহলে মন খারাপ করবেন না, কেননা এটা এমন এক কাজ যা আপনি সজগ অবস্হায় প্রথম বার করতে চলেছেন। মনে রাখবেন আপনার কাজের বাতাবরণ শান্ত তথা কোলাহল পূর্ণ না হয়। যদি আপনি কোন বন্ধুকে ফোন করতে চান তাহলে এই চিন্তা মাথায় রাখবেন না। তাকে ফোন করার পরেই কাজ শুরু করুন না হলে বন্ধুটিকে ফোন করার চিন্তা আপনার মস্তিস্কের একাগ্রতা কে ভঙ্গ করতে থাকবে।

❑

অধ্যায় 6

মৃত্যুর পর জীবন

জীবিত মানুষ হিসাবে, আমাদের কাছে এর চেয়ে গুরুত্বপূর্ণ কোন তথ্য নেই যে আমাদের কাছে এমন কিছু আছে যাকে আমরা 'আত্মা' রুপে বর্ণিত করতে পারি, যা আমাদের শরীরের মৃত্যুর পরেও সর্বদা বিদ্যমান থাকবে। এ ছাড়া তো আমাদের অস্তিত্বই নেই তা সত্ত্বেও এতে কোন পার্থক্য হয় না যে আমি এক বছর বাঁচি অথবা এক কোটি বছর, বাস্তবে এর না থাকাও শেষ পর্যন্ত ক্রুরতাই হতো।

প্রথম-প্রথম যখন আমি এই বই লিখতে বসি তখন আমি এই অধ্যায় টিকে যুক্ত করতে চাইনি। কিন্তু তারপর আমি চিন্তা করলাম যে এই অধ্যায়টি তারজন্য লাভজনক হতে পারে যারা ঈশ্বরে আস্হা রাখেন না তথা এই মনে করেন যে সব কিছু ক্রিতিম, কেননা মানুষের মৃত্যুর হবার সাথে তা শেষ হয়ে যায়। কিছু লোক এমন আছেন যারা মনে করেন যে কোন মানুষ মরার পর প্রভুতে মিশে যায় তথা স্বয়ং ঈশ্বর হয়ে যায়। সে পৃথিবীতে ঘটা প্রতিটি ঘটনা জানে।

যদি আপনি মৃত্যুর পর জীবনের ওপর লেখা পুস্তকগুলির অধ্যয়ন করবেন তখন পরলোকে হওয়া ঘটনাগুলির বিস্তৃত বর্ণনা পারেন। পরলোক কে দ্বিতীয় জগত নামে ও ডাকা হয়। এই পুস্তকে দেওয়া সমস্ত বিবরণ মানুষের জন্য মৃত্যুর পরেও লাভজনক প্রমাণিত হবে।

যখন মহাত্মা বুদ্ধ নির্বান প্রাপ্ত করেন তো তিনি নিজের অভিজ্ঞতার ভিত্তিতে বলেন–

'বিগত অনেক জন্মের কথা আমার স্মরণে আছে। আমি অনেক কালে এক, দুই, তিন, চার পাঁচ...শত...হাজার বার জন্ম নিয়েছি। আমি এই সব জন্মগুলির বিষয়ে জানি। জন্ম কোথায় হয়েছে, কোন

পরিবারে হয়েছে, তখন আমার কি নাম ছিল তথা আমি কি করেছি ? আমার জীবনে দুর্ভাগ্য তথা সৌভাগ্য এসেছে তথা প্রতিটি মৃত্যুর পর নতুন জন্ম হতে থাকে, এই ভাবে অসংখ্য জন্মগুলির বিবরণ, বৈশিস্ঠ্যগুলি তথা অবস্হাগুলি আমার স্মৃতিতে আছে। রাত্রির প্রথম প্রহরে আমি এই জ্ঞান প্রাপ্ত করি।'

মৃত্যুর সময়ে আত্মা ও আকাশীয় উপাদান সঘন শরীর থেকে আলাদা হয়ে যায়, সম্ভবতঃ এই কারণে যখন কোন মানুষের মৃত্যু হয় তো কিছু লোক এক বিশেষ ধরণের কম্পন কিংবা অসহজতা অনুভব করেন, কেননা সেই সময় আকাশীয় উপাদান শরীর থেকে বিছিন্ন হতে চলেছে। আত্মার সাথে-সাথে মন ও ইন্দ্রিয়গুলি ইত্যাদি শরীর ত্যাগ করে।

আকাশীয় তল

পরলোকেও এই লোকের মত সাতটি স্তর হয়। এখানে বস্তুগুলি অধিক বড় এবং পারদর্শী হয় এটাই কেবল পার্থক্য। একে আকাশীয় জগত ও বলা হয়, কেননা এটা অমুর্ত জীবের নক্ষত্রীয় খগোলোর জগত। **হাইপরপ্লেন** হচেছ এক জ্যামিতীয় ধ্যান ধারনা। যেটায় একটি রেখার উচ্চতর আয়ামের চর্চা হয়।

ইসোটেরিসিজম (Ecotericism) কিংবা ইসোটেরিজম (Esoterism) শব্দের দুটি মুল অর্থ আছে। শব্দকোষ অনুযাই এটা গোপনীয় মতের সূচক, এটা গ্রীক ভাষা থেকে নেওয়ার অন্য অর্থে এটা নিজের এবং অভ্যন্তরে যাওয়ার প্রবৃত্তি 'রহস্যময়ী'... এই লোকে জীবন খুবই সক্রিয় থাকে। এখানে পৃথিবীর ওপর লব্ধ প্রতিটি বস্তুর প্রতিক্রিতি (নমুনা) পাওয়া যায়। এখানে সে সব মানুষ ও থাকেন, যারা মৃত্যুর কারণে নিজের শরীর হারিয়েছে। আকশীয় তলের জনসংখ্যা খুবই ঘন হয় যেটায় অগ্নি, বায়ু, জল তথা মাটিও সামিল।'

পারলৌকিক শরীর, মানুষের ভৌতিক শরীর থেকে বড় হয়। এটা প্রতিটি মানুষের পরিপক্কতার ভিত্তিতে সমস্ত দিশায় দশ থেকে বারো ইঞ্চির গোলাকার হয়। মানুষের আধ্যাত্মিক পরিপক্বতা অনুযাই তার

পারলৌকিক শরীরের আকারে পার্থক্য হতে পারে। পৃথিবীতে মানুষের ব্যবহার তার স্বার্থ, ঘৃনা, নীচকাম ইত্যাদি পারেলৌকিক শরীরের নির্মাণ করে। তার কর্মটিও ভাল-খারাপ ভিত্তিক হয়।

আমরা নিজের ঘুমের সময় কোথায় থাকি ? আমরা কি ঘুমের সময়ে যাত্রা করি ? যদি হ্যাঁ তো কোথায় ? এই প্রশ্নটি আপনাকে সময়ে সময়ে ব্যতিবস্ত করে থাকবে। সব মানুষ ঘুমের সময়ে নিজের পারলৌকিক শরীরে প্রবেশ করে, কিন্তু সে এই বিষয়ে জানতে পারে না।

আংশিকরূপে পরিপক্ব ব্যক্তিটির পারলৌকিক শরীর কিছুটা বিকশিত হবার কারণে তার শরীরে চক্কর তো দেয় কিন্তু সে পৃথিবীতে তার প্রতি সজগ থাকে না।

একজন পুর্ণরূপে পরিপক্ব ব্যক্তির পারলৌকিক শরীর সাতটি স্তরে সুক্ষ্ম অনু দিয়ে তৈরী।

একজন পরিপক্ব মানুষের পারলৌকিক শরীর তার নিয়ন্ত্রণে থাকে তথা তার চিন্তাধারার সাথে পূর্ণরূপে একমত হয়। এ ধরনের ব্যক্তি শান্ত তথা কোমল স্বভাবের হয়।

'এই পরলোকটি কোথায় অবস্হিত।' আপনাকে এই প্রশ্নটি ব্যথিত করে এসেছে। এই পরলোক আপনার পেছনেই আছে। এটা চারিদিকে এবং সবদিকে বিদ্যমান। আমরা নিজের ভৌতিক শরীরের সীমারেখার কারণে এর কাছ পর্যন্ত পৌঁছতে পারিনা, এটাকে অনুভব কিংবা দেখতে পারিনা।

যেটা আমি পূর্বে বলেছি যে মানুষ মরার পর পরলোকে যায়। সেখানে বিগত জীবনের কর্মের ভিত্তিতে তাকে কিছু পরিবর্তনের মধ্যে দিয়ে যেতে হয়। যার একটি অংশকে 'নরক' নামে ডাকা হয়। মৃত্যুর সাথে কোন ব্যক্তির চরিত্র, স্বভাব তথা জ্ঞান ইত্যাদিতে কোন পার্থক্য পড়ে না। এই দিব্যলোকেও সাতটি স্তর আছে এক থেকে দ্বিতীয় স্তরে কথাবার্তা হয় না। কিন্তু একই স্তরে বসবাস কারীরা একে-অন্যের সাথে কথাবার্তা বলতে পারে। আত্মা নিজের বিগত জীবনের কর্মগুলিকে নিজেই দেখে। নিজের সাফল্য, ব্যর্থতা নিরাশা, কুণ্ঠা, প্রয়াস ও ভাবনাগুলি ইত্যাদি দেখেই সে জীবনের সত্যিকারের উদ্দেশ্য তথা প্রকৃতির নিয়মগুলি জানতে পারে।

পরিপক্ব মানুষ শীঘ্রই নরক হতে মুক্তি প্রাপ্ত করে একজন অর্ধ-পরিপক্ব মানুষও নরকের মধ্য দিয়ে যায় কিন্তু সময় সাপেক্ষ। যদিও সে এই সময়কে জানতে পারে না। স্বর্গে পৌঁছানোর পরেই সে নিজের অবস্হা জানতে পারে।

নরকেও সাতটি ভাঁজ পাওয়া যায়। সবার নীচে সে সব লোকেরা থাকে যারা কামনাগুলি ত্যাগ করতে পারেনি। সেখানকার বাতাবরণ উদাসীন হয়। এই অঞ্চলটি মানবতাকে ক্ষতিগ্রস্তকারী অপরাধীরা, খুনী তথা মদখোরদের আশ্রয়স্হল। তাদের পারলৌকিক শরীরও দয়নীয় অবস্হায় পাওয়া যায়।

নরকের দ্বিতীয় স্তরে অসন্তুস্ট তথা ব্যাকুল মানুষরা থাকে। তারা এখনো পৃথিবীবাসীদের মাথায় পড়ে আছে। এই মোহকে ত্যাগ করা ছাড়া সে উচ্চ তথা ভালো স্তর পর্যন্ত যেতে পারবে না। তারা পৃথিবীতে বসবাসকারীদের সাথে যোগাযোগ করে নিজের অসম্পূর্ণ কাজ পুরো করার প্রয়াস করেন। নরকে তৃতীয় ভাঁজে এমন লোক থাকেন যারা পৃথিবীতে বুদ্ধিমান তথা চিন্তক হওয়া সত্ত্বেও সাংসারিক কাজেই লিপ্ত থাকেন।

চতুর্থ ভাঁজটি তৃতীয় ভাঁজের মতই, পার্থক্য কেবল এতটা যে এখানে বেশী শুদ্ধ আত্মারা বসবাস করে।

পঞ্চম স্তরটি অধিক আলোময় তথা আকর্ষক। এই স্তরে এমন ধার্মিক মানুষ থাকেন, যারা পৃথিবীতে লোকদের নিঃস্বার্থ ভাবে মার্গদর্শন করার পরিবর্তে নাম ডাকের আকাংক্ষা পোষন করেছিলেন।

যস্ট স্তরে এমন ব্যক্তি আছেন যারা পৃথিবীতে অধ্যাত্মিতা ভৌতিক জ্ঞানের খোঁজ করেছিলেন। তারা নরকে এজন্য এলেন কেননা তারা ইন্দ্রিয় সুখের পুর্তির জন্য কাজ করেছিলেন।

সপ্তম স্তরে এমন সব বুদ্ধিজীবি থাকেন যারা ভৌতিক সুখ-সুবিধার মোহে পড়ে ছিলেন কিন্তু সেগুলি পাবার পরেও পরিত্যাগ করতে পারেন নি।

স্বামী পরমহংশ যোগানন্দ (5 ই জানুয়ারী, 1893-7 মার্চ, 1952) বিদেশেও খ্যাতি অর্জিত করেন। তিনি 7ই মার্চ, 1952 সালে মহাসমাধিতে লীন হয়ে যান। লস এঞ্জেলেস শবগৃহের নির্দেশক শ্রী হৈরী টি রাও-এর মতে–

'পরমহংশ যোগানন্দ জীর মৃত শরীরে কোন আঘাতের চিহ্ন ছিল না...মৃত্যুর 20 দিন পরেও তাঁর শরীর সেই ভাবেই ছিল।'

যখন এই সন্ত জীবিত ছিলেন, তখন প্রায়ঃ একটি রোচক প্রসঙ্গ শোনাতেন। একদিন তিনি নিজের কামরায় বসে ছিলেন তখন তাঁকে নিজের স্বগীর্য় গুরু শ্রী যুক্তেশ্বর জী সাক্ষাত দর্শন দেন। তিনি বললেন–

আমি দ্বিতীয় দুনিয়ার সেই ওপরের স্তর থেকে এসেছি যেখানে কোন জীবিত প্রাণী প্রবেশ করতে পারে না। গুরু বললেন যে তিনি সেই সব শ্রদ্ধালু পরলোকবাসীদের জন্য কর্মরত ছিলেন যারা তার ইন্দ্রিয়ের জোরে প্রথমবার গতি করতে চলেছিল কিংবা আরো একবার উচ্চলোকে যেতে চাইছিলেন।

সেই লোকেও মানুষ নিজের সম্পূর্ণ চেতনার সাথে কাজ করে। এখানে অনেক জগৎ আছে। যেটায় যাবার জন্য দিব্য বাহন অথবা আলোক বর্ষের দূরত্ব দ্বার যাত্রা করা হয় যা বিদ্যুত অথবা রেডিয়ো একটিভ শক্তি থেকেও তীব্র। এখানে পৃথিবী থেকেও অধিক শক্তিশালী সৌরমণ্ডল আছে। এখানে পৃথিবীর তুলনায় দিন-রাত দীর্ঘ হয়। বর্ষা অথবা শীত ছাড়া তাপমাত্রা সামান্য থাকে। পৃথিবীতে রাসায়নিক প্রক্রিয়া দ্বারা নিরেট বস্তুগুলিকে পরিবর্তন করা হয় কিন্তু ইহলোকে ইচ্ছাশক্তি দ্বারাই নিরেট কে অন্য পদার্থের পরিবর্তন করা যেতে পারে। মানুষ নিজের ইচ্ছানুযাই রূপ পরিবর্তন করতে পারে। এখানে কেউই যোনি দ্বারা জম্মগ্রহণ করে না তথা পারলৌকিক শরীরের ওপর গরম অথবা শীতের কোন প্রভাব পড়ে না।

সেই লোকে বসবাসকারীদের তিনটি নেত্র। দুই সাধারন নেত্রটি আধ খোলা থাকে, যখন নাকি তৃতীয় নেত্রটি পুরো খোলা থাকে। এটা কপালের মাঝা-মাঝিতে অবস্হিত। মানুষের শরীরে কান, নাক, ত্বক তথা জিহ্বা ইত্যাদি অঙ্গ হয়। সে নিজের যষ্ট ইন্দ্রিয় জাগ্রত হবার পূর্বে এই জগতের ঘটনাগুলি দেখতে পারে না। এখানে মানুষের গড়পড়তা আয়ু পাঁচ থেকে এক হাজার বছরের যা পৃথিবীতে করা কর্মের ভিত্তিতে হয়। মানুষ নিজের ইচ্ছায় যে কোন জগতে থাকে সুতরাং আপনার ইচ্ছা এ জন্য গড়ে উঠেছে যাতে আপনি জীবন চক্রে জড়িয়ে থাকেন।

আপনি ভাবছেন যে বাস্তবিক জীবন হচেছ একটি স্বপ্ন তথা মানুষের তিনিটি শরীর ভ্রম মাত্র, যাকে আপনি একদিন পরিত্যাগ করবেন।

মানসিক লোক

এই জগতের জীবন আরও **সক্রিয়** তথা **স্পন্দনে** পরিপূর্ণ এই জগতেও সাতটি স্তর আছে। এই সব স্তরগুলিকে স্বরূপ তথা স্বরূপহীন অবস্থায় বিভক্ত করা যেতে পারে। এখানে জীবাত্মা উল্লাসময়ী গতির সাথে নিরন্তর গতিশীল থাকে। মানসিক লোক ব্রহ্মাণ্ডীয় মনকে প্রতিবিম্বিত করে, যেমনটি 'মন' অধ্যায়ে আলোচনা করা হয়েছে, আমাদের সবার মন এক সাথে যুক্ত আছে, এ হচেছ টেলিপ্যাথিক সম্পর্ক। এখানে সম্প্রেষন বাচিক রূপে নয়, কিন্তু চিন্তাধারার মাধ্যমে হয়। আশ্চর্য্যের কথা যে এই সম্প্রেষন এই লোকে সম্পূর্ণ ও গতিময় হয়। এখানে আত্মা তথা মানসিক সম্ভাবনাগুলির মধ্য বিবিধতা পাওয়া যায়, সুতরাং উচ্চ মানিসক লোকের আত্মাগুলোর সম্প্রেষনকে, কম মানসিক যোগ্যতা সম্পন্ন আত্মা বুঝতে পারে না। একজন পরিপক্ক ব্যক্তি, চারটি ভাঁজের সুক্ষ্ম অনু দিয়ে তৈরী, যেটায় তৃতীয় তথা চতুর্থ ভাঁজের আধিপত্য থাকে।

স্বর্গ ও মানসিক লোকেরই একটি অংশ। এখানে বসবাসকারীদের ভৌতিক অথবা পারলৌকিক শরীর নেই। স্বর্গে দুটি অবস্থা দেখা যায়। প্রথম অবস্থা হচেছ স্বরূপময়ী তথা অন্যটি স্বরূপহীন। এখানে বিচারকের কাছে ভাবলোক পর্যন্ত থাকে না। পৃথিবীতে করা কর্ম স্বর্গে থাকার অবধি নিশ্চিত করে। স্বর্গে ভালো তথা নিঃস্বার্থ মনোভবকেই প্রশ্রয় দেওয়া হয়। এখানে সত্যকে লোকেরা সম্মান দেয়।

এখানে মস্তিস্কটি সদা ইতিবাচক চিন্তাধারাকে উৎসাহদান করে। স্বর্গে চারিদিকে প্রেম তথা আনন্দের সাম্রাজ্য বিরাজ করে।

স্বর্গের নীচু স্তরে অপেক্ষাকৃত কম বিকশিত আত্মাগুলি বসবাস করে তারা স্বর্গে আনন্দমগ্ন থাকে। দ্বিতীয় নীচু স্তরে ধার্মিক মহিলারা–বসবাস করেন। তৃতীয় নীচু স্তরে সে সব লোক থাকেন যারা পৃথিবীর লোকদের শ্রদ্ধা করেন। তারা সব পৃথিবীতে করা কর্মের ভালো পরিণাম পান। এই ভাবে শ্রেষ্ঠ আত্মগুলি ওপরের স্তর পর্যন্ত পৌঁছাতে থাকে।

এটা প্রকৃতির নিয়মগুলির সদ্ভাব্য তথা শক্তির স্পষ্ট ব্যাখ্যা করে,

কেউই তা অস্বীকার করতে পারে না কিংবা এর অবজ্ঞা করতে পারেনা। আপনি প্রকৃতিকে মুর্খ বানাতে পারেন না কিন্তু কত বড় বিরোধাভাষ যে মানুষ নিজের পাখণ্ড ও ছলভরা কর্মকে উচিত বলে মনে করার চেষ্টায় লেগে থাকে। কিন্তু এখন আপনি অনুভব করে থাকবেন যে আপনি মানুষের সর্জককে ধোঁকা দিতে পারেন না, তার লেখা-পত্রে কখনো ভুল হয়না। আপনি যা রুইবেন তাই কাটবেন, এখন পর্যন্ত আপনার এটাও অনুভব হয়ে গেছে যে আমরা যা দেখি কিংবা মানি, তার উর্দ্ধে ও অনেক কিছু আছে, কোন ব্যক্তির মৃত্যু হলে পর কেবল তার শরীরটি মরে, সেই ব্যক্তির মৃত্যু হয় না, সে কেবল ভৌতিক অবস্থাকে পরিত্যাগ করে। শ্রীমদ্ভগবদে শ্রীকৃষ্ণ এটাই বলেছেন। সুতরাং ভাগ্য কিংবা নিয়তিতে আস্থা রাখাও অনুচিত হবে। তা সৃষ্টি করা হয়নি, সেটা আমাদের কল্পনার বস্তু। আপনি নিজের কর্মের জোরে নিজের ভবিষ্য স্বয়ং গড়তে পারেন, এর জন্য আপনার দৃঢ় সংকল্প শক্তি ও নিরন্তর প্রয়াস করে যেতে হবে।

আপনি এমন মহান সাধু-সন্তদের দেখে থাকবেন যিনি বহু মাইল দূরে থাকা ব্যক্তির অবস্থা বলে দেয়। সে নিজের পারলৌকিক শরীর দ্বারা কিছুক্ষনেই সেই ব্যক্তিটির সব তথ্য নিয়ে আসে। সে নিজের মস্তিস্ক দ্বারা যাত্রা করতেও সক্ষম হয়। আপনি এমন নেত্রহীন ব্যক্তিদের বিষয়ে শুনে থাকবেন যে নিজের দিব্য নেত্র দিয়ে এই জগতকে দেখে থাকে। হতে পারে কোন মানুষের ভৌতিক শরীর বিকলাঙ্গ কিন্তু তার পারলৌকিক শরীর একদম পূর্ণ অবস্থায় থাকে।

❑

অধ্যায় 7

জ্ঞান

জ্ঞান হচ্ছে বিবিধ দৈর্ঘ্যের ফলক যা চারিদিকে প্রচুর মাত্রায় লবদ্ধ। আনুষ্ঠানিক ভাষায় জ্ঞানের প্রভাব তথা সমতাকে বোঝানো কিংবা তার ব্যাখ্যা করা কঠিন। এতে অন্য দৈর্ঘ্যের অতিরিক্ত বস্তুগত অন্তদৃষ্টি, সহজ-জ্ঞানও প্রবৃত্তি ইত্যাদিও সামিল কিন্তু আমরা বেশীর ভাগ সময়ে নিজের চারিদিকে এর উপস্হিতি ও সম্ভাবনা থেকে অক্ষত থাকি কিংবা অধিকতর মানুষ এই বিষয়ে জানে না কিংবা মনে করে যে সম্পূর্ণ জ্ঞান প্রাপ্তির জন্য এই জীবন খুবই ছোট। যদিও আমরা এই তথ্যকে অদেখা করতে পারি না, কেননা একই লোক মেজ থেকে নিয়ে কম্পিউটার তৈরী করার টেকনিক শিখতে পারে না। যদি আপনি মন দিয়ে চিন্তা করেন, যদি কোটি কোটি জিনিসের মধ্যে কোন একটি উৎপাদ তৈরী করার আছে তাহলে তার নির্মাণের পূর্বে, তার অধ্যয়ন ও প্রক্রিয়াকে জানতে কয়েক বছর লেগে থাকতে হবে, এতে এছাড়া কয়েকটি উপ-উৎপাদনও সামিল আছে। এটা সত্য যে আমরা পরোয়া করিনা যে কোন মেজ-ক্যালকুলেটার, চেয়ার কিংবা কম্পিউটার কি ভাবে তৈরী হয়েছে, কেননা সেটা আমাদের দৈনন্দিন কার্য কলাপের অংশ নয়। মানুষ এই সব উৎপাদের প্রয়োগ কেবল এ জন্য করে কেননা এতে তার কার্যক্ষমতা বৃদ্ধি পায়। আপনি কি সত্যি সত্যি কখনো চিন্তা করেছেন যে আপনার ব্যবহারের জিনিস পর্দা কিংবা মেজ ইত্যাদি কেমনভাবে তৈরী হয়। স্বাভাবিকভাবে আপনার উত্তর হবে যে এটা আমি জানিনা কিংবা তা জানার প্রয়োজন মনে করি না কেননা আমাদের বৃহতর স্তর থেকে সম্পর্কিত নয়। তার সাথে দেখে গেছে যে লোকের অন্যদের কাজের বিষয়ে মাথা গলানো উচিত নয়, কিন্তু তা সত্ত্বেও তারা জানতে চান।

জ্ঞান চার রকমের হতে পারে–

1. আধ্যাত্মিক জ্ঞান

2. ব্যবসায়িক জ্ঞান
3. সাধারণ ইতিবাচক জ্ঞান
4. সাধারণ নেতিবাচক জ্ঞান

দুর্ভাগ্যবশত মানুষ জেনারেল নিগেটিভ নলেজ (জি.এন.কে) বেশী বেশী করে লিপ্ত আছে, এতে তার সাফল্যের স্তরে ও পার্থক্য হয়। অন্যের জীবনে ঘটে থাকা ঘটনাগুলির কিংবা তার বিষয়ে জানতে বেশী বেশী কৌতুহল হয়ে থাকে, যে তাঁরা আনন্দিত আছে কিংবা উদাস হয়ে আছে ? উদাহরণ হিসাবে, হলিউড বলিউডে কি হচ্ছে ? কার বিয়ে কার সঙ্গে হচ্ছে ? কে কাকে ডিভোর্স দিচ্ছে ? এখানে এটা উল্লেখযোগ্য যে আমরা যেসব বিখ্যাতদের সম্পর্কে কথা বলছি, তারা তো নিজের কর্মে ব্যস্ত আছে। নিরীক্ষকদের এতেই রস মেলে। প্রশ্ন হচ্ছে যে, 'এসব কথাগুলি আপনার জীবনকে কেমন ভাবে প্রভাবিত করছে ? সম্ভবতঃ অসফল ব্যক্তির ওপর এর বেশী প্রভাব পড়ে, সে এটা জেনে নিজেকে মিথ্যা আশ্বাস-দিতে চায় যে তার মতো বাকী লোকও খারাপ অবস্থা কাটাচ্ছে। তাদের এই কথা এটুকু মনে হয় না অন্যের জন্য এই খারাপ সময় কিছু সময়ের জন্য হতে পারে কিন্তু তার জন্য এটা যথেষ্ট দীর্ঘও হতে পারে। সে তো এই মিথ্যা আশার খেলার ব্যস্ত থাকেন। সেখানেই অন্য দিকে প্রগতিশীল লোক নিজের খারাপ সময় কাটিয়ে ওঠে, সে বিগত ভুলগুলি থেকে শিক্ষা নিয়ে সামনে পদক্ষেপ ফেলে। 'জি.এন.কে' ব্যক্তিদের সংখ্যাও কম নয়। এ ধরনের লোক গল্পের আড্ডায় পুরো মজা করেন, তার জন্য এটাই মনোরঞ্জনের মুখ্য সাধন হয়ে থাকে। এইভাবে সেই সব কর্তব্যগুলি থেকে সে বিমুখ হয়ে যায় যা তাঁকে দেওয়া হয়েছে, এখানে 'জি.এন.কে.-র' চিন্তাধারা থেকে মুক্তি পাবার কিছু উপায় প্রস্তুত করা হচ্ছে।

- ফালতু গল্পে ঠাসা পত্রিকা পড়বেন না।
- সংবাদপত্রের ফালতু কোন পড়বেন না।
- যে মানুষের সাথে আপনার কোন সম্পর্ক নেই, তার বিষয়ে চিন্তা করবেন না কেননা এতে দিকটি লাভ হবে না।
- অন্যের সাথে নিজের তুলনা করবেন না।
- অন্যদের বিষয়ে জিজ্ঞাসা করা বন্ধ করুন।
- দূরদর্শনে নেতিবাচক ধারাবাহিকতা দেখবেন না।
- অন্যদের সাথে ইর্ষ্যা মনোভাব ত্যাগ করুন, এটা আপনার মস্তিস্কে থাকলেও।
- কোন নেতিবাচক কাজ করবেন না যা আপনার ক্ষতি ডেকে আনতে পারে। হতে পারে গল্পেভরা কালম পড়তে আপনি খুবই মজা পান ও এই

অভ্যাস ত্যাগ করা আপনার জন্য কষ্টকর হয়, এই জন্য আপনাকে পরামর্শ দেওয়া হচ্ছে যে এ বিষয়ে একদম সম্পর্ক ভাঙ্গবেন না। অন্যথা মন বার-বার সেদিকে যাবে। নিজেকে ধীরে-ধীরে বোঝানো থেকে শুরু করুন যে এটা আপনার সাফল্যের পথে কতো বড় বাধা। গল্পে ঠাসা পত্রিকাগুলি পড়া একদম বন্ধ করবেন না, সেগুলি পড়তে যা সময় লাগে তা কমিয়ে আনুন। সেই সময়ে ইতিবাচক সাহিত্য পড়ুন। ঠিক এইভাবে নেতিবাচক দৃশ্যগুলিকে এড়িয়ে চলুন, যেমন টি.ভি.র নেতিবাচক ধারাবাহিক এগুলি দেখা ক্রমশঃ ত্যাগ করুন। সেই সময়টিতে দুপুরের কিংবা রাত্রির আহারের জন্য বেরিয়ে পড়ুন। আপনি জেনে আশ্চর্য্য হবেন যে বহু এমন লোক এখনো আছে যারা জনপ্রিয় ধারাবাহিক পর্যন্ত দেখে না, এবং সে সব লোকগুলোকে আপনি রেস্টুরেন্টে কিংবা অন্য জায়গায় পাবেন, যেখানে যেখানে আপনি যাবেন নিজের অন্য কোন রুচিকে উৎসাহিত করার সাথে সময় কাটাতে শুরু করুন। আপনি জেনে আশ্চর্য্য হবেন যে আপনি নেতিবাচকতার বাহুপাশ কিংবা অভ্যাস থেকে মুক্ত হয়ে গেছেন।

মনে থাকে যে আপনার ইন্দ্রিয় সাধারণ নেতিবাচক জ্ঞানর লোভী কিন্তু এখন আপনাকে সচেতনভাবে এগুলি থেকে সম্পর্ক ছেদ করতে হবে। নিজের শেষ জীবনে অসম্পূর্ণ ইচছাগুলি সম্পন্ন করুন অথবা সস্তা মনোরঞ্জনে মজা নিন, বেছে নেবার পালাটা আপনার হাতে।

সাধারণ ইতিবাচক জ্ঞান–এই জ্ঞান দ্বারা আপনার ব্যক্তিত্ব স্ফুটিত হয় ও সম্পূর্ণ ব্যক্তিত্ব আভাযুক্ত হয়ে ওঠে। জি.পি.কে. অর্থাৎ সাধারণ ইতিবাচক জ্ঞান ব্যক্তিকে অন্যের সাথে সম্পর্ক করতে সহায়ক হয় তথা সামাজিক একন্ত্রীকরনে এক ইতিবাচক পরিচয় প্রদান করে। যখন নাকি জি.পি.কে-র নেতিবাচক শক্তি আপনার সৃজনশীলতাকে ক্ষতিগ্রস্ত করে। জি.এন.কে-র ব্যক্তিকে অন্যের অনুভব থেকে শেখার যোগ্য করে তোলে। জগতে কি ঘটছে এটা জানতে ব্যক্তিকে সাহায্য করে এবং এটা তাকে কেমন ভাবে প্রভাবিত করতে পারে। এটা ব্যক্তিকে জগতের জন্য কিছু করার প্রেরণা যোগায়। কোন জ্ঞান না থাকার চেয়ে কিছুটা ইতিবাচক জ্ঞান থাকা ভালো। সুতরাং ব্যক্তিকে সাধারণ ইতিবাচক জ্ঞান অবশ্যই গ্রহণ করা উচিত, অন্যকে প্রভাবিত করার জন্য নয় বরং স্বয়ং নিজেকে পরখ তথা সজ্জিত করার জন্য।

ব্যবসায়িক জ্ঞান–বর্তমানে সাফল্য পাবার জন্য ব্যবসায়িক জ্ঞান ও খুবই গুরুত্ব রাখে। কর্পোরেট সভ্যতা সাংগঠনিক প্রক্রিয়াগুলি, মানব উপাদান ব্যবস্থাপনা ও তথ্য টেকনিকের মতো বিষয়গুলি টেকনিক্যাল ও অভিজ্ঞতালব্দ জ্ঞানের সফল মিশ্রণে, ব্যবসায়িক জ্ঞানের নিপুর্ণতা যথেষ্ট

নির্ভর করে। এইসব বিষয়গুলিতে ভারসম্য করার জন্য ভাল টেকনিকের জ্ঞান থাকা জরুরী।

উৎপাদ, বাজার, প্রতিয়োগী ও কর্মচারী সম্পর্কিত সম্পূর্ণ তথ্য আপনাকে জানতে হবে। যদি ব্যক্তির ব্যবসায়িক জ্ঞান সম্পর্কে সম্পূর্ণ ধারনা থাকে এবং সে বুদ্ধিমত্তাপূর্ণভাবে তা কাজে লাগয়া তাহলে সফল হতে তার দেরী হবে না। যদি ব্যবসায়িক তথ্য সম্পর্কে জ্ঞান না থাকে তাহলে প্রতিদ্বন্দ্বিতার দৌড়ে বাহির হতে তার দেরী হবে না।

কয়েকজন নিজের চোখ তথা কান বন্ধ করে নেন তথা নিজের উৎপাদন ক্ষমতা কিংবা সংস্কার বিষয়ে কোন চিন্তা করেন না। ঈশ্বরই তার সহায়ক হবে বলে সে মনে করে। সে এটা ভুলে যান যে ঈশ্বর তাদেরই সাহায্য করেন যে নিজের সাহায্য নিজে করে। তথ্য অথবা জ্ঞানের অভাবে কেউই সহায়ক হতে পারে না। তথ্য জানাটা হচ্ছে একটি প্রাথমিক উপায়, প্রতিটি মানুষের তা দরকার হবে, যদি সে নিজের ব্যবসায়ে শ্রেষ্ঠতা অর্জিত করতে চায়।

পরম্পরা অনুযাই, সমস্ত ছোট-বড় কোম্পানিগুলি উৎপাদকে বাজারে নামানোর পূর্বে সার্ভে করায়। এই সার্ভেতে যথেস্ট অর্থ ব্যয় করা হয়। সার্ভে দ্বারা প্রাপ্ত পরিসংখ্যানে তার ভাবী পরিকল্পনায় বিনিয়োগে সাহায্য প্রদান করে থাকে। সে জানে যে বাজার চলনের পূর্বেকার অবস্থার অনুমান লাগানো ছাড়া উৎপাদকে বাজারে নামানোটা ক্ষতি ডেকে আনতে পারে। সুতরাং সার্ভে-র ওপর অর্থ ব্যয় করতে সে সংকোচ করে না। কেননা এই মাত্রা সম্ভাব্য ক্ষতির তুলনায় যথেস্ট কম হয়।

কল্পনাই জ্ঞানের ভিত্তিগত সংরচনা তৈরী করে। ব্যক্তির কাছে স্বরচিত কাল্পনিক শক্তি থাকা উচিত যাতে সে বর্তমান প্রতিয়োগীতার জগতে সৃজনশীল পরিবর্তন আনতে পারে। স্বপ্নের দ্বারাও এই কাজ হতে পারে যেমনটি 'মন' অধ্যায়ে বর্নিত আছে, সর্তকতার সাথে নিজের সমস্যার সমাধান খুঁজুন। আপনার এই কল্পনার ও যোগ্যতা থাকা চাই যে কথাবার্ত আপনার পক্ষে কি ভাবে হতে পারে, এটা অভ্যাস তথা প্রয়োগ দ্বারাই সম্ভব। কল্পনার পর চিন্তাধারা আসে। এই চিন্তাধারা সৃজনশীল কিংবা ধ্বংসাত্মক হতে পারে। ধ্বংসমূলক চিন্তাধারা কে অবিলম্বে পরিত্যাগ করুন তথা সৃজনশীল চিন্তাধারার মধ্যে থেকে বাছাই করুন। যদি চিন্তাধার ও অবস্থার অনুকূলে এবং উপযুক্ত তথা সুসঙ্গত তাহলে তাকে কাজে পরিণত করার সাহস আপনার মধ্যে থাকা উচিত। কল্পনা তথা চিন্তা ব্যবসায়িক কথার একটি অংশ গড়ে তোলে কেননা সৃজনশীলতা ও বুদ্ধিমত্তাই একট উৎপাদকে অন্যের তুলনায় উৎকৃস্ট করে তোলে।

আমাদের ভুললে চলবেনা যে কোন ভালো বিজ্ঞাপন কিংবা কোম্পানির মার্কেটিং রননীতির জোরেই তার ভাল বিক্রি হওয়াটা সুনিশ্চিত করে। এগুলি সব তিনটি 'আই' (I) থেকে জন্মেছে–ইমেজিনেশন, আইডিয়া ও ইন্টিলিজেন্স সুতরাং নিজের কল্পনা ও চিন্তাধারাকে উপেক্ষা করবেন না, এটা আপনাকে জ্ঞানের আরো নিকটে নিয়ে যাবে।

যদি ধার্মিক মনোভাবে নিম্ন উপায়গুলি গ্রহণ করলে তা আপনার জন্য কার্যকরী হতে পারে–

- নিজের মস্তিস্ককে সর্বদা সজাগ রাখুন।
- কোন উপযুক্ত ও প্রমাণিক শ্রোত দ্বারা নিজের ব্যবসা বিষয়ে জেনে নিন।
- ব্যবসায়িক তথ্যের শ্রোতগুলির খবর রাখুন।
- ব্যবসা সম্পর্কিত পত্র-পত্রিকা অধ্যয়ন করুন।
- সমান রুচিসম্পন্ন মানুষের সাথে সাক্ষাত করুন।
- নিজের কাজ পরিস্কার-পরিচছন্ন রাখুন।
- নিজের জীবনে আসা পরিবর্তনগুলি সম্পর্কে কল্পনা করুন।
- অবসর সময়ে ব্যবসা বিস্তার বিষয়ে চিন্তা করুন। যদি মস্তিস্ক পরিশ্রান্ত থাকে তাহলে ঈশ্বর বন্দনা করুন।
- চিন্তাশীল প্রতিদ্বন্দ্বী ব্যক্তিদের সাথে কর্মরত থাকুন। তাতে এর কার্যক্ষমতা বৃদ্ধি পাবে।
- সহযোগীদের ভাল পরামর্শ গ্রহণ করে তা কার্যে পরিণত করার চেষ্টা করুন, যদি আপনি তাঁকে ছোট করে থাকেন তাহলে সে নিজের চিন্তা ব্যক্ত করবে না। ও আপনার কাজে রুচি নেওয়া বন্ধ করবে।

আধ্যাত্মিক জ্ঞান ঃ যদি আধ্যাত্মিক জ্ঞানের অর্থের ওপর নজর দেন তো এটাই হচেছ একমাত্র উপায় যা মানুষকে তার গোড়া পর্যন্ত নিয়ে যায়। এটা জ্ঞানের সমস্ত শাখাগুলির মধ্যে গুরুত্বপূর্ণ, কিন্তু দুর্ভাগ্যের বিষয় যে লোকেরা এর গুরুত্ব বোঝে না, সে ভাবে যে কোন না কোন কারণে এটি অন্যের সাথে শেয়ার করতে চান না। এর অর্থ এটা নয় যে ব্যক্তিকে অধ্যাত্ম সম্পর্কিত সমস্ত কলার জ্ঞান থাকা উচিত, কিন্তু এর নিশ্চিত শ্রেষ্ঠ দিকগুলি সম্পর্কে অবশ্য জ্ঞান থাকা প্রয়োজন, যাতে মন ও কর্মগুলিকে ভৌতিক ও আধ্যাত্মিক সফলতার জন্য নির্দেশিত করা যেতে পারে। প্রভুর শিক্ষাগুলির পালন করুন যাতে আপনার মনে লোভ না জন্মায় কিংবা অন্যদের সঙ্গে খারাপ ব্যবহার না করেন। যদি আমরা তা করি তাহলে হতে পারে উক্ত ব্যক্তিটি আমায় দণ্ডিত না করতে পারে কিন্তু ঈশ্বর আমাদের কর্মের সাজা অবশ্যই দেবেন, সুতরাং আধ্যাত্মিক

জ্ঞানকে উপেক্ষা করা উচিত নয়। জ্ঞানের বুদ্ধিমত্তাপূর্ণ ব্যাখ্যা করা যেতে পারে। বুদ্ধিই মস্তিস্ককে ভালো-খারাপের পার্থক্য দেখিয়ে দেয়–কিন্তু কামনাগুলি দ্বারা ও বুদ্ধিকে মস্তিস্ক চিনতে পারে না তথা মানুষ জ্ঞান থেকে বহু দূরে চলে যায়।

তৃতীয় অধ্যায়ের শ্লোক সংখ্যা 29 তে প্রভু বলছেন–

'প্রকৃতির গুণাবলীর দ্বারা মোহিত হওয়া পুরুষটি গুণ তথা কর্মে আসক্ত হয় সেই সব ভাল মতো না বোঝা মুখটিকে ভাল মতো জানা জ্ঞানী পুরুষ ভ্রমিত না হয়।'

'হে ভরতবংশী অর্জুন। তুই সমত্ববুদ্ধি রূপ যোগে স্হিত ও অথবা অজ্ঞান দ্বারা উৎপন্ন হওয়া হৃদয়ে স্হিত নিজের সংশয় কে জ্ঞানরুপী তলো যার দ্বারা খণ্ড করে যুদ্ধের জন্য দাঁড়াও।'

পঞ্চম অধ্যায়ের শ্লোক সংখ্যা-15 তে প্রভু বলছেন–

'সর্বব্যাপী পরমাত্মা না তো কারোর পাপকর্ম গ্রহণ করেন আর নাই শুভ কর্ম গ্রহণ করেন কিন্তু মাত্রার দ্বারা জ্ঞান ঢাকা পড়ে আছে, এতে সমস্ত জীব মুগ্ধ হচ্ছে।'

গীতায় পরিস্কারভাবে বলা হয়েছে যে অজ্ঞানের জায়গায় জ্ঞান আসে, সেটা আজ হোক কিংবা 5 হাজার বছর পূর্বে হোক। আজ থেকে 5 হাজার বছর পূর্বে ও চারিদিকে অজ্ঞান ছিল এবং আজও আছে। এই অজ্ঞান থেকে মুক্তি পেতে হলে আপনাকে উদ্যোগ নিতে হবে তথা উচিত অনুচিতের পার্থক্য জানতে হবে। ঈশ্বর পরিস্কার ভাবে বলেছেন যে তিনি কোন মানুষের ভালো কিংবা খারাপ কর্ম করার জন্য প্রেরিত করেন না। প্রভু আমাদের কর্মকে পরিচালিত করেন না, আমরা নিজেরাই কর্ম করি তথা সে অনুযাই পুরস্কার প্রাপ্ত করি। এই জগতটি কামনা তথা উত্তেজনায় এতই পরিপূর্ণ যে আপনি আধ্যাত্মিক জ্ঞানের অভাবে ভালো অথবা মন্দকে চিনতে পারেন না। সুতরাং আপনি যদি এই ভৌতিক জগত থেকে দুঃখী তাহলে সেটা ঈশ্বরের নয় বরং আপনারই দোষ। ঈশ্বর তো আপনাকে কেতাবী জ্ঞান দিয়েছে। তা পড়ে প্রয়োগ করার দায়িত্ব আপনারই।

সপ্তম অধ্যায়ের শ্লোক সংখ্যা-16তে প্রভু বলছেন–

'হে ভরতবংশীদের মধ্যে শ্রেষ্ঠ অর্জুন। উত্তম কর্ম সম্পন্ন, অর্থ কামনা, দুঃখী, জিজ্ঞাসু তথা জ্ঞানী, এই চার ধরনের ভক্তজনই আমার বন্দনা করে।'

সপ্তম অধ্যায়ের শ্লোক সংখ্যা 17-তে প্রভু বলছেন–

'এগুলির মধ্যে নিত্য আমাতে একিভাবে স্হিত অন্যান্য প্রেম-ভক্তিওয়ালা জ্ঞানীই হচ্ছে অতি উত্তম পুরুষ কেননা আমাকে উপাদানের দ্বারা জানার

জ্ঞানীকে আমি অত্যন্ত প্রিয় তথা সেই জ্ঞানী আমার অত্যন্ত প্রিয়।'

সপ্তম অধ্যায়ের শ্লোক সংখ্যা-23 তে প্রভু বলছেন–

কিন্তু সেই সব কম বুদ্ধি সম্পন্নদের সেই পরিণাম ক্ষতিকর তথা তাঁরা দেবতাদের বন্দনাকারী দেবতাদের প্রাপ্ত হয় তথা আমার ভক্ত যেমন ভাবেই হোক বন্দনা করছে, শেষে তারা আমাতেই প্রাপ্ত হয়।'

সপ্তম অধ্যায়ের শ্লোক সংখ্যা 25 তে প্রভু বলছেন–

'আমি নিজের যোগমায়ায় লুকিয়ে থেকে সবার কাছে প্রত্যক্ষ হইনা, সুতরাং এটা অজ্ঞানী মানুষ জন্মহীন অবিনাশী পরমাত্মার তত্ত্বকে জানেনা, সুতরাং আমাকে জন্ম নিতে এবং মরে গেছে বলে ভাবে।'

এটা মনে করা হয় যে চার ধরনের মানুষ প্রভুর উপাসনা করছে। প্রথম মানুষ হচেছ সেই, যাদের জীবনে গভীর সমস্যাগুলি আছে তথা তারা চিন্তা করে যে সে অসুবিধায় ঘিরে আছে। এরাই হচেছ সবচেয়ে ব্যর্থ তথা বিশাল সংখ্যায় বিদ্যমান।

তাঁর ঈশ্বরের প্রতি আস্থা তো আছে, কিন্তু যথেস্ট দূর্বল, সে প্রভুর শিক্ষাগুলির ওপর চলতে চায় না, সুতরাং সে নিজের কর্ম অনুযাই দণ্ডিত অথবা পুরস্কৃত হোন, তার পর সে প্রভুর কাছে ক্ষমাভিক্ষা চায়। সে অনুভব পর্যন্ত করতে পারে না যে প্রভুর কাছে প্রার্থনা করি কি না করি, নিজের কুকর্মের ফল তো ভোগ করতেই হবে। যদি ঈশ্বর কেবল এই কারণে লোকজনদের ক্ষমা দিতে লাগেন যে লোকেরা তাঁকে স্মরণ করছে তাহলে এর অর্থ হবে যে তিনি পক্ষপাতি এবং তাঁর নিয়ম ও শক্তিশালী নয়।

অবতারদের বন্দনাকারী লোকদের মধ্যে প্রায় এ ধরনের মানুষ থাকেন যারা নিজের স্বার্থের পুর্তি চান। সে জানে না যে এগুলি সব অস্থায়ী তথা অবতার কিংবা গৌন দেবদের বন্দনাকারী ব্যক্তি তাদেরই ধামে যাবে এবং এখানেও ভয়ংকর পরিণাম ভোগ করতে হবে। প্রভুর সাথে একাকার হওয়ার জন্য সে তাঁকে স্মরণ করেনা, তার বন্দনা করে না তথা খুবই অল্প চেস্টা ও সময়ে সে সেই সব ফলাফল পেতে চান যখন নাকি প্রকৃত সত্য হচেছ এটা যে এসব ফলাফল গুলি কখনো এক-দুই হতই পারে না।

অধ্যায় চতুর্দশ-এর শ্লোক সংখ্যা 6 তে প্রভু বলছেন–

'হে নিস্পাপ! সেই তিন গুণ দ্বারা আলোকিতকারী নির্বিকার সত্বগুণ তো নির্মল হবার কারণে সুখ তথা জ্ঞানের আসক্তি অর্থাৎ জ্ঞান অভিমান দ্বারা বাঁধা পড়ে।'

অধ্যায়-18-র শ্লোক সংখ্যা 18 তে প্রভু বলছেন–

'হে ভারত! জ্ঞাতা, জ্ঞান ও জ্ঞেয়, এই তিনটিই হচ্ছে কর্মের প্রেরক অর্থাৎ এই তিনটির কর্মে প্রবৃত্ত হবার ইচ্ছা জন্ম নেয় তথা কর্তা....করন ও ক্রিয়া এই তিনটিই কর্মের সংগ্রহ অর্থাৎ এই তিনটির সংযোগ দ্বারা কর্ম তৈরী হয়।'

অধ্যায় 18র শ্লোক সংখ্যা 20 তে প্রভু বলছেন–

'হে অর্জুন! যে জ্ঞান দ্বারা মানব পৃথক-পৃথক সব ভূতের মধ্যে একজন অবিনাশী পরমাত্মার বিভাগহীন সমভাবে অবস্হিতি দেখছে, সেই জ্ঞানকে তুই সাত্বিক মনে কর।'

অধ্যায় 18র শ্লোক সংখ্যা 21 তে প্রভু বলছেন–

'যে জ্ঞান দ্বারা মানব সম্পূর্ণ ভূতদের ভিন্ন ভিন্ন ভাবে অনেক ভাবগুলিকে পৃথক পৃথক বলে জানে, সেই জ্ঞানকে তুই রাজস মনে কর।'

অধ্যায় 18র শ্লোক সংখ্যা 22 তে প্রভু বলছেন–

'যে বিপরীত জ্ঞানের দ্বারা মানব একটি ক্ষন স্হায়ীনাশবান শরীর কেই আত্মা মনে করে তাতে সর্বস্ব এর মতো আসক্ত থাকে তথা যে মুক্তি ছাড়া, তত্ব-অর্থ হীন ও নীচ, সেই জ্ঞান কে তামস বলা হয়েছে।'

অধ্যায় 18 এর শ্লোক 31 তে প্রভু বলছেন–

'হে পার্থ! প্রবৃতিমার্গ তথা নিবৃতিমার্গ কে কর্তব্য তথা অকর্তব্যকে এবং ভয় তথা অভয়কেবাঁধন তথা মোক্ষকে যে বুদ্ধি তত্ব দ্বারা জানে, সেই বুদ্ধিই তো সাত্বিকী।'

'হে পার্থ! যে বুদ্ধির দ্বারা মানব ধর্ম ও অধর্মকে তথা কর্তব্য এবং অকর্তব্যকেও যথার্থ জানে না, সেই বুদ্ধি হচেছ রাজসী।'

অধ্যায় 18 এর শ্লোক সংখ্যা 32 তে প্রভু বলছেন–

'হে অর্জুন! যে তমোগুণ দ্বারা আবৃত্ত হওয়া বুদ্ধি, অধর্মকে ধর্ম মনে করে তথা সম্পূর্ণ অর্থকে বিপরীতই মনে করে, সেই বুদ্ধি হচেছ তামসী।'

শ্রীমদ্ভবতগীত প্রাসঙ্গিক ভাবে এই তথ্যকে উদ্ঘটিত করছে অজ্ঞান দ্বার কখনো সফলতা পাওয়া যায় না। কেবল জ্ঞানীই এই জগতে সমৃদ্ধি অর্জিত করে কেননা তার মধ্যে ঈশ্বর তথা প্রকৃতিকে বোঝার যোগ্যতা ও সেই অনুযাই উচিত নির্ণয় গ্রহণ করার ক্ষমতা থাকে।

❑

অধ্যায় 4

উদ্দেশ্য

জীবনে সফলতা পাবার জন্য কোন লক্ষ্য কিংবা উদ্দেশ্য থাকা আবশ্যক। লক্ষ্যহীনতা হচ্ছে পাখনাহীন পাখির মতো, কোন জীবের জন্ম তথা অস্তিত্বও নিজের মধ্যে একটি উদ্দেশ্য যাকে প্রকৃতি তৈরী করেছে। তা এগিয়ে নিয়ে যাওয়া আমাদের হাতে, যার জন্য ব্যক্তিকে জীবনে নিজের উদ্দেশ্য নির্ধারিত করতে হবে। আমাদের মধ্যে বেশীর ভাগ লোকদের জন্য সফলতা হচেছ একাকী উদ্দেশ্য, কিন্তু অনেক ক্ষেত্রে মানুষ নিজে বেছে নেওয়ার প্রশ্নে এতই ভ্রমিত হয়ে যায় যে তার ক্ষেত্রে দ্বিধা উৎপন্ন হয়ে যায়। সে ঠিক করে উঠতে পারে না যে কোন পথে চলতে হবে কোন ব্যবসা করলে ভাল হবে। যেহেতু এই দ্বিধা তথা ভ্রম বজায় থাকে সুতরাং সে নিজের একাকী উদ্দেশ্য থেকে দিগভ্রান্ত হয়ে যায় ফলে তাদের মধ্যে থেকে বেশীর ভাগ লোক নিজের পেশা-বদলাতে থাকে কিংবা এমন কোন ক্ষেত্রে কাজ করে চলেন, যা তার একদম পছন্দ হয় না। সেখানে সে না কেবল নিজের কাজকে দুষতে থাকেন বরং অন্যদে থেকে ঈর্ষ্যা করতে নিজের শক্তি ও নষ্ট করে থাকেন। নিজের রুচি অনুযাই সে অন্য কোন জায়গায় কাজ খোঁজার পরিবর্তে সেই অস্হায়ী পারিশ্রমিক ও আশ্রয়কেই গ্রহণ করে থাকে কেননা তাদের মধ্যে পরিবর্তন আনার শক্তিই হয়না। জীবনে নিরাপত্তার গুরুত্ব আছে, কিন্তু এর অর্থ এটাও নয় যে ব্যক্তিকে নিজের স্বপ্নের জগত অর্জিত করতে কোন ঝুঁকি নেওয়া উচিত নয়। এর অর্থ এটা নয় যে তার প্রকৃতি পদত্ত প্রতিভাকে ভুলে গিয়ে সাধারণ জীবন কাটানো দরকার তথা সফলতা পাবার জন্য কোন সম্ভাবনাকে নাকচ করে দেওয়া উচিত। দৈনন্দিন এর দিনচর্চা একরস হয় যায় তাহলে সেই ব্যক্তিকে ব্যর্থতার দিকে নিয়ে যাবে। অনেকাংশ মানুষ নিজের নিজের ক্ষেত্রগুলিতে একরস ও নীরস পরিবেশে বেঁচে থাকে কেননা সে নিজের চাকরী হারাতে চায় না। তার জীবনের কাঠামোই এমন তৈরী হয়ে যায় যে তাকে সকালে ওঠে অফিসে যেতে হয়

এবং সঠিক সময়ে সন্ধ্যায় তাঁকে ফিরে আসতে হয়। মাসের শেষে সে নিজের বেতন পায়।

এ ধরনের মানুষ এক এমন পরিবেশ তৈরী করে দেন যেখানে পরিবারের সদস্যদের সীমিত আয়ে থাকার জন্য প্রশিক্ষিত করে দেওয়া হয়। তাদের বিশ্বাস করানো হয় যে কোন চমৎকারই তার অবস্থা বদলাতে পারে কিন্তু আমরা সবাই জানি যে চমৎকার কখনো ঘটে না।

সুতরাং জীবনে আপনার উদ্দেশ্য বড় হওয়া দরকার। দয়া করে মনে রাখবেন যে আপনার ছোট-বড় যা কিছু চিন্তা করেন, সেটা হচ্ছে বিনিয়োগ। ছোট কিংবা বড় চিন্তা হিসাবে মানুষকে কম-বেশী পরিশোধ কর দিতে হয়না। যদি বিনিয়োগ একই রকমের তাহলে মানুষ বড় চিন্তা কেন গ্রহণ করবে না? জীবনে ছোট উদ্দেশ্য কোথাও বিলুপ্ত হয়ে যায়, খুঁজে পাওয়া যায় না। ছোট উদ্দেশ্য নাটার জগতে, তার মতো আনন্দে বেঁচে থাকার নাটক করে।

যদি কোন ব্যক্তির উদ্দেশ্য তার শিরদাড়ায় কম্পন সৃষ্টি না করে তাহলে সে বিষয়ে আরো একবার গভীর ভাবে চিন্তা করা উচিত। ব্যক্তির উদ্দেশ্যর সাথে এইরকম অবিশ্বাস জমানো উচিত নয় যে, 'অসম্ভব, এটাকি আমি করতে পারব? আমি তো এটা কোন মতেই পেতে পারি না।' যদি কারোর মনে হয় যে জীবনে বড় কিছু পাবার সম্ভাবনা যথেস্ট ক্ষীন, তাহলে তাকওে আরো একবার চিন্তা করা উচিত। জীবনে এরকম উদ্দেশ্য থাক উচিত নয় যে, 'জীবনকে তার মতো করে চলতে দাও' কিংবা আমার সাথে যা কিছুই হবে, 'ভালোই হবে,' এসব চিন্তা এই কথার প্রতীক যে ব্যক্তিটির জীবনে যথেস্ট প্রাপ্তি হচেছ না এবং পরে সে অনুশোচনা করবে।

বর্তমানে মা-বাবার মধ্যে এই চলন বেড়ে চলেছে যে সে নিজের মর্জীর ব্যবসাটিকে ছেলেদের ঘাড়ে চাপিয়ে দিচেছ। এই নির্ণয় এই ব্যবসা থেকে প্রাপ্ত হওয়া অর্থের ওপর ভিত্তি করে নেওয়া হচেছ। দুর্ভাগ্যের বিষয় এই জগতে এত লোভ যে সেটা উদ্দেশ্য কে ধোঁয়াশা করে দিচেছ এবং সফলতা প্রাপ্তির সম্ভাবনা সেখানেই ক্ষীন হয়ে যায়। মনে করুন যে এটা 'কম্পিউটারের যুগ' কিন্তু এর অর্থ এটা নয় যে প্রতিটি মানুষকে এই পেশায় প্রাপ্ত অর্থের লোভে, নিজের রুচির ক্ষেত্র ছেড়ে সফ্টওয়েয়ার কিংবা হার্ডওয়ের ব্যবসায়ী হয়ে যাওয়া উচিত।

অর্থশাস্ত্রের ভিত্তিতে ঠিক করবেন না যে কোন কাজ করা উচিত। প্রথম-প্রথম লোকেরা মডেলিং ব্যবসার নামে নাক মুখ কুঞ্চিত করতো। মডেল, সৌন্দর্য্য প্রতযোগিতায় অংশগ্রহণকারী, এয়ারহোস্টেস কিংবা পাব্লিক রিলেশন (পি.আর) এর চাকরীজবি মহিলাদের ভালো নজরে

দেখা হতো না, কিন্তু এখন এই পেশায় পাওয়া অর্থ একে লোভনীয় করে তুলেছে এবং দুনিয়া এর জন্য পাগল।

এই লালসা না জানি কত ভাবী ডাক্তার তথা ইঞ্জিনিয়ারদের জীবনের দিশা পাল্টে দিয়েছে, কেননা এই পেশার গ্লামার ও কম আকর্ষ হয় না।

এখন প্রশ্ন হচ্ছে যে কোন ব্যক্তি কি ভাবে ব্যবসা বেছে নেবে ?

কোন ব্যক্তির জীবনে রুচির ক্ষেত্র কি, বর্তমানে এটা জানার জন্য কয়েক ধরনের মনোবৈজ্ঞানিক পদ্ধতি বিদ্যমান আছে। এর সাথেই মানুষ এই সব পরীক্ষনগুলির মাধ্যমে এটাও জানতে পারে যে আমার রুচির ক্ষেত্র যাই হোক না, সেই পেশায় আমার সফলতার সম্ভাবনা কতটা। যদি কোন ব্যক্তি কোন ক্ষেত্রটিকে নিজের রুচির সাথে যুক্ত করছে তাহলে এইসব মনোদৈহিক (সাইকোমেটিক) পরীক্ষন দ্বারা এটা জানতে পারে যে তার মধ্যে ওই ক্ষেত্র বিশেষে সফলতা পাবার মতো মনোবৃত্তি কিংবা সহজ সম্ভাব্য আছে কি নেই। দেখা গেছে যে ক্ষেত্র বিশেষকে লোকেরা নিজের রুচির ক্ষেত্র বলে মনে করছে, তার চেয়ে অন্য কোন ক্ষেত্রে ভাল প্রদর্শন পারতো।

সাইকোম্যাটিক টেস্ট

আমরা জানি যে প্রকৃতির তিনটি রূপ হচ্ছে–সাত্ত্বিক, রাজসী, তামসিক। আমরা এটাও জানি যে মানুষের মধ্যে বিগত জীবনের এই তিনটি মেল-পাওয়া যায়। এই কর্মটি ঠিক করে যে নবজাত শিশুর প্রকৃতি সাত্ত্বিক, রাজসী কিংবা তামসিক হবে যদিও এটা নয় যে সেটা প্রকৃতির একই রূপের সাথে বিকশিত হবে।। প্রকৃতি তাকে যথেষ্ট উপাদান দিয়েছে যাতে সে নিজের জন্মজাত প্রকৃতিকে পাল্টে ফেলতে পারে। তামসিক প্রবৃত্তির ব্যক্তি, ধৈর্য্য, দৃঢ় সংকল্প তথা প্রয়াসের জোরে নিজের প্রকৃতি পাল্টাতে পারে। এই ভাবে, ব্যক্তির বর্তমান জীবন, জন্মজাত তিনটি প্রাকৃতিক রূপগুলির পরিবর্তে তার দ্বারা করা প্রচেষ্টা ভিত্তিক হয়। কারোর রুচিকে চিনে তার প্রতিভাকে সজ্জিত করা কঠিন নয়। যদি কোন বালক ভালো সুরের সাথে জন্মেছে তাহলে তাকে ভালো প্রশিক্ষণ দিয়ে উৎসাহিত করা যেতে পারে। এই ভাবে, কোন ছেলের খেলাধূলায় রুচি আছে তাহলে সেই প্রশিক্ষণের ক্ষেত্র বিশেষে নিজের নির্ণয়ের ভিত্তিতে কখনো কোন ছেলেকে উৎসাহিত করবেন না। এটা এই জন্য কেননা প্রতিটি লোক খেলা, সঙ্গী, ইলেকট্রনিকল ইত্যাদি কে সমান ভাবে পছন্দ করে না। এটা এই জন্য যে এসবগুলি তার বিগত কর্মের ভিত্তিতে প্রকৃতি দিয়েছে, তা সচেতন ভাবে গ্রহণ করা উচিত তথা উদ্দেশ্য প্রাপ্তির দিশায় প্রয়াসগুলিকে নিদের্শিত করা উচিত।

আমাদের সবাইকে জীবনে কিছু কর্তব্য পালন করতে হয়, যেমন মা-বাবার জন্য, বন্ধুদের জন্য...। এই ভাবে আমাদের প্রকৃত থেকে পাওয়া প্রতিভার জন্যও নিজের কর্তব্য পালন করা উচিত। বর্তমানে মা-বাবার ও পারিবারিক সম্পর্ককে ভুলে গিয়ে, ভালো চাকরীর জন্য বিদেশে যাওয়া একটি সাধারণ বিষয় হয়ে গেছে। এখানে মা-বাবাও কিছু বলেন না কেননা সে ছেলের আনন্দেই নিজের আনন্দ খোঁজেন তথা সন্তুস্ট হয়ে যান। যদি তাঁকে ছেলেদের থেকে পাওয়া আর্থিক সাহায্য কিংবা তাদের সঙ্গে থাকার মধ্যে কোন একটি কে বাছতে বলা হলে সে ছেলেদের সাথেই থাকতে চাইবে। দুর্ভাগ্যের বিষয় যে, জীবনের মূল্য তথা উদ্দেশ্যগুলি ভৌতিক বস্তুগুলি পর্যন্ত সীমিত হয়ে গেছে, জীবনের উদ্দেশ্য পেশা থেকেই শুরু হচেছ এবং তাতেই শেষ হয়ে যাচেছ, সুতরাং 'জীবনের উদ্দেশ্য'-এর অর্থ জানা খুবই জরুরী, বাড়ী ও কর্মস্থলে নিজের কর্তব্যগুলির উচিত পালন ও পুরোপুরী সচেতনতা, সততা, কৌতূহল ও উৎসাহের সাথে করে যাওয়া প্রয়াসই আপনার জীবনের উদ্দেশ্য হওয়া উচিত।

তৃতীয় অধ্যায়ের নিম্ন শ্লোকগুলিতে প্রভু বলছেন–

'হে অর্জুন! যে কেউ শ্রদ্ধাসহকারে মানব দোষ বুদ্ধিহীন হয়ে আমার বুদ্ধি অনুযাই ব্যবহার করে। সেই পুরুষ–সম্পূর্ণ কর্মগুলি থেকে মুক্ত হয়ে যায়।'(31)

'প্রতিটি মানুষ স্বধর্মের পালন করুক কেননা উত্তম আচরণ যুক্ত অন্য ধর্মের তুলনায় ও নিজের ধর্ম উত্তম হয়। নিজের ধর্মে মরাটা কল্যাণকারী তথা অন্যের ধর্মটি ভয় ধরায়।'

অধ্যায়-18-র শ্লোক সংখ্যা 47 এ প্রভু বলছেন–

'প্রত্যেককে নিজেরই কর্মে রত থাকা উচিত, সেটা ভালোভাবে করতে পারুক অথবা না পারুক। নিজের প্রকৃতির অনুরূপ করা কর্মটি কখনো পাপপূর্ণ প্রতিক্রিয়াগুলি দ্বারা প্রভাবিত হয়না।' আজকাল মানুষ নিজের কর্তব্যগুলির পালন করার পরিবর্তে অন্যের কর্তব্য পালন করে আনন্দে থাকে। যদি প্রভু আপনাকে কোন বিশেষ যোগ্যতা সম্পন্ন করেছে তাহলে শীর্ষ পর্যন্ত তা নিয়ে যাওয়ার দায়িত্ব আপনারই। যদি আপনি অর্থের অভাবে সেই ক্ষেত্রটির পরিত্যাগ করে দেন তাহলে আপনার ক্ষেত্রে দুটি ঘটনা ঘটতে পারে–প্রথম–আপনি একটি পাপ করবেন কেননা আপনি নিজের জন্য নিয়ম কর্তব্যের উপেক্ষা করেছেন এবং অন্যটি, আপনি এই নুতন ক্ষেত্রটিতে কখনো সফল হতে পারবেন না কেননা আপনার সর্বদা মনে রাখা উচিত যে কর্মফল আপনার নয়, প্রভুর হাতে। বৈধানিক রূপে ও বলা যেতে পারে যে যে ক্ষেত্রটিতে আপনি

অরুচি সহকারে প্রবেশ করছেন তথা ভৌতিক উদ্দেশ্যের পুর্তি করতে চাইছেন–

সেখানে সফলতার কোন সম্ভাবনা থাকবে না কেননা রুচি না হবার কারণে একাগ্রতার যথেস্ট ঘাটতি থাকবে আর নাই বা কোন সৃজনশীল চিন্তা সামনে আসবে কেননা কেউই এমন ক্ষেত্র সম্পর্কে চিন্তা করতে অপরাগ, যা তার রুচি অনুযাই নয়।

বাস্তবে পরিবার থাকাটা খুবই শুভ হয়, সুতরাং নিজের ব্যবসায়িক কর্তব্য পালন ছাড়া পরিবারের প্রতিও কিছু কর্তব্য থাকে, যা পালন করা উচিত। নিজেরই পরিবারের প্রতি অজ্ঞান থাকলে বিবাহোত্তর সম্পর্কের দিকে ঝোক বৃদ্ধি পায়, উদ্দেশ্য যতই স্পস্ট হোক না কেন, তা পাপ বলে মনে করা হবে।

প্রভুও বলেছেন যে নিজের কর্তব্য পরিত্যাগ করে অন্যের কর্তব্য পালন করা বিপদজনক হতে পারে।

ষস্ট অধ্যায়ের শ্লোক সংখ্যা 40-41 এ প্রভু বলছেন–

'হে পার্থ! শুভ কাজ করা পুরুষের না তো এই জগতে আর নাই বা সেই জগতে নাশ হয় কেননা শুভ কর্মকারীর দুর্গতি প্রাপ্ত হয় না। শুভ কর্মকারী ব্যক্তি স্বর্গাদি উত্তম লোকে প্রাপ্ত হয়ে সেখানে বহু কাল পর্যন্ত বাস করে শুদ্ধ আচরণকারী ভালো জ্ঞানী পুরুষের ঘরে জন্ম নেয়।'

অষ্টদেশ অধ্যায়ের নিম্ন শ্লোকে প্রভু বলছেন–

'হে অর্জুন! কর্ম করাই হচেছ কর্তব্য এটা মনে করে যে শাস্ত্রবিধি দ্বারা নিয়মবদ্ধ কর্তব্য, কর্মের আশক্তি তথা ফলকে পরিত্যাগ করে করা হয়, সেটাই সাত্বিক ত্যাগ বলে মনে করা হয়।'(9)

'হে পার্থ! ধ্যান যোগোর দ্বারা যে ভুল ধারণায় মানুষ মন প্রাণ এবং ইন্দ্রিয়ের ক্রিয়াগুলিকে ধারণ করে, সেই ধারণাই তো সাত্বিকই।'

তৃতীয় অধ্যায়ের নিম্ন শ্লোকগুলিতে প্রভু বলছেন–

'শাস্ত্রবিধি দ্বারা নিয়ত করা, স্বধর্মরূপ কর্মটি করো, কেননা কর্ম না করার অপেক্ষা কর্ম করা হচেছ শ্রেস্ঠ তথা কর্ম না করলে তোর শরীর নির্বাহ ও সিদ্ধ হবে না।'(8)

'যদি আমি কর্ম না করি তাহলে এই সব লোক ভ্রস্ট হয়ে যাবে তথা আমি এই সমস্ত প্রজাকে হননকারী অর্থাৎ ঘাতক হব।'

নিজেরদ জীবনের মুখ্য লক্ষ্য কিংবা উদ্দেশ্যকে চিনুন–

এই তালিকাটি যথেস্ট দীর্ঘ, সন্তোষ, প্রসন্নতা, সফলতা ও আধ্যাত্মিকতা ইত্যাদি যে কোন আপনার জীবনের লক্ষ্য হতে পারে।

- নিজের পরিবারের প্রতি কর্তব্য নিশ্চিত করুন।
- নিজে নিজে ঠিক করুন যে আপনার জন্য প্রথমে পরিবার নাকি ব্যবসা দুটিকে একসাথে নিয়ে চলবেন না, কেননা এটা ততক্ষন পর্যন্ত অসম্ভব, যতক্ষন পর্যন্ত আপনি নিজেকে সন্তুলিত না করে নিচ্ছেন।
- নিজের ঘর তথা ব্যবসার প্রতি কর্তব্য নিশ্চিত করুন।
- নিজের ধার্মিক কর্তব্যগুলি পালনে পিছপা হবেন না।
- নিজের রুচি অনুযাই ব্যবসা বেছে নিন।
- নিজের রুচির অনুমান করুন।
- নিজে নিজেকে জিজ্ঞাসা করুন যে আপনি কোন পর্যায় পর্যন্ত নিজেকে জানেন।
- এটা দেখবেন না যে আপনার রুচি আপনাকে ভৌতিক সুখ-সুবিধা দেবে অথবা নয়, মনে রাখবেন যে কর্মফল আপনার হাতে নেই। এমন কোন ব্যবসা নেই যার দ্বারা আপনি আয় প্রাপ্ত করবেন না।
- অন্যের চিন্তা না করে নিজের ব্যবসায় ডুব দিন।
- অফিসে অবসর সময় পেলেই সৃজনশীল চিন্তার কল্পনা করুন তথা ভাবুন যে আপনি সমাজের জন্য কি করতে পারনে।
- নিজের মস্তিস্কে অন্য ব্যবসার চিন্তাও করবেন না। নিজের অসন্তুষ্টির কারণ জানার চেস্টা করুন।

আমরা সবাই জানি যে নিজের রুচির ব্যবসাতে কখনো ফেরা যেতে পারে কিংবা তা আংশিক ভাবে ও শুর করা যেতে পারে। (যদিও এ বিষয়ে বেশী পরামর্শ দেওয়া হয় না)। এখানে নিয়মবদ্ধতা কেবল এতটা যে যদি আপনি নিজের রুচির ব্যবসাতে পুরো সময় না দিতে পারেন তাহলে সফলতা পাবার সম্ভাবনা ও কমে আসবে তখন প্রোৎসাহন না পেলে আপনি এই অংশকালীন ব্যবসাকে, সঠিক অর্থে খোলার আগেই বন্ধ করে দেবেন।

যদি আপনি কোন ঝুঁকি নিতে চাইছেন না তাহলে সম্ভবতঃ আপনার কাছে নিম্ন অজুহাতের তালিক হতে পারে।

1. নতুন ব্যবসা শুরু করার জন্য আমি বুড়ো হয়ে গেছি। আমার মধ্যে আগের মতো শক্তিও নেই।
2. আমার কাছে নিজের রুচির কাজ শুরু করার জন্য অর্থ নেই। যদি আমি ধার করি তাহলে তা পরিশোধ করা আমার জন্য কঠিন হবে তথা আমার জীবন কস্টকর হয়ে ওঠবে। (এখানে আপনি নেতিবাচক চিন্তনে মগ্ন আছেন)।
3. আমি আমার পারিবারিক দায়িত্বগুলি কি ভাবে পালন করব।

4. যখন আমার বন্ধুদের, আত্মীয় ও মিত্ররা জানতে পারবে যে আমি নিজের কার্যক্ষেত্র পরিবর্তন করছি তখন তারা আমার উপহাস করবে।

এক সময় ছিল, যখন আমি এতে রুচি রাখতাম, কিন্তু এখন আমাকে প্রথম থেকে শুর করতে হবে, এমনবস্হায় আমার বিগত দিনের সমস্ত অভিজ্ঞতা বেকার হয়ে গেল...

- এখন এটা এত প্রাণবন্ত নেই।

নিজে নিজেকে বলুন

- আমি নিজের প্রাকৃতিক রূপে ইতিবাচক ইচ্ছাকে অবশ্য পুরো করব।
- আমি জানি যে অমি নিজের এই কর্তব্যের পুর্তি করতে পারি।
- আমি জানি যে ঈশ্বর পক্ষপাতি নয়, তথা আমার প্রয়াস নিশ্চিত ভাবে প্রশংসনীয় হবে।
- আমি সেটাই করছি তথা করব, যার জন্য আমার জন্ম হয়েছে।
- প্রকৃতি আমার সহায়ক, কেউই আমার লক্ষ্য থেকে অকারণে বাধা দিতে পারে না।
- আমার মধ্যে এই কাজ করার সাহস আছে।
- যদি আমার মধ্যে কঠিন পরিশ্রম করার তথা ভয় না খেয়ে ঝুঁকি নেওয়ার, শক্তি আছে, তাহলে আমাকে সফল হতে কেউ বাধা দিতে পারবে না।
- আমি প্রতিটি জিনিসের বিষয়ে ইতিবাচক তথা শীঘ্রই আমার স্বপ্নটি সফল হবে।

যদি আপনি নিজের প্রাকৃতিক প্রতিভাকে বাড়াতে না চান তাহলে আপনাকে ধীরে-ধীরে নিজের বর্তমান ব্যবসাকে পছন্দ করা শুরু করে দেওয়া উচিত। যদিও তা বলাটা খুবই সহজ, এটা খুবই কঠিন হয় কেননা এখান এই ব্যবসা আপনার মনপছন্দ নয় বরং আপনার ওপর চাপিয়ে দেওয় হয়েছে কিন্তু ব্যক্তি বিদ্যমান পেশাকেই ইতিবাচক দৃষ্টিকোন থেকে দেখা শুরু করতে পারে। মনে রাখবেন, যদি আপনি ইতিবাচক ভাবে ভাবেন তাহলে আপনার ইতিবাচকতা নিশ্চিতরূপে বিস্তার লাভ করবে সুতরাং যদি আপনি ব্যবসাকে ইতিবাচকভাবে গ্রহণ করেন তাহলে ভালোবাসাও নিজে নিজে গড়ে উঠবে। নিজের উপলব্ধিগুলিকে মনে করুন, ব্যর্থতাগুলিকে নয়। মনে করুন যে আপনি কি ভাবে কোম্পানিটিকে এত শীর্ষে নিয়ে গেলেন এবং ভবিষ্যতে আপনি কি যোগদান করতে পারেন।

নিজের ক্ষেত্রের সাথে সম্পর্কিত তথ্য প্রাপ্ত করুন। নিজের প্রতিদ্বন্দ্বীদের কাছ থেকে শিখুন যে তারা কিভাবে এগিয়ে গেছে। নিজের কোম্পানির বৈশিষ্ঠ্যগুলি তথা বাজারে তার গুরুত্ব জানার চেষ্টা করুন।

মনে রাখবেন যে এই কোম্পানী আপনাকে কি দিয়েছে ? যদি আপনি এখানে না থাকতেন তাহলে কি করতেন ? কোম্পানীর প্রতি দায়বদ্ধ থাকুন যে এমন একজন লোককে আশ্রয় দিয়েছে যে তিনি কোম্পানীর কাজের প্রতি পুরোপুরী মনোযোগী নয়। আপনাকে যা কিছুই দেওয়া হয়েছে, তার জন্য প্রভুকে ধন্যবাদ জানান।

কোম্পানী আপনার কাছে কি চাইছে তার জন্য কঠিন পরিশ্রম করুন। শীঘ্রই আপনি উচ্চপদ লাভ করবেন। মানসিক শান্তি তথা সন্তুষ্টি অর্জিত করবেন।

হতে পারে সেই পদোউন্নতি আপনার কল্পনার উর্দ্ধে। সর্বদা বিনম্র, ধন্যবাদী তথা স্নেহপূর্ণ থাকুন। জীবন নতুন ভাবে আপনার সামনে উদ্‌ঘাটিত হবে।

❑

অধ্যায় 9

ক্রোধ

একজন সন্ত নিজের শিষ্যদের কাছে জিজ্ঞাসা করেন, 'আমরা রাগে চেঁচাই কেন ? লোকেরা হয়রান হলে একে অন্যের ওপর কেন চেঁচাতে লাগে ?'

শিষ্যরা কিছুক্ষন চিন্তা করে, তাদের মধ্যে একজন বলে, কেন কি আমরা নিজেদের মেজাজ হারিয়ে ফেলি।'

'কিন্তু যখন সে লোক আমাদের কাছেই বসে আছে তাহলে আমাদের কেন চেঁচাতে হয় ?' সন্তটি জিজ্ঞাসা করে। ওর সঙ্গে কি আস্তে কথা হতে পারে না ? তার ওপর চেঁচানোর প্রয়োজন কেন হয় ?'

শিষ্যরা আরো কিছু উত্তর দেয়, কিন্তু সন্তনিট সন্তটি হয় না। শেষে তিনি বলেন, 'যখন দুই জন লোক একে অপরের প্রতি রেগে যায়, তখন তাদের হৃদয়ের মধ্যকার দূরত্ব বেড়ে যায়। সেই দূরত্বকে ভরাট করার জন্যই তাদের একে অপরের ওপর চেঁচাতে হয়। সে যতবেশী রেগে যাবে, মাঝের দূরত্ব ততই বেশী হবে এবং ততই জোরে চেঁচাতে হবে।'

তখন সন্তুটি জিজ্ঞাসা করে, 'যখন দুজন পরস্পর প্রেম করেন তো কি হয় ? সে একে অন্যের ওপর চেঁচানোর পরিবর্তে ভালো করে কথা বলেন, কেন ? কেননা তাদের হৃদয় খুবই কাছে থাকে। তাঁদের হৃদয়ের দূরত্ব খুবই কম হয়।'

কথাটি বিস্তার দিতে গিয়ে সন্ত বলছে, 'যখন সে একে-অপরকে বেশী ভালো বাসতে লাগে তো কি হয়। তারা কথা বলেনা, নিজেদের মধ্য ফিসফিসিয়ে থাকে। এই ভাবে একে-অপরের আরো কাছে চলে আসে। শেষে ফিসফিসানোর ও প্রয়োজন হয় না। চোখে-চোখে কথা হয়। এই ভাবে একে অপরের আরো কাছাকাছি চলে আসে।'

দ্বিতীয় অধ্যায়ের শ্লোক সংখ্যা 62 তে প্রভু বলছেন–

'মন সহিত ইন্দ্রিয়কে বশে রেখে আমার পরায়ন না হলে পর মনের দ্বারা বিষয়গুলির চিন্তন করা হয় তথা বিষয়গুলির চিন্তনকারী পুরুষটির

সেই সব বিষয়ে প্রীতি গড়ে উঠলে এবং এই প্রীতি দ্বারা সেই সব বিষয়ের কামনা জন্ম নেয় তথা কামনায় বাধা পড়লে ক্রোধ উৎপন্ন হয়।'

দ্বিতীয় অধ্যায়ের শ্লোক সংখ্যা 63 এ প্রভু বলছেন–

'ক্রোধ থেকে অবিবেক অর্থাৎ জড় বুদ্ধি ভাব উৎপন্ন হয় তথা অবিবেক দ্বারা স্মরণশক্তি ভ্রমিত হয়ে যায়। তথা স্মৃতি ভ্রমিত হয়ে গেলে বুদ্ধি অর্থাৎ জ্ঞান-শক্তির নাশ হয়ে যায় তথা বুদ্ধির নাশ হলে পর সেই পুরুষটির নাশ হয়ে যায়।'

ক্রোধ হচেছ একটি নেতিবাচক ভাবনাত্মক প্রতিক্রিয়া। যে কোন জায়গায় কেউই এর করলে পড়তে পারে। এই নেতিবাচক মনোভাব প্রায় নৈরাস্য ও কুণ্ঠা থেকে শুরু হয়। একে আমরা অনপেক্ষিত ঘটনাবলীর জন্য প্রতিক্রিয়া ও বলতে পারি। ওপরে বর্ণিত শ্লোক দ্বারা পরিস্কার যে কত সরল ভাবে ক্রোধের কারণ ও প্রভাবকে চেনা যেতে পারে। একটি ভাবনা রূপে ক্রোধ এত শক্তি ধরে যে এটা যে কোন মানুষকে ধ্বংস করে দিতে পারে। আসক্তি এবং লালসাকে ক্রোধের মুখ্য কারণ বলতে পারে, আসক্তি দ্বারাই জীবনে দুঃখ তথা কস্ট উৎপন্ন হয়। সাধারণ-জন জীবনের এই সাধারণ তথ্যটিকে হজম করতে পারেন না। যদি ব্যক্তি অনাশক্ত থাকার অভ্যাস করে তাহলে ক্রোধ করার কারণই নস্ট হয়ে যাবে এবং তারপর সে নিজের জীবনে ভালো কিছু করতে পারবে। এই অভ্যাস তাঁকে ভৌতিক সুবিধার পেছনে দৌড়ানোটা বন্ধ করবে এবং। সে দেখতে পাবে যে সব কিছু নিজেই তার কাছে এসে ধরা দেবে।

প্রতিটি মানুষ নিজের জীবনকালে সুখ-সুবিধাযুক্ত সাংসারিক বস্তুগুলি প্রাপ্ত করার কামনা করে। এমনবস্হায় সেই লোককে সে ইর্ষ্যা করতে লাগে, যে তার চেয়ে বড়লোক তথা দুনিয়ায় সবচেয়ে উঁচু বলে মনে হয়, সে না কেবল ধনী ব্যক্তিদের সাথে ইর্ষ্যা করে বরং সে তাকেও পছন্দ করে না যে তার চেয়ে কিছুটা এগিয়ে আছে। এই সব ভৌতিক ইচছগুলি তথা স্বপ্নে বাঁধা মানুষ, ক্রমশঃ তা পাবার জন্য মরিয়া কামনায় বাঁধা পড়তে থাকে। ইচছাপূর্তি না হলে পর মনে ক্রোধ উৎপন্ন হয়। সংবাদপত্রগুলিতে হত্যা ও মারামারির যে যে সব খবর প্রকাশিত হয় সেগুলি এ ইর্ষ্যালু প্রকৃতির পরিণাম, যা ভৌতিক ইচছাগুলির পেছনে দৌড়ানোর ফলে উৎপন্ন হয়। ব্যক্তিরমনে হয় যে সে নিজের শারীরিক ক্ষমতা কিংবা অনুচিত কাজের দ্বারা জীবনে যা কিছুই পেতে পারে। এই সব মানুষ সংখ্যায় বেশী আত্মবিশ্লেষন দ্বারা আমরা জানতে পারি যে আমরা কোন শ্রেণিতে পড়ি এবং কি হতে চাইছে।

ক্রোধজনিত প্রভাবগুলিতে নিরাশা, ভ্রম, স্মৃতি ভঙ্গ তথা কম বুদ্ধিতা

হচ্ছে প্রমুখ কারণ। প্রায় রাগী মানুষ গভীর ভাবে কোন বিষয়ে চিন্তা করতে পারে না।

একজন রাগী মানুষ নিজের অবস্হা জানতে পারে না। বলার প্রয়োজন নেই যে কোনও মানুষ এ ধরনের ব্যক্তির সঙ্গে থাকতে চায় না কেননা ক্রোধী নিজের মানসিক ভারসম্য হারিয়ে ফেলেই, তার সাথে অন্যের জীবন ও কস্টকর করে দেয়। **পাইথাগোরসের** অনুযাই–

'ক্রোধ মুর্খতায় শুরু হয় তথা অনুশোচনায় শেষ হয়।'

বৈজ্ঞানিক পরীক্ষনের ভিত্তিতে বলা যেতে পারে যে ক্রোধের কারণে রক্তবাহিকা প্রভাবিত হয় যা নাকি হৃদয় রোগের কারণ হয়ে দাঁড়ায়। ক্রোধ আপনার সফলতায় বাধক তথা হৃদয় ও মস্তিস্কের স্বাস্হ্যের জন্যও ঘাতক।

অথর্ববেদ (6.42.1) তে লেখা আছে–

ধনুকের থেকে বেরনো বানের মতো হৃদয় থেকে ক্রোধকে বের করে ফেলে দাও যাতে আপনি পুণরায় মিত্র হয়ে সামঞ্জস্য স্হাপিত করতে পারো।

ক্রোধের কারণ

আপোষের অভাব–প্রায় আমরা কোন বিষয়ে কারোর সাথে একমত না হলে রাগী মনোভাব গ্রহণ করে থাকি। তর্কবির্তক হতে লাগে, প্রতিটি মানুষ অন্যকে নিজের দৃষ্টিকোন বোঝাতে থাকে। পরে শীঘ্রই এই প্রক্রিয়াটি এক এমন বির্তকের রূপ নিয়ে নেয়, যেখানে সে পারস্পরিক সম্পর্ককে ভুল দোষারোপ করতে থাকে। এই মনোভাব নিরন্তর অব্যাহত থাকে এবং মনে অনুশোচনার ভাবনা জন্ম নেয়। এই মামলাটি তখনই সমাধান হতে পারে যখন কোন দল অস্ত্র সমর্পন করে দেয়, যখন নাকি এরকম খুব কম হয়। আপোষ না হবার কারণ হচ্ছে দুঃখের মূল। ব্যক্তিকে অন্য কারোর অপেক্ষা নিজের ওপর অধিক ভরসা হয়, এমন কি সে ঈশ্বর থেকেও নিজের ওপর বেশী ভরসা রাখেন। সে নিরন্তর নিজেরই রুচিগুলি ও প্রাথমিকতাগুলিকে সবার সামনে তুলে ধরে ? যার ফলে সংগ্রাম শুরু হয়।

মানভঙ্গ–যদি আপনি নিজের প্রয়াসের পরিণামের মোহ না করেন তাহলে আপনার আঘাত পাওয়ার প্রশ্নই ওঠে না। যদি আপনি নিজের অংহকার থেকে দূরে থাকেন তাহলে বস কিংবা সহযোগীদের ব্যয়ং কিংবা ধমক ও আপনার জন্য কোন অর্থ বহন করে না। যদি আপনি নিজের আদর্শ তথা নিয়মগুলি অনুযাই চলতে থাকেন তাহলে নিঃসন্দেহ

প্রত্যেকটি লোক আপনাকে পুরো সম্মান জানবে তথা ক্রোধ তখন কখনই উৎপন্ন হবে না।

উপেক্ষা–মতানৈক্য ও অসমর্থনের অবস্থা ঃ এখানেও অহংকার মুখ্য ভূমিকা পালন করে। যদি সহকর্মীটি বসের উপেক্ষা করে অথবা ছেলে মা বাবার কথাটি গাহ্য না করে তাহলে স্বাভাবিক ভাবে ক্রোধ জাগ্রত হয়। মুখ থেকে বেরয়–

'তোর সাহস কি করে হল ?' ছোট লোক তথা বালকরা ঠিক হলেও তাকে দোষী সাব্যস্ত করে দেওয়া হয়। অফিসে প্রায় বস তথা সহকর্মীদের মধ্যে সম্পর্কের অভাবে এগুলি ঘটে থাকে। যদি এগুলি কখনো বসের দিক থেকে হলে পর অধীনস্থ সবাই নিরুত্তর হয়ে যায়।

উত্তেজনা–উত্তেজনা দ্বারা ও ক্রোধ জন্ম নেয় কিন্তু এটা কি করে সম্ভব ? এমনবস্থায় তখনই ঘটে থাকে তখন আনন্দ মগ্ন তথা প্রসন্নচিত্ত ব্যক্তি মনে করে যে তার আনন্দ কেড়ে নেওয়া হয়েছে। এতে ক্রোধ তথা অসন্তুষ্টির ভাব উদয় হয় কেননা উক্ত মানুষটি নিজের আনন্দে এতই মগ্ন হয়ে যায় যে সে স্বার্থী হয়ে যায়। যদি ঘরে দূরদর্শনের ক্রিকেট ম্যাচ ও কার্টুন দিচেছ তখন পিতা-পুত্রের মধ্যে প্রায় এমনবস্থা সৃষ্টি হয় তথা গৃহিনীকে কলহের মুখো-মুখি হতে হয়।

অনুচিত কার্য–এটাও দুই ধরনের হতে পারে। যদি আমরা কোন ব্যক্তিকে অনুচিত কার্য করতে দেখি তখন সেটা স্বীকার করতে পারিনা তথা রেগে যাই। সেটাই অন্যদিকে যদি কেউ আমার ভুল ধরে জানিয়ে দেয় তখনও আমরা রেগে যাই।

যদি কেউ আপনার সুযোগ নেয়–যদি কোন লোক আপনার কাছ থেকে পয়দা তোলে, তখনও আপনার অহম্ আহত হয় তথা ক্রোধ জাগ্রত হয়। এই ক্রোধের বশীভূত হয়ে আপনি যা তা বলে দেন যে আপনার ওপর অনেক দোষারোপন করে দেওয়া হয়।

এতে কোন ফারাক পড়ে না যে, কেমন, কখন এবং কোথায়, রাজনীতিতে হামেশা দোষারোপনের খেলা চলে।

আজকাল মানুষ নিজেকেএতই প্রাথমিকতা দিতে লেগেছে যে এর বিরুদ্ধে কিছু হলে পর তা নাকচ করে দেওয়া হয়, কেননা সে তার ব্যক্তিগত পছন্দ থেকে মেল খায় না। গোটা জগতে সমস্ত বিরুদ্ধ দল এইসব চালের অভ্যাস করে থাকে।

ইর্ষা ও ব্যবহারের একটি জটিলরূপ। মানুষ নিজেকে অন্যের তুলনায় ভালো করতে না পারলে নাকচ করে থাকে তথা নিরন্তর নিজের মূল্যায়নে রত থাকে। নিজের তুনলয়া অপরকে কিছু ভাল করতে দেখলেই মনে ইর্ষ্যা

ও কষ্টে ভরে ওঠে। নিজেরই কর্মের বিশ্লেষণ করার পরিবর্তে তথা এটা দেখার পরিবর্তে যে কখন, কোথায় এবং কি ভাবে ভূল হল, মানুষ সহজ রাস্তা খুঁজতে থাকে।

বিরক্তি–যদি কোন মানুষকে তার আরামের জীবন থেকে বের করে আনা হলে তখন তার মনে ক্রোধ জন্ম নেয়।

অমৈত্রীসুলভ ব্যবহার–যদি আপনার সঙ্গে কেউ বন্ধুর মতো ব্যবহার না করে তাহলে আপনার মস্তিস্কে সবচেয়ে আগে যে চিন্তাটা আসবে 'জহন্নমে যাক।' আপনি নিজের কাছে প্রতিশ্রুতি করবেন যে উক্ত মানুষটির সাথে কখনো কথা বলব না, কিন্তু একজন বুদ্ধিমান লোক সদা এর বিপরীত ব্যবহার করবে। নিজের সুখ-সুবিধার এই পরিধিকে আমরা গোড়ামি নিয়মে বেঁধে দি। যদি কেউ তাতে বাঁধা দেয় তখন অনাবশ্যক বিরক্তি সৃষ্টি হয়।

অসংগঠিত–অসংগঠিত ব্যক্তি সাদা তাড়াহুড়োয় থাকে তথা জানতে পারে না যে কোন বস্তুটি কোথায় রাখা আছে। ফলে সে সর্বদা রেগেই থাকে।

ক্রোধজনিত প্রভাব

যদি কেউ অন্যের থেকে সুযোগ নিতে গিয়ে, নিজের ইচছানুযাই কাজ করে তাহলে এতে অন্যরা বিরক্ত হয় তথা নেতিবাচক প্রতিক্রিয়ার জন্ম হয়। এক নিশ্চিত পর্যায় পর্যন্ত এটা অহম্ কেও আহত করে।

জীবনে বাধাগুলি –ঘর কিংবা বহিরে আমাদের ক্রোধের কারণে অনেক সমস্যার মুখোমুখী হতে হয়।

অপ্রসিদ্ধ–ক্রোধ কোন ও ব্যক্তির জনপ্রিয়তায় বাধক হয়।

লাগাতার–পরখের মুখে থাকা–যদি কোন মানুষ ঠিক থাকা সত্বেও লাগাতার পরীক্ষা দিয়ে তাকে যেতে হয়, তখন তার মনে ক্রোধের পরীক্ষার অবস্থা দিয়ে তাকে যেতে হয়, তখন তার মনে ক্রোধের জন্ম হয়। অহংও প্রতারিত হয়।

উত্তেজনা তথা চাপ–ক্রধ মানুষের জীবনের কোন সার্থকতা থাকে না। সে হামেশা অন্যদের নেতিবাচক দিকগুলিকে দেখতে থাকে। সে এটাকে এক চেলেঞ্জ রূপে তো গ্রহণ করার সাথে, ব্যক্তিটির অবন্ধুমূলক ব্যবহারকে মিত্রতায় পরিবর্তন করার প্রয়াস করবে কেননা সে মিথ্যা অহং এর কবলে থাকে না। তার এই বৈশিস্ঠ্যটি তাঁকে অন্যের তুলনায় আলাদা জায়গা প্রদান করে। আত্মপরীক্ষণের অভাবে এই অবস্হাটি আরো কঠিন হয়ে ওঠে।

নির্ণয় ক্ষমতা–ক্রধ মানুষের নির্ণয় ক্ষমতা কি হবে ? আপনি নিজেই চিন্তা করুন সে তো ক্রধ হবার প্রথম নির্ণয় নিয়েই ভুল করেছে, পরে আর কি হতে পারে ? ক্রোধজনিত নির্ণয়ই প্রাণের গ্রাহক হয়ে যায়।

কারাবাস–কখনো আপনার আদালতে যাওয়ার সুযোগ মেলে তখন আপনি পাবেন যে অনেকাংশ লড়াই-ঝগড়া অহমের কারণেই হয়ে থাকে যা ক্রোধের রুপ গ্রহণ করে। ফলস্বরূপঃ ব্যক্তি নিজেকে জেলের গরাদের পেছনে আবিস্কার করে কিংবা তারপর আদালতের চক্কর দিতে থাকে।

দ্বিতীয় অধ্যায়ের শ্লোক-60 এ প্রভু বলছেন–

'সাধনাহীন পুরুষের অন্তঃকরনে শ্রেষ্ঠ বুদ্ধি হয় না তথা সেই উপযুক্তের অন্তঃকরণে আস্তিক ভার ও থাকে না তথা আস্তিকভাবহীন পুরুষটি শান্তিও পায় না, তারপর শান্তিহীন পুরুষ সুখী কেমন করে থাকতে পারে ?'

শান্তি হচেছ ক্রোধের বিপরীত ভাব সম্পূর্ণ জগত শান্তির খোঁজে লেগে আছে। এত প্রয়াস সত্ত্বেও শান্তি তাদের থেকে বহু ক্রোস দূর। আমরা সবাই প্রভুর অভিন্ন অংশ কিন্তু তাঁর কাছ থেকে বহু দূরে। আমরা বাহ্যিক শ্রোতগুলি থেকে আনন্দ ও শান্তি পাবার জন্য দিগভ্রান্ত হয়ে থাকি কিন্তু শান্তির মূল শ্রোতটি আমাদের মধ্যেই লুকিয়ে আছে। আমরা এই তথ্যের ওপর বিশ্বাসই করতে চাইনা। আমরা তা বাহিরে খোঁজায় এত অভ্যস্ত হয়ে গেছি যে এর আভ্যন্তরীন শ্রোতের কল্পনা ও আমাদের অসম্ভব বলে মনে হয়।

দ্বিতীয় অধ্যায়ের শ্লোক সংখ্যা 71 প্রভু বলছেন–

'যে পুরুষ সম্পূর্ণ কামনাগুলির পরিত্যাগ করে, সমতাহীন, অহংকারহীন ও অস্পৃশ্যতা থেকে দূর হয়ে যায়, সেই শান্তি প্রাপ্ত করে।'

আপনি ও এটা ভেবে আশ্চর্য হয়ে থাকবেন যে আমরা অর্থ তথা যশ প্রাপ্তির লালসায় এই বইখানি কিনেছি কিন্তু লেখক আমাদের বাসনা ত্যাগ করে শ্রীমদ্ভাগবত গীতার উপদেশ গ্রহণ করার পরামর্শ দিচেছ। এটা একটি বিরোধাভাষ। এটা বিরোধাভাষ নয় কিন্তু মনে হচেছ কারণ এটাই যে আপনি ভৌতিক সুখ-সুবিধাদির পেছনে যত দৌড়াবেন, সে আপনার কাছ থেকে দূরে সরে যাবে। এটা হচেছ একটি প্রাকৃতিক নিয়ম এর অর্থ কদাপি এটা নয় যে আপনি কাজ ছেড়ে দিন। আপনাকে কর্মতো করতেই হবে কিন্তু ফলাফল বিষয়ে চিন্তা করবেন না লোকেরা প্রায় রাগী ব্যক্তির সঙ্গে থাকা পছন্দ না, এভাবে লোকের সাথে তার মেলামেশা কমে যায় এবং অসুবিধায় কেউই তার সাহায্যের জন্য এগিয়ে

আসে না, আমাদের ভুলে যাওয়া উচিত নয় সে এই জগতে অন্যের সহযোগিতা ছাড়া বাঁচা অসম্ভব, কেবল ঋষি-মুনিই হচ্ছে এর অপবাদ। যদি জীবনে ভালো কিছু পাবার আছে তাহলে অন্যের সহযোগ নিতেই হয়। উদাহরণের জন্য, ব্যবসাতে, যদি বস নিজের অধনীস্হদের সাথে রুক্ষ ব্যবহার করে থাকে তাহলে খুব বেশী সৃজনশীল কাজ করা সম্ভব হয়ে উঠবে না।

প্রায় আপনি দেখে থাকবেন যে ছোট ছেলেরা নিজের মত করে কাজ করতে চায়। সে নিজের রুচির ভিত্তিতেই সন্তুস্ট ও আনন্দিত থাকে। মা-বাবা তার ওপর নিজের ইচছা চাপিয়ে দিতে থাকে। স্কুলে যাওয়ার আগেই্র ছেলেদের পড়ার জন্য বাধ্য করা হয়। তারা ছেলেদের হামেশা মনে করিয়ে দিতে থাকেন যে খেলা-ধুলো কেবল সময় কাটানোর উপায়। যদিহ জীবনে যশ তথা অর্থ উপার্জন করার আছে তাহলে পড়া জরুরী। ক্রোধ, ভয় আসে পাসের লোকদের মনে ভয় সৃষ্টি করে যার ফলে পারস্পরিক মেলা মেশার স্তরে বাঁধা আসে। লোকেরা নিজের মতামত ব্যক্ত করতে ইস্ততঃ ভাব দেখায় কেননা সে মনে করে যে তার মতামতটি মঞ্জুর হবে না। রুচির অভাব সক্ষমতাকে প্রভাবিত করে থাকে তথা কোম্পানীর সম্পূর্ণ প্রদর্শনে এর প্রভাব পড়ে। কিশোরবস্হা আসার সঙ্গে সঙ্গে সে নিজের বাতাবরণ তথা পোষাকের প্রতি সচেতন হয়ে ওঠে, বন্ধুদের সঙ্গে প্রতিদ্বন্দ্বিতা বাড়তে লাগে। পড়া, খেলা-ধূলো তথা ব্যক্তিত্বই তার কেন্দ্র বিন্দু হয়ে ওঠে। পরিপক্ক হলে পর কেরিয়ারই তার জীবনের মুখ্য লক্ষ্য হয়ে ওঠে।

সফল কেরিয়ার প্রাপ্ত করার আকাংক্ষায় তাঁকে অনেকগুলি বাধা-পেরতে হয়। যার ফলে কুণ্ঠা তথা ক্রোধ জম্ম নেয়।

অস্বস্তি–অস্বস্তি কিংবা ব্যাকুলতা থেকে অক্ষমতা জম্ম নেয় এবং ব্যক্তিটির মস্তিস্কের শান্তি ভঙ্গ হয়ে যায়। যদিও ব্যক্তিটি নিজেই নিজের অক্ষমতার দোষী হয় কিন্তু ব্যাকুল হবার ফলে সে নিজের শান্তি হারিয়ে ফেলে, এতে কাজের ইতিবাচক পরিবেশ নস্ট হয় এবং ভ্রুম সৃষ্টি হয়।

এখন পর্যন্ত আপনারা সবাই জেনে গেছেন যে ইচছাগুলির পুর্তিতে বাধাই ক্রোধকে জম্ম দেয়। ক্রোধরূপী হিংসক শক্তি সদা কস্টঃদায়ক হয় তথা মস্তিস্কে প্রতিশোধ নেওয়ার জন্য প্রেরিত করে থাকে। এই প্রক্রিয়ায় ক্রোধিত মানুষ নিজেকে নস্ট করে ফেলে। ক্রোধ অসুস্হ্য মস্তিস্কের পরিচয়াক। এটা অজ্ঞানতা তথা হীন বুদ্ধি দ্বারা উৎপন্ন হয়। সমস্যা সমাধানে অযোগ্যতার দরুন ক্রোধ জম্ম নেয়। ক্রধ মানুষ আলাদা-আলাদা ভাবে নিজের প্রতিক্রিয়া ব্যক্ত করে। কয়েকজন নিজের

কর্তব্যগুলি ভালোভাবে পালন করে না কিংবা মুখ ফিরিয়ে নেয়। প্রায় ধর্মঘটের রূপে ক্রোধেরই প্রদর্শন হয়ে থাকে। কয়েক জন মৌন হয়ে তো কয়েকজন আক্রমক ভাবে ক্রোধ ব্যক্ত করে থাকে।

মানসিক উত্তেজনা তথা চাপ–এ ধরনের মানুষরা প্রায় অন্যদের কাজে ভুল বের করে। যার ফলে তার ওপর দুই দিক থেকে চাপ পড়ে। কুণ্ঠা বাড়ে তথা প্রকৃতিও তার বিরুদ্ধে হয়ে যায়।

এখন পর্যন্ত আপনি নিজের দিক থেকে পুরো চেস্টা করে গেছেন, এখন 6 থেকে 9 মাস পর্যন্ত, সেই সব টেকনিক প্রয়োগ করুন যা আপনি এই বইটি পড়ে বুঝেছেন, নিজের ওপর আস্হা রাখুন, তাহলে আপনি হতাশ হবেন না, যদি আপনি এখন না বুঝবেন তাহলে জীবনে এরপর আপনি অনুভব করবেন, তখন আপনার কাছে নিজের পদ্ধতিতে সংশোধনের জন্য না তো শক্তি থাকবে আর নাই বা সময় থাকবে। এটা আজকেই শুরু করুন, যত তাড়াতাড়ি হয় ততই ভাল হবে।

সফলতা তথা যশের ও ভুল অর্থ নিয়ে বসে থাকেন এবং শিশুরাও এই তন্ত্রে জড়িয়ে পড়ে। আশক্তির এই সূচনা ছোটদের সাথে বৃদ্ধি পেতে থাকে।

যদি আপনি বৃদ্ধজনকে দেখবেন তখন পাবেন যে সে আগের, চেয়ে শান্ত ও অনাশক্ত হয়ে যায় কেননা তারা জীবনের সার মর্ম বুঝে গেছেন সে ভৌতিক সাফল্য পাক বা না পাক, এটা তার পূর্ণতা প্রাপ্তির পথে বাঁধা দিতে পারে না।

এখন তাদের সেই সব কর্মগুলির অনুশোচনা হয় যা তাঁরা অন্যের মূল্যে, আনন্দ পাবার জন্য করেছিলেন। সে এটাও জানতে পারে যে পরিণামের মুখোমুখী হবার সময় এসে গেছে। সে শান্তির খোঁজে প্রার্থনারত থাকেন, ধর্ম কিংবা অধ্যাত্মের আশ্রয় নেন। যখন সে যুব প্রজন্মকে সেই সবগুলি পুণরাবৃত্তি করতে দেখেন, যা তিনি করেছিলেন, তখন তাঁদের আত্মবোধ আরো গভীর হয়ে যায়।

ক্রোধ হচ্ছে অপরিপক্কতার সূচক তা মেনে নিতে কেউই রাজী হবে না। যদিও ক্রোধ সবার হয়। বুদ্ধির ঘাটতি, অবস্হার মুখোমুখী হবার অক্ষমতাই অপরিপক্কতার কারণ।

ক্রোধের ওপর নিয়ন্ত্রণ পাবার মুখ্য উপায়

1. শান্তি ভাব প্রশান্তি– 'কর্ম' নামক অধ্যায়ে এটার ওপর চর্চা করা হয়েছে। বিকশিত হবার জন্য এটা এক সুন্দর বৈশিষ্ঠ্য। এটা একজন সম্পূর্ণ মানুষের দেখিয়ে দিচ্ছে, যে না কেবল জীবনের সমস্যাগুলির মুখোমুখী হয়েছে বরং সেগুলিতে জয়ী ও হয়েছে। একজন শান্ত স্বভাবের মানুষ নিজের ইতিবাচক ভাবনাগুলিকে নেতিবাচকতা হতে রক্ষা করে ও তা ভালো ভাবে বোঝে। সে শান্ত ভাবে ক্রোধ উৎপন্ন হতে দেয় না। সে নিজের অর্ধ মনোভাবকে নির্দেশিত ও নিয়ন্ত্রিত করতে জানে। জীবনের সার্থকতা সে বুঝে যায়, যখন সে অপরিপক্কতাকে চিনে ফেলে, তখন সে কেবল সহানুভূতি ব্যক্ত করে। সে ক্রোধকে নিজের ওপর আধিপত্য করতে দেয় না কেননা সে জানে যে ক্রোধ তাকে নিয়ন্ত্রিত করতে পারে না। এই ঈশ্বরীয় জগতে কিছুই খারাপ নয় এই অনুভব তার আছে। সে মানুষের অপরিপক্কতাকে চেনে এবং তার অনুচিত কর্মের প্রতি সহানুভূতি ব্যবহার গ্রহণ করে।

2. ধৈর্য– ক্রোধকে নিয়ন্ত্রিত করার জন্য ধৈর্য-এর প্রয়োজন হয়। সুতরাং এর অভ্যাস অবশ্যই করা উচিত। তাড়াহুড়ায় ও বিরক্তিতে করা কর্মটি হামেশা ক্রোধ তথা অধ্যের্যকে জম্ম দেয়, এতে কস্ট তথা বিধ্বংসের ও বৃদ্ধি হয়। গুরুত্বপূর্ণ বিষয়গুলিতে, যদি কারো মতামত না মেলে তাহলে ব্যক্তিকে ধৈর্য্য রাখা উচিত। অন্যের ভূলগুলি বিষয়ে কথা বলার পরিবর্তে ব্যক্তিটি ধৈর্য্যপুর্বক নিজের মতামতের বিষয়ে কথা বলতে পারে।

অন্য ব্যক্তির ওপর আক্রমণ করার পরিবর্তে সেই মানুষটির বলা উচিত যে তার কাজের ফলে তাকে কত ভাবনাত্মক ওল্ট পালটের মুখোমুখী হতে হয়েছে। সামনের ব্যক্তিটি না কেবল একজন শ্রোতার মতো সবকিছু শুনবে বরং সে নিজের ভূল ও অনুভব করতে পারবে।

3. নিঃস্বার্থ– স্বার্থী ব্যক্তির পরিচয় হচ্ছে ক্রোধ। স্বার্থী ব্যক্তি কোন বস্তুর দাবীদার না হলেও, সব কিছু নিজের অনুযাই পেতে চায়। জীবনে নিঃস্বার্থ মনোভাব গ্রহণ করুন, আপনার একজন ভালো ও জনপ্রিয় মানুষ হতে দেরী লাগেব না। স্বার্থী মানুষ হামেশা-ছল-চাতুরী দ্বারা ঘিরে থাকেন, যখন নাকি নিঃস্বার্থ মানুষ অন্যের সঙ্গতিতে আনন্দ পায়। নিঃস্বার্থ মানুষটি অন্যের সঙ্গতির আনন্দ প্রাপ্ত কবরে। নিঃস্বার্থী কখনো রাগ করেনা কেনান সে প্রভুর প্রতি পুরো ভরসা রাখে। ঈশ্বর তাঁকে সেটাই দেয় যার সে দাবীদার। এমনবস্থায় চর্চা করার সময় ব্যক্তি বিনা কোন বাঁধায় স্পস্টতার সাক্ষী হতে পারে। বিষয় থেকে সরে গেলে ভ্রম তথা ভুল বোঝাবুঝি জম্ম নেয়। কোন স্বার্থ ছাড়া, অন্যজনের কথা

শোনার চেষ্টা করুন কেননা আমরা যদি নিজেরই বিষয়ে কথা বলতে থাকি তাহলে আমাদের বিষয়টির কোন সমাধান হবে না।

4. ক্ষমাদান– অন্যদের ক্ষমা করতে শিখুন, কটুতা পরিত্যাগ করুন। যে আপনাকে আঘাত দিয়েছে, তাঁকে ক্ষমা করার সাহস রাখুন এব সমস্ত তিক্ততা ত্যাগ করুন। যদি আপনি ক্ষমাদান করতে পারেন, তাহলে আপনি ঘৃনা, জ্বলন ইত্যাদি নেতিবাচক চিন্তাধারাকেও দূরে তাড়াতে পারেন। লড়ার পরিবর্তে মেলা-মেশা করতে নিজের শক্তি ব্যয় করুন। যদি কোন লোকের কাছে কিছুই নেই তাহলে সে অন্যকে কেমনভাবে দেবে, সুতরাং ক্রোধ ও ঘৃণাকে এড়িয়ে, চলুন, অন্যথা শেষ পর্যন্ত ক্রোধ ও ঘৃনাই বিলি করতে হবে। অন্যকে ভুল প্রমাণিত করার কিংবা জয় করার পরিবর্তে ক্ষমাদান করে বিষয়টি নিস্পত্তি করতে শিখুন।

5. আত্মরক্ষা– কয়েকবার মানুষ নিজেরই ওপর রেগে যায়। যদি অপরাধবোধ অনুভব হয় তাহলে এই বিষয়ে বেশী চিন্তা করবেন না ও নিজেকে বলুন যে আপনি ভগবান নন। কেবল ঈশ্বরের কোন ভুল হয় না, মানুষ কখনো সম্পূর্ণ হতে পারে না, ঈশ্বর তথা মানুষের মধ্যে এটাই হচ্ছে পার্থক্য, কিন্তু এটাও মনে রাখবেন যে, কখনো নিজের ভুলের পুনরাবৃত্তি করবেন না। এটা কখনো মনে করবেন না যে, আপনি যে ভাবে বেঁচে আছেন, আপনাকে সেই জীবন কাটানোর অনুমতি দেওয়া হয়নি। নিজে নিজেকে সাজা দেওয়া বন্ধ করুন ও নিজেকে ভালো বাসতে শুরু করুন।

6. ঈশ্বর– নিজের সমস্ত কাজ এভাবে করুন যাতে মনে হয় ঈশ্বরের প্রতি কর্তব্য পালন করছেন। যদি আপনি নিজের কর্ম প্রভুকে সমর্পিত করে দেবেন তাহলে আপনি কখনো দুঃখ পাবেন না তথা কর্মফলের চিন্তা ও এসে ঘিরে ধরবে না।

যদি আপনি রেগে যান তাহলে নিজের মনকে সৃজনশীল দিশায় প্রবাহিত করার চেষ্টা করুন। যদি কথা বলতে-বলতে রাগ হয় তাহলে খুবই অন্যভাবে কথার বিষয়টিকে পরিবর্তন করুন কিংবা বিনম্রভাবে কোন অজুহাত দিয়ে ঘরের বাইরে বেরিয়ে যায়। ক্রোধ সৃষ্টিকারী ব্যক্তি অথবা কথার বিষয়ে চিন্তা করবেন না। সেই কার্যকলাপের ওপর নজর দিন, যা আপনি খুবই ভালো বাসেন।

যদি এই উপায় ও কার্যকরী না হয় তাহলে প্রভুর চিন্তন করুন, তথা ভাবুন, 'এর আগে বহু জন্মে আমি ক্রোধিত হয়েছি তথা নিজের ক্ষতি করেছি। ক্রোধ তো চলে গেছে কিন্তু ক্ষতি আমার হয়েছে, কিন্তু এখন আমি

ক্রোধরূপী চিন্তাধারাকে নিজের বর্তমান জীবনকে ক্ষতি করতে দেব না।'

কোন একান্ত জায়গায় গিয়ে ধ্যান করুন। কারোর সাথে ঝগড়ার পরে পরেই আত্মবিশ্লেষণ করবেন না। কেননা সেই সময় ব্যক্তিটি নেতিবাচক চিন্তাধারায় ঘিরে থাকে এবং তাই কোন ও জিনিসের প্রশংসা করার অবস্থায় থাকে না।

এক অন্য চিন্তাধারা অনুযাই কারোর ভালোর জন্য করা ক্রোধ খারাপ হয় না। এটা সত্য যে, যদি আপনি কারোর উপকার করার জন্য তাকে সাহায্য করার জন্য রাগ করেন, তাহলে তাকে সাত্ত্বিকই মনে করা হবে। যদিও এটাই প্রথম এবং শেষ আশ্রয় নয়। একে ভৌতিক প্রকৃতির নিয়ম তো মান্য করবে ও কিন্তু আধ্যাত্মিক প্রকৃতির নিয়ম এর পক্ষপাতি হবে না, কেননা আধ্যাত্মিক প্রকৃতির ব্যক্তি জানে যে সব কিছু ভ্রম, সাধারণ মানুষ যে জিনিসের জন্যই লড়ে, তাতে কোনো সত্য নেই। বাস্তব সত্য হচ্ছে এটাই যে ক্রোধের অভ্যাস চেতন কিংবা অবচেতন রূপে ব্যক্তির জীবনে দুঃখ তথা দুর্দশা আনে এবং তাকে সাত্ত্বিক কর্মের পথ থেকে দূরে সরিয়ে রাখে সুতরাং ক্রোধকে ত্যাগ করুন।

❑

অধ্যায় 10

অনাশক্তি

প্রায় ভৌতিক সুখ-সুবিধাগুলি থেকে আসক্তির অভাব চর্চা হলেই মানুষ মনে করে যে তাকে নিজের প্রিয় সব জিনিসগুলোর পরিত্যাগ করে দিতে হবে। সে ওই সময়ে মানসিক চিত্রন করতে লাগে যে সে একজন সাধু হয়ে ঘর-সংসার পরিত্যাগ করেছে, সে গৈরিক বস্ত্র ধারুন করে, লম্বা দাড়ীর সাথে হিমালয়ের কোন গুহায় বসে আছে কিংবা থেকে অন্য জায়গায় ঘুরে বেড়াচেছ। কিন্তু আপনি চিন্তা করবেন না, আমি এখানে ঘর-সংসার কিংবা কাজ ছেড়ে দেওয়ার কথা বলছি না কেননা তা করতে হলে ঘর সংসার-এর সাথে যুক্ত কর্তব্যগুলি থেকে বিমুখ বলে মনে করা হবে। শ্রীমদ্ভগবত গীতায় কর্তব্য বিমুখতাকে পাপ কর্মের সংজ্ঞা দেওয়া হয়েছে।

ভগবান শ্রীকৃষ্ণ পরিস্কার ভাবে বলেছেন–কর্ম করা অতি আবশ্যক কেননা এ ছাড়া তুমি জগতে বেঁচে থাকতে পারো না। যদি তুমি বেঁচেই না থাকবে তাহলে আমার পথে চলবে কেমন করে?

কর্তব্য-পুর্তির অভাবে আমরা প্রকৃতির সাথে তারতম্য করতে পারিনি। অনাসক্তি কিংবাজ বিরাগ থেকে আমার অভিপ্রায় হচেছ 'সুখ দ্বারা আনন্দ প্রাপ্তিতে সুখী না হওয়া তথা দুঃখ পেলে দুঃখী না হওয়া অথবা সমত্বভাব বজায় রাখা।

দ্বিতীয় অধ্যায়ের নিম্নলিখিত শ্লোকগুলিতে প্রভু বলেছেন–

'হে অর্জুন! মন সহিত ইন্দ্রিয়গুলিকে বশে রেখে, আমার পারায়ন না হলে পর মনের দ্বারা বিষয়গুলির চিন্তন হয় তথা বিষয়গুলিরা চিন্তনকারী পুরুষটির সেই সব বিষয়ে মোহ জম্মে। সেই মোহ দ্বারা বিষয়গুলির কামনা উৎপন্ন হয় তথা কামনায় বিঘ্ন পড়লে ক্রোধ উৎপন্ন হয়।'(62)

'ক্রোধ দ্বারা অবিবেক উৎপন্ন হয় তথা অবিবেক দ্বারা স্মরণশক্তি দিকভ্রান্ত হয়ে যায়, স্মৃতি ভ্রম হলে পর বুদ্ধির নাশ হয় তথা পুরুষটি

নিজের শ্রেয় সাধন থেকে পড়ে যায়।'(63)

'কিন্তু স্বাধীন অন্তঃকরণ সম্পন্ন পুরুষ রাগদ্বেষহীন নিজের বশে করা ইন্দ্রিয় দ্বারা বিষয়গুলিকে ভোগ করার সাথে অন্তঃকরনের প্রসন্নতা প্রাপ্ত করে।'(64)

প্রভুজী প্রত্যক্ষ রূপে অনাসক্তির পক্ষে তথা আসক্তির বিপক্ষে বলেছেন। শ্লোক 62-তে নিঃসন্দেহ দেখা যেতে পারে যে আসিক্তিই হচ্ছে ক্রোধ, ভ্রম তথা বাসনার মূলকারক, যেটার ফলে স্মৃতি ও বুদ্ধির ক্ষতিহয়, শ্লোক-64 তে ও আমরা দেখতে পাব যে অনাসক্ত ব্যক্তিটি সদা প্রকৃতির নিয়মগুলির সাথে সামঞ্জস্য রাখার সাথে কাজ করে, তার বিরুদ্ধে যায় না।

'যে পুরুষটি সম্পূর্ণ কামনাগুলিকে ত্যাগ করে মমতাহীন, অহংকারহীন ছিল। নিজের পরের মনোভাব না রেখে ব্যবহার করে থাকে। সে শান্তি প্রাপ্ত করে।'(71)

অনাসক্তি তথা বিরাগের শান্তির সাথে গভীর সম্পর্ক আছে। যদি আপনি ইন্দ্রিয় সুখ, বিষয়বাসনা, অধিকার তথা মিথ্যা অহংকার থেকে দূরে থাকলে তাহলে শান্তি প্রাপ্ত করতে পারেন। অনেক মানুষ এমনও আছেন যার অর্থ তথা মানের লোভে কর্ম করেন না। তাঁরা সমাজ সেবাকেই নিজের উদ্দেশ্য বলে মনে করেন। এ ধরনের ব্যক্তিদের কাছে অর্থ তথা মান নিজেই চলে আসে। এটা হচ্ছে প্রকৃতির একটি কুট নিয়ম। যদি আপনি ভৌতিক বস্তুগুলির মোহে পড়েন তাহলে সে আপনার কাছ থেকে আরো দূরে সরে যাবে।

দ্বিতীয় অধ্যায়ের শ্লোক সংখ্যা 9-এ প্রভু বলছেন–

'হে ধনঞ্জয়! এই সব কর্ম আমাকে বাঁধতে পারেনা। আমি এইসব ভৌতিক কার্যকলাপে অনাসক্ত তথা নিরপেক্ষ হয়ে থাকি।'

এখানে ভগবান শ্রী কৃষ্ণ বলছেন যে তিনি সমস্ত ভৌতিক গতিবিধিগুলি থেকে অনাসক্ত তথা নিরপেক্ষ আছি। সে কারোর পক্ষ নেন না। ঈশ্বরও নিজের জন্য নিয়ম কর্তব্যগুলির পালন করে, যদি সে নিজের কর্তব্য পালন না করে তাহলে তাঁর জগতে দুঃখই দুঃখ থাকবে, এবং জনসংখ্যার ও অতি হয়ে যাবে সুতরাং ঈশ্বর সম্পূর্ণ অনাসক্তির সাথে নিজের কাজ করছে।

এটা আপনার বিরোধাভাষ বলে মনে হতে পারে কেননা তা বুঝতে কিছুটা সময় লাগে কিন্তু আমায় ওপর আস্থা রাখুন এটা কোন বিরোধাভাষ নয় শুধু আমাদের এটা বোঝার জন্য কিছুটা সময় অতিবাহিত করতে হবে যে আমরা কি চর্চা করছি। 'অনাসক্তির' অর্থ কি। যদি পরিবার, বাড়ী,

কাজ ইত্যাদির ত্যাগ করে সাধু হয়ে যাওয়া অনাশক্তি নয় তাহলে এর অর্থ কি ? এর অর্থ হচ্ছে আপনি ফলের ইচ্ছা না করে কর্ম করে যান। আমরা এটা ধরে নিয়েছি যে ঈশ্বর নিরপেক্ষ, সুতরাং আমাদের এটাও জেনে নেওয়া উচিত যে তিনি করে যাওয়া প্রয়াসের অনুরূপই পরিণাম প্রদান করেন। সম্ভতঃ এই ধারনা কে বোঝা কিছুটা কঠিন হতে পারে, কেননা লোককে ছোটবেলা থেকেই শেখানো হয় যে তাকে লক্ষ্য ঠিক করে তার পুর্তি করতে হবে। জীবনে কোন ভাল লক্ষ্য রাখা ও পুরো শক্তির সাথে এর জন্য সুকর্ম করাও ভালো কিন্তু তা নিশ্চিত করা অপেক্ষার ভিত্তিতে সম্পন্ন করা অথবা এতে নিশ্চিত রকমের পরিণাম চাওয়া ভূল। সেই পরিণাম আপনার কর্মের পরিণামের সাথে যুক্ত নয়। যদি আপনি লক্ষ্য সম্পন্ন করে নিয়েছেন তাহলে আপনি সত্বর অন্য কম থেকে একই রকম পরিণাম চাইবেন, যদি পরিণাম অপেক্ষিত না হয় তাহলে অবসাদ গ্রস্ত মানুষ নিজের আত্মবিশ্বাস হারিয়ে ফেলে। তারপর অহেতুক চাপ পড়ে এবং সে নিজের সম্ভাবিত স্তর থেকে নীচে নেমে গিয়ে কাজ করে।

রবীন্দ্রনাথ টেগোর একবার বলেছিলেন–'যদি আপনি দুনিয়া থেকে কবি তথা তার কবিতাগুলি সরিয়ে দেন তাহলে আপনি সত্বর দেখতে পাবেন যে তার অনুপস্থিতিতে মানুষ শক্তি কোথেকে পাবে ? এরা সে লোক নয় যারা নিজের বস্তুগুলিকে অধিকারে রেখেছে, এরা সে লোক নয় যে কর্তব্যের মালা জপতে থাকছে এরা সে লোক নয় যে শেষে জয়ী হয়েছে কিন্তু তারা সেই লোক ছিলেন, যারা প্রেম করেছে, তারা সত্যিকারের অর্থে সমর্পন করেছে। তারা সমস্ত শক্তি দিয়ে কস্টকে স্বীকার করেছে তথা সেই শক্তির জোরে কস্টের মুখোমুখী হয়েছে। তারা সাচ্চা আনন্দের সৃজক ছিলেন, যাকে তারা মোহ থেকে বহু দূরে পেয়েছে।'

শ্রীমদ্ভগবত গীতায় প্রভু স্পস্টরূপে বলেছেন যে মস্তিস্ককে ধ্যান দ্বারা তথা মোহ-মায়া থেকে দূরে থেকেই বশে করা যেতে পারে। জীবনে আধ্যাত্মিক অথবা ভৌতিক সাফল্য পাবার জন্য আপনাকে নিরপেক্ষ হতেই হবে। অনাসক্তির অর্থ এটা নয় যে, আপনার জীবনের আনন্দ নেওয়া উচিত নয়। শুধু এর উদ্দেশ্য ভৌতিক লাভের পরিবর্তে সন্তোষ ও শান্তির ওপর কেন্দ্রীত হওয়া উচিত। এই অভ্যাসে প্রসন্নতার তুলনায় বেশী আনন্দ প্রাপ্ত হয়। 'প্রসন্নতা তথা আনন্দ' দুনি ভিন্ন শব্দ। যখন ব্যক্তি নিজের কোন স্বার্থের পুর্তি করে তখন সেই ব্যক্তিগত লাভের জন্য সে প্রসন্নতার অনুভব করে। যখন কোন ব্যক্তি ব্যক্তিগত স্বার্থের উর্দ্ধে অন্যের ভালো করে তখন সে আনন্দ অনুভব করে।

আনন্দের স্রোত আমাদের হৃদয়ের মধ্যে আছে তথা প্রসন্নতা ভৌতিক

সুখ-সুবিধা দ্বারা প্রাপ্ত হয়। পরের বার যখনই আপনি নিঃস্বার্থ মনোভাবে কারোর সাহায্য করবেন তখন সেই আনন্দময়ী ভাবনার সাক্ষী হয়ে এটা ঠিক করবেন যে, আপনি প্রসন্নতার পরিবর্তে সেই আনন্দের অনুভব করবেন। এটাই হচেছ অনাসক্তি। অনাসক্তিতে প্রভুর প্রতি আত্মসর্ম্পন অন্যের জন্য ও সাহায্যের জন্য ত্যাগ, ক্ষমতা সদাচার ও প্রেম সামিল।

প্রভুর প্রতি সর্ম্পন

এখানে শীমদ্ভাগবদগীতা থেকে শ্লোক দেওয়া হচেছ, যেটায় প্রভু স্পষ্টভাবে বলেছেন যে, আমাদের নিজেদের কর্মটিকে প্রভুতে সর্ম্পন করে দেওয়া উচিত। যখন কেউ পরিণামের প্রতি অনাসক্ত থাকা শিখে নেয় তখন সে চিন্তাহীন ও আনন্দময়ী ব্যক্তিরূপে নিজের কর্তব্যের পূর্তি করে নিতে পারছে। তার অবসাদ, অপেক্ষা, মানসিক চাপ, ঘৃনা, নেতিবাচকতা ও অনাবশ্যক চিন্তা দূর হয়ে যাবে। কাজ করার ক্ষমতায় ও কয়েক গুণ বৃদ্ধি ঘটবে কেননা ব্যক্তিটি ঈশ্বরকে না কেবল চারিদিকে পাবে-বরং দিব্য রূপে একজন মিত্র তথা বিশ্বাস পাত্র ও পাবে।

লোকেরা প্রায় বলেন যে অর্জুন সৌভাগ্যশালী ছিলেন। সে যুদ্ধের অসুবিধাগুলিতে প্রভুকে নিজের নিকটে পেয়েছে কিন্তু সে অভাগা, কেননা প্রভু তার সঙ্গে নেই। এমন মানুষ কখনো জানতে পারে না যে, প্রভুতো সর্বত্রই আছেন। যদি তাঁকে স্মরণ করা যায় তখন সে সদা সহায়ক হোন। এ ধরনের ব্যক্তিদের কাছে নিজের কষ্টের কান্নার জন্য অনেক সময় থাকে, কিন্তু প্রভুর স্মরণের জন্য সময় হয়ে ওঠে না। দূর্ভাগ্যের কথা যে প্রায় ঈশ্বরকে দুঃখ কিংবা প্রয়োজনে স্মরণ করা হয় মানুষের কান্না বিষাদের তো সময় হয়ে যায়, কিন্তু কেবল ঈশ্বরকে স্মরণ করার সময় হয় না।

আসুন, মহান গ্রন্থ ও মহাকাব্য মহাভারতের আরো একটি উদাহরণ নি। এখানে আমি আপনাকে একটি রোচক প্রসঙ্গ শোনাতে চাই, যখন পাণ্ডবরা জুয়োয় নিজের অর্থ তথা সম্পদ হেরে যায় তখন তারা দ্রোপদিকেও দাও ধরে দেয়। কৌরবরা দ্রোপদিকে বস্ত্রহরণ দ্বারা তাঁর অপমান করতে চায়। যখন প্রভু দ্রোপদির বস্ত্র বৃদ্ধি করে লজ্জা নিবারণ করে তখন দ্রোপদি তার কাছে দেরী তে আসার কারণ জিজ্ঞাসা করে। প্রভু শান্ত মনে দ্রোপদীর উত্তর দেন।

আমি আসতে দেরী করতাম না কিন্তু তুমি সংকটের সময়ে নিজের স্বামী ভীষ্ম পিতামহ তথা গুরু কৃপাচার্য্যকে ডেকেছো, কিন্তু তাঁরা তোমাকে সাহায্য

করতে পারেনি। যখনই তুমি আমার সাহায্য চেয়েছো, আমি সত্বর এসে গেছি। যেভাবেই তুমি আত্মসর্ম্পন করেছো আমি শীঘ্রই পৌঁছে গেছি। সুতরাং আমি আসতে দেরী করেনি, তুমি আত্মসর্ম্পন করতে দেরী করেছো।গু

পঞ্চম অধ্যায়ে প্রভু বলছেন–

'হে অর্জুন! যে পুরুষ সমস্ত কর্মগুলিকে পরমাত্মায় অর্পন করে তথা সম্পর্ক ত্যাগ করে কর্ম করে, সেই পুরুষ জলে কমলের পাতার মতো পাপের কর্মে লিপ্ত হয় না।'(10)

'সুতরাং নিস্কাম কর্মযোগী কর্মের ফলকে পরমেশ্বরের কাছে অর্পন করে ভগবত–প্রাপ্তিরূপে শান্তি প্রাপ্ত করে তথা সকামী পুরুষ ফলে আসক্ত হয়ে কামনার দ্বারা বাঁধা পড়ে। সুতরাং নিস্কাম কর্মযোগীই হচ্ছে উত্তম।'(12)

শ্লোক সংখ্যা-10 তথা 12 তে স্পষ্ট রূপে বর্ণিত আছে যে যদি আপনি নিজের কর্মটি প্রভুকে সমর্পিত করবেন তো প্রভুর দিক থেকে ইতিবাচক উত্তর পাবেন। আপনি জীবনে শান্তি তথা সন্তুষ্টি প্রাপ্ত করবেন। এটাই হচ্ছে আজ মানুষের সবচেয়ে বড় ইচছা। যদি কোন ব্যক্তি লোভী হয়ে ঈশ্বরের কাছে পরিণামের অপেক্ষা রাখতে লাগে তখন সে জীবনের জঞ্জালে আরোও বেশী করে জড়িয়ে পড়ে এবং সর্বদা বিভ্রান্ত থাকে। এর থেকে স্পষ্টতার অভাব আর্থিক হয় তথা কর্মটি আরোও খারাপ হয়ে যায়।

চতুর্থ অধ্যায়ে প্রভু বলছেন–

'হে পার্থ! যে আমাকে যেমন বন্দনা করে সেও আমাকে এভাবেই বন্দনা করে। এই রহস্য কে জেনেই বুদ্ধিমান মানুষ সব ধরনের আমার পথেই চলে।'

আমাদের ভোলা উচিত নয় যে প্রভুর প্রতি আত্ম সর্ম্পন করেই আপনার সফলতা তথা ব্যর্থতার মাত্রা স্হির হয়।

'যে পুরুষটি সাংসারিক আশ্রয়হীন হয়ে সদা পরমানন্দ পরমাত্মায় তৃপ্ত হয়। সে কর্মের ফল তথা অভিমানকে পরিত্যাগ করে কর্মে ভালো ভাবে আচরণ করে ও কিছুই করে না।'(20)

'সম্পূর্ণ শরীর তথা অন্তঃকরণ কে জয়ীকারী তথা সম্পূর্ণ যোগগুলির ত্যাগকারী আশা না করা পুরুষটি কেবল শরীর সম্পর্কিত কর্ম করার সাথে ও পাপে প্রাপ্ত হয় না।'(21)

সপ্তম অধ্যায়ের শ্লোক সংখ্যা 14তে প্রভু বলছেন–

'আমার অলৌকিক ত্রিগুণময়ী মায়া বহু কঠিন কিন্তু যে পুরুষটি নিরন্তর আমার বন্দনা করে, সে এই মায়ার উলংঘন করে থাকে, অর্থাৎ জগতের ভবসাগরে পার হয়ে যায়।'

নিজেকে প্রভুর সামনে সমর্পিত করে দিলেই আন্তরিক শান্তি পাওয়া যায়। তবেই আপনি প্রকৃতির তিনটি রূপের ওপর বিজয় অর্জিত করতে পারেন। ধনী হোক কিংবা গরীব, প্রভুর প্রতি পূর্ণরূপে সমর্পিত হওয়া ছাড়া প্রসন্ন থাকতে পারে না। বাহ্যিক রূপে হয়তো প্রসন্ন মনে হতে পারে কিন্তু সে ভেতর থেকে অপ্রসন্নই থাকে। প্রতিটি মানুষ অন্যের সাথে মেলা-মেশা করার সময় ভালো হওয়ার চেষ্টা করে থাকে। সুতরাং এধরনের ব্যক্তি জীবনে কখনো সফল হতে পারে না, যে নিজেকেই নিজের কর্মের তথা ভাগ্যের নিয়ন্তা বলে মনে করে।

ত্যাগ

যতক্ষন পর্যন্ত ব্যক্তি অনাসক্ত হবে না, সঠিক অর্থে ত্যাগ সম্ভব নয়। সত্যিকারের ত্যাগের অর্থ হচ্ছে যে ব্যক্তি কিছু পাবার ইচ্ছা-ছাড়া, স্বেচ্ছায় কোন জিনিস দিয়ে দেয়। আমাদের মধ্যে অনেকাংশ এই আদর্শের পালন করে না কেনন আমরা যে সমাজে বেঁচে আছি, সে আমাদের 'যেমনকে তেমন' এর নিয়ম শেখায়। এই ভৌতিকবাদী জগতে আমাদের সর্বাধিক প্রভাবী, শক্তিশালী, ধনী ও সমৃদ্ধ ব্যক্তিদের প্রতি ভালে হওয়া শেখানো হয়, কেননা মনে করা হয় যে এসব লোকেরা নিজের মতো আমাদের ও ভাগ্য উদিত করতে পারে। এই দৃষ্টিকোন আমাদের এটাও শেখায় যে নিজের চাইতে হীন তথা এ ধরনের ব্যক্তিদের বেশী পরোয়া করা উচিত নয় যে আমাদের কিছু সাহায্য করতে পারে না। আপনি নিজেকে জিজ্ঞাসা করুন যে এটা করা উচিত? নিশ্চিত ভাবে আপনাদের সবার উত্তর হবে 'না'।

কিন্তু আমরা বহু বছর ধরে এই অভ্যাসকে নিরন্তর চালিয়ে যাচ্ছি, এবং আমরা তা আগামী প্রজন্মকে দায়িত্ব দিয়ে চলেছি। মা-বাবা দাবী করেন যে সে খুব ভালোভাবে বাচ্চাদের লালন-পালন করছেন, কিন্তু মা-বাবার মধ্যে স্বাভাবিক ভাবে তোমার আমার এর ঝোঁক চলে আসে যা তার স্বার্থী হবার সূচক। এতে জানা যায় যে সেও স্বার্থবশ ছেলেদের সম্ভাব্য সব ধরনের লালন-পালন করতে চান।

মোহ মায়া থেকে দূরে সরে গিয়ে আপনি সত্যিকারের রূপে ত্যাগ

করতে পারেন না। সত্যিকারের ত্যাগ কখনো কোন ইচ্ছা পোষন করে না। আমি জানি যে এই বাক্যটি আমাদের গলার নীচে নামবে না কেননা আমরা এমন যুগে বেঁচে আছি, যেখানে 'যেমন কে তেমন'-এর মন্ত্র করতে হয়। জগত আমাদের শিক্ষা দেয় যে শক্তিশালী, ধনী, তথা প্রভাবশালী শক্তিদের সামনে আমাদের নত হওয়া উচিত কেননা সে আমাদের নিজেদের মতো করে গড়ে তুলতে পারে। জগত আমাদের নিজেদের তুলনায় ছোট লোকদের উপেক্ষা করতেও শেখায়।

তৃতীয় প্রভু বলছেন–

'যজ্ঞে অবশিষ্ট অন্ন আহারকারী শ্রেষ্ঠ পুরুষ সমস্ত পাপ থেকে মুক্ত হয়ে যায়, যে পাপী নিজেরী শরীর পোষনের জন্য আহার তৈরী করে, সে তো পাপ কেই ভজন করে।'(13)

'কেননা সম্পূর্ণ প্রাণী অন্ন দ্বারাই জন্মগ্রহণ করে তথা অন্নের উৎপত্তি বর্ষা দিয়ে হয় তথা বর্ষা যজ্ঞ দ্বারা হয় তথা যজ্ঞ কর্মগুলির দ্বারা উৎপত্ন হবে।'(4)

'হে পার্থ! যে পুরুষটি এই ভাবে এই লোকে অব্যাহত সৃষ্টি চক্রের অনুযাই ব্যবহার করে না, সে ইন্দ্রিয় সুখ ভোগকারীপাপ আয়ু পুরুষ ব্যর্থই বেঁচে আছে।'(6)

চতুর্থ অধ্যায়ের শ্লোক সংখ্যা 31 এ প্রভু বলছেন–

'হে অর্জুন! তাগ ছাড়া নে মানুষ এই জীবন অথবা এই পৃথিবীতে সুখী থাকতে পারে না, তাহলে অন্য জগতের কথা কি বলব।'

নবম অধ্যায়ে প্রভু বলছেন–

'হে অর্জুন! সম্পূর্ণ যজ্ঞের ভোক্তা তথা স্বামী আমিই। কিন্তু সে আমাকে যজ্ঞ স্বরূপ পরমেশ্বর কে তত্ত্ব দ্বারা জানে না। সুতরাং পূর্ণ জন্ম নিয়ে থাকেন।'(24)

'হে অর্জুন! তুই যা কিছু কর্ম করছিস। আহার নিচ্ছিস। হবন করছিস, দান দিচ্ছিস তথা নিজের ধর্ম পথে চলে তপ করছিস, সে সব আমায় অর্পন কর।'(27)

সপ্তম অধ্যায়ে প্রভু বলছেন–

'ফলের কামনা না করা শাস্ত্রবিধিতে কর্তব্য মনে করে করা যজ্ঞকে সাত্বিক বলা হয়।'(11)

'হে অর্জুন! যে যজ্ঞ কেবল দেওয়ার জন্য তথা ফলের উদ্দেশ্য কে মাথায় রেখে–কবরায় হয়, তাকে তুই রাজস বলে মন কর।'(12)

'শাস্ত্রবিধি দ্বারা হীন তথা অন্নদানহীন এবং মন্ত্র তথা দক্ষিনা ছাড়া শ্রদ্ধা না রাখতে গিয়ে যজ্ঞটিকে তামস বলা হয়।'(13)

'হে অর্জুন! দান করাই হচেছ কর্তব্য, এই মনোভাবে যে দান, বেশ কাল, পাত্রে হওয়ার পর প্রতিদানে করা সাহায্য কে যারা করছে না তাদের দেওয়া হলে তাকে সাত্বিক বলা হয়।'(20)

'যে দানটি ক্লেশ পূর্বক নিজের সাংসারিক কার্য সিদ্ধ করার আশায় অথবা ফল কে উদ্দেশ্য মনে করে দেওয়া হয় তাকে রাজস বলা হয়।'(21)

'যে দানটি সম্মান না করে অযোগ্য দেশকালে কূপাত্রদের জন্য অর্থাৎ চুরি ইত্যাদি নীচকর্মচারীদের জন্য দেওয়া হয়, তাকে তামস-বলা হয়।'(27)

'বেদের ব্যাখ্যাকারী শ্রেস্ঠ পুরুষের শাস্ত্রবিধি দ্বারা নিয়ত করা যজ্ঞ দান তথা তপরুপ ক্রিয়াগুলি সদা 'ওম্ উচ্চারণ দিয়েই আরম্ভ হয়।'(24)

'হে পার্থ! শ্রদ্ধা না রেখে হবন দান তথা তপ ইত্যাদি কর্ম আসত বলে জানা যায় তথা না তো ইহলোকে লাভজনক হয় আর নাই বা অন্য লোকে।'(28)

অষ্টাদশ অধ্যায়ের পঞ্চম শ্লোকে প্রভু বলছেন–

'যজ্ঞ, দান তথা তপরুপ কর্ম ত্যাগ করার যোগ্য নয়। এটা তোএকটি কর্তব্য কেননা যজ্ঞ, দান তথা তপ এই তিনটিই বুদ্ধিমান পুরুষদের পবিত্রকারী ?'

এটা তাদেরইই বিগত কর্ম, যা দুঃখ তথা কস্টরূপে সামনে আসে। মনে রাখবেন জীবন হচেছ এক নিরন্তর অব্যাহত প্রক্রিয়া তথা প্রভু পক্ষপাতি নয়।

প্রেম

প্রেম শব্দটি শুনতেই লোকদের মাথয় নিজের মা-বাবা, বোন-ভাই পুরুষ অথবা নারী মিত্রের চেহারা ঘুরতে লাগে। তথা ভালোবাসায় মানসিক চাপ তথা বিচ্ছিন্নতা চলে আসে। যদি প্রেম শুদ্ধ তথা দিব্য তাহলে এতে বিচছন্নতা চলে আসে। যদি প্রেম শুদ্ধ তথা দিব্য ভিত্তিক প্রেস। এই প্রেমের ওপর ভিত্তি করে আপনি সর্বদা কিছু মানুষের সাথে জড়িয়ে থাকেন।

প্রেম সমস্ত শতর্ব অথবা সীমার উর্দ্ধে হওয়া উচিত যাতে আপনি প্রতিটি মানুষকে কোন বৈশস্য ছাড়া গ্রহণ করতে পারেন। আপনি জিজ্ঞাসা করতে পারেন যে যাকেজানি নাত তার সাথে কি করে প্রেম করতে পারি ? কিন্তু আপনাকে সবার সাথে সমান রূপে প্রেম করতেই হবে।

প্রতিটি মানুষকে সমান রূপে দেখুন। আমরা জানি যে প্রভু সর্বত্র আছেন তথা সবার হৃদয়ে বসবাস করেন। এমনবস্হায় যদি আমরা ভেদাভেদ করি

তাহলে এর অর্থ দাঁরাবে যে আমরা ঈশ্বর তথা তার বিধানগুলির অবহেলনা করছি। সুতরাং সবার সাথে সমনা ব্যবহার করুন। হতে পারে, এই অভ্যাসে আপনার অসুবিধা হবে কিন্তু কিছু দিনেই আপনি অভ্যস্থ হয়ে উঠবেন।

মা-বাবা নিজের ছেলেদের বড় হয়ে যায় তখন মা-বাবা নিজের দ্বারা করা আত্মত্যাগের কথা স্মরণ করিয়ে তার কাছে প্রত্যসা চায় যে তারা তার ইচ্ছাগুলি তথা আদেশের পালন করবে ও তার দায়দায়িত্ব নেবে। মা-বাবা ভূলে যান যে পুত্রের ও নিজের পরিবারের প্রতি নৈতিক কর্তব্য হয়। এইভাবে কলহ চলতে থাকে। কয়েকবার এমন হয় যে নিজের মা-বাবার ইচ্ছাগুলি তথা স্বার্থ থেকে বিরক্ত হয়ে ছেলেরা অনসেজ হয়ে যায়। এমনবস্হায় মা-বাবাকে কস্ট ও করতে হয়। এই ধরনের ছেলেদের কাছে আমি বলতে চাই যে–

'ভালো তথা খারাপের পার্থক্য করতে শেখ। অবস্হা যাই হোক না কেন দৃঢ় ভাবে তার মুখোমুখি হও। মা-বাবার দ্বারা করা আত্মত্যাগকে সর্বদা মনে রেখো তথা নিজের স্বামী/স্ত্রীকেও সম্মান করো।'

স্বার্থ ভিত্তিক প্রেম– এটা আপনার জীবনে শুধু মানসিক তাপ তথা অবসাদ ই দিতে পারে। নিম্ন বিন্দুগুলিতে নজর দিন–

অর্থের জন্য প্রেম, যশের ইচছা, ধ্যান তথা দেখাশোনা, লালন-পালন।

অর্থের জন্য প্রেম– অর্থের জন্য প্রেম দ্বারা প্রায় মানসিক চাপ সৃষ্টি হয়। অর্থ উপার্জন করা খারাপ নয়, কিন্তু তা বেআইনী ভাবে উপার্জন করা খারাপ। অর্থের চিন্তা মাথায় আসতেই মানুষ এ ধরনের লোকদের সাথে দূরত্ব বজায় রেখে চলেন, যারা এই বিষয়ে কোন গুরুত্ব রাখে না, এমন কি নিজের পরিবারটি কেও উপেক্ষা করে দেন। সে প্রয়োজনের তুলনায় বেশী সর্তক হয়ে যায় এবং এ ধরনের লোকদের সাথে সঙ্গ গড়ে তোলে যারা তার অর্থ উপার্জনের ইচছায় সহায়ক হতে পারে, কিছু লোকের জন্য অর্থ হচেছ জীবন থেকেও বড় ব্যাপার, সে তা হাসিল করারজন্য যে কোন পর্যায়ে যেতে পারে। অর্থের জন্য প্রেম এতই গভীর হয়ে যে সে পরিবারকে পরিত্যাগ করতে ও তৎপর হয়ে ওঠে।

যখন পরিবারটি উপেক্ষিত হবার অভিযোন করে তাহলে উত্তর মেলে যে 'তোমার জন্যই তো এসব করছি।' আজকাল লোকেরা সুযোগ পেলেই বিদেশে যাওয়ার জন্য প্রস্তুত হয়ে যায়, যেমন গ্রারেম লোক গ্রাম থেকে শহরে চলে আসেন যাতে অধিক উপার্জন করতে পারে। তারা শহরে এজন্য আসেনা যে গ্রামে তার জন্য খাবার নেই। বরং বেশী অর্থ পাবার লালসাই তাদের বছরের পর বছর ঘর সংসার থেকে দূরে রাখে। এসবগুলিতে মানসিক

চাপ সৃষ্টি হয়। এটা এজন্য হয় যে কেননা তারা নিজেরই স্বার্থবশ ইচ্ছাগুলিতে বাঁধা আছে। অর্থের সাথে সম্পর্ক তাকেপরিবার থেকে দূর করে দেয়, এই ভাবে সে স্বয়ং কে একজন স্বার্থী থেকে বিছিল করে অন্য স্বার্থের সাথে যুক্ত করে দেয়।

লালন-পালন তথা দেখভাল– এই বিষয়ে আমরা চর্চা করেছি। মা-বাবা নিজের স্বার্থের জন্য ছেলেদের ওপর দায়ী করতে লাগে। তাঁদের মনে হয় যে ছেলেরা তাদের শরীরের কেটি অংশ সুতরাং, সে তার ওপর পুরো দাবী রাখেন, সে এটা ভুলে যান যে কেবল ঈশ্বরই সব কিছুর ওপর দাবী রাখেন, অন্য কেউ নয়।

যশ অথবা প্রসিদ্ধির ইচ্ছা– কেবল প্রসিদ্ধির কামনাকারী ব্যক্তি নিজের চাইতে ছোট তথা হীন ব্যক্তিদের সাথে সম্পর্ক রাখেন না। তারা ধনী-স্বছল ব্যক্তিদের পেছনে দৌড়ান। বাস্তবে তাদের প্রসিদ্ধি ছাড়া কারোর সাথে প্রেম করেন না।

কয়েকজন লোকের মনে প্রসিদ্ধির গভীর কামনা হয়। তারা সেখানেই থাকুক, লোকেরা তাদের ঘিরে থাকুক ও প্রশংসাপাক, সে অন্যের নজর কাড়ার জন্য তথা সম্মান চান। সমৃদ্ধ হলে, চেনা জানা হলে ও প্রশংসা পাওয়ার এই বিচিত্র ইচ্ছা কেবল তাঁদের জন্যই নয় বরং অন্যের জন্য ও ক্ষতিকারক হয়।

সে এই সম্পর্কের জন্য যে কোন পর্যায়ে যাওয়ার জন্য তৈরী থাকেন। জীবনে এই ধরনের স্বার্থী প্রেমের কোন জায়গা হওয়া উচিত নয়।

ক্ষমা

ক্ষমা, হচেছ প্রেম ও সামঞ্জস্যয়-এর মহান স্রোত। যদি সবাই একে জীবনে প্রাথমিকতা দিতে থাকে, তাহলে মানসিক চাপ ও অরাজকতার চিহ্ন মুছে যাবে। আজকাল 'মাফ করুন' একটি সাধারণ বাক্য। সঠিক অর্থে এর মানে দাঁড়ায় যে বাক্যটি যিনি বলেছেন সেই ব্যক্তি ক্ষমা চাইছে, অন্যথা, সাজামিলতে পারে, যা মারাত্মক ও হতে পারে। ক্ষতাদানের একটি প্রসঙ্গ সুসমাচারেও আসে–কয়েকজন লোক একজন মহিলাকে ব্যভিচারের অভিযোগে যীশুর সামনে হাজির করে এবং তাঁকে বলে, 'স্বামী এই মহিলাটি ব্যভিচারিনী আমাদের মুসা বলেছেন যে' একে পাথর দিয়ে মারা উচিত, আপনি কি বলছেন ?'

যীশু কোন জবাব দেননি কিন্তু তারা বার-বারর জিজ্ঞাসা করতে থাকলে তিনি বলেন, 'আপনাদের মধ্যে প্রথম পাথরটি সেই ছুড়বে, যে কখনো কোন পাপ করেনি।' এটা শুনতেই লোকেরা নিজের ভুল বুঝতে

পারে এবং এক-এক করে তারা সেখান থেকেব চলে যায়। যখন যীশু সেই মহিলাটির সাথে একলা থেকে গেলে পর তিনি জিজ্ঞাসা করেন–'অভিযোগকারীরা সব কোথায় গেল? কেউ তোমাকে দোষী সাব্যস্ত করে নি।' সে বলে, 'প্রভু নয়,' তারপর জীসস বলেন, 'আমিও তোমাকে দোষী সাব্যস্ত করছি না, যাও আর পাপ করো না।'

আজ আমাদের সমাজ ক্ষমার বিষয়ে তো কথা বলে কিন্তু এমন কোন সুযোগ এলেই তার ব্যবহার বদলে যায়। হয়তো এই কারণে অপরাধে লিপ্ত ব্যক্তিরা সাধারণ জীবন অতিবাহিত করার সুযোগ পান না। ক্ষয় রোগ ইত্যাদি রোগে গ্রস্ত রুগীদের পরিবার তথা সমাজ গ্রহণ করতে অস্বীকার করে দেয়, যখন নাকি এতে তার কোন দোষ নেই। আধুনিক যুগে ক্ষমা একটি শব্দ হয়ে মাত্র রয়ে গেছে।

যদি আপনি জীবনে সফল হতে চান তাহলে আপনাকে ক্ষমা ভাব গ্রহণ করতে হবে কেননা এটা প্রভুরই একটি রূপ। আমি এটা বলছি না যে আপনি অন্যকে তার ভুলের অনুভব না করিয়ে ক্ষমা করে দেন। দয়া করে তা উপেক্ষিত করবেন না কেননা হতে পারে, যে সেই ব্যক্তিটি জানে না যে সে কি করছে। এ ধরনের মানুষদের সাথে নম্রভাবে ব্যবহার করুন।

মনে রাখবেন যে যদি আপনি এসবগুলিতে সম্পর্ক না রাখেন তাহলে তার খারাপ ব্যবহার আপনার ক্ষতি করতে পারবে না, আর নাই বা আপনার মনে আঘাত দিতে পারবে, যদি সেই ব্যক্তিটি আপনার সাহায্য চায় তাহলে পিছপা হবেন না যাতে সে নিজের ভুলের পুনরাবৃতি করতে না পারে। সচেতন ভাবে লোকদের ক্ষমা করুন। শীঘ্রই আপনি অনাসক্তির আনন্দ প্রাপত করবেন।

আত্ম-ক্ষমাদান– কোন ও ভুল হলে পর নিজে নিজেকে ক্ষমা কর,ন তথা সেই ভুলটি ভবিষ্যতে না করারশপথ নিন কিন্তু আমাদের মধ্যে অনেকাংশ তা করতে পারে না। আমর নিজেদের কর্মে বাধা। আমাদের নিজেদের প্রতি গর্ব আছে সুতরাং যখন কখনো জেনে বা না জেনে ভুল করছেন, তখন আমাদের অনুশোচনা হয়। ধরে নিন যে আপনার কোন ভাল কাজ ও কারোর মনে আঘাত দিয়েছে, তাকে দুঃখী করেছে তখন ও কি আপনাকে নিজের প্রতি কঠোরতা অবলম্বন করে অনুশোচনা করা উচিত? এর উত্তর 'না' ই হবে কেননা যখন আপনি কোন ভুলই করেননি তাহলে অনুশোচনা কেন? যদিও এই সত্যটি শুনতে তিক্ত মনে হতে পারে। আত্ম-ক্ষমাদানে শরীর, মন ও আত্মা-সামঞ্জস্য-এর অবস্হায় আসে।

আত্মক্ষমা দ্বারা আপনার শরীর, আত্মা তথা মস্তিস্ক একে অপরের

সাথে সামঞ্জস্য করতে পারে। যদি আপনি জেনে বুঝে ও কোন ভুল করেছেন, তাহলেও ও নিজেকে ক্ষমা করার প্রয়াস করুন না হলে আপনার চিন্তাধারায় নেতিবাচকতা বৃদ্ধি পাবে, যার ফলে অবস্থা আরো খারাপ হতে পারে।

কোনও মানুষ যনজের মধ্যে সম্পূর্ণ হয় না। যদি আপনি কোন উদ্দেশ্যে প্রয়াস চালিয়েছেন তাহলে এটা জরুরী নয় যে আপনি সফল হবেনই। যদি আপনি পরাজয়ের গ্লানিকে না কাটাতে পারেন তাহলে আপনার পরের কাজেও এর কুপ্রভাব ফেলতে পারে।

প্রকৃতি ও নিজের সঙ্গে সামঞ্জস্য বজায় রাখার জন্য ব্যক্তিকে অতীতের খারাপ স্বপ্নের মতো ভুলে যাওয়া উচিত ও বিগত ভুলগুলি থেকে শিক্ষা নিয়ে ভবিষ্যতে পুণরায় না করার সংকল্প নেওয়া উচিত।

থামস এডিসন কে কম করে দশ হাজার বার হতাশ হতে হয়েছিল, কিন্তু সে প্রত্যেক বার নিজেকে ক্ষমা করে দিয়েছিলেন অন্যথা তিনি কখনো সফল হনেত পারতেন না। যদি তিনি নিজের ভুল নিয়ে পড়ে থাকতো তাহলে বিশ্বে বিপ্লব আনতে পারতো না। যা হয়ে গেছে, তাতে মগজ খাটিয়ে লাভ কি। দৃঢ় সংকল্পের সাথে লক্ষ্য অর্জিত করার জন্য লেগে পড়ুন ও সময় সীমা নিধারিত করবেন না কেননা সেটা আপনার বশে নেই।

সাধু আচরণ

একজন আসক্তিশুন্য ব্যক্তির মধ্যে সততার গুণ ভরা থাকে। সে নিজের কর্মের ফল বিষয়ে চিন্তা করে না সে এমন কোন কাজ করেনা যার কারণে তাকে ব্যাকুল হতে হবে। যেটা আপনি জানেন যে প্রভুকে ধোঁকা দেওয়াজ যায় না তথা তার গণনায় ও কখনো ভুল হয় না। আমরা সবাই জানি যে সবাই সেটাই পার যায় সে দাবীদার।

এখন তো সেই প্রভুর প্রতি আপনার আস্থা পূর্বের তুলনায় আরো দৃঢ় হয়ে গেছে, ...আপিন এটাও বিশ্বাস করেন যে কর্মটি আপনার হাতে তথা কর্মফল প্রভুর হাতে।

যদি আপনার সাধু আচরণ, সততা তথা নৈতিক মুল্যবোধের সাথে আপোষের প্রশ্ন দাঁড়ায়ে, তাহলে আপনাকে কম করে দুইবার চিন্তা করে নেওয়া উচিত।

এই যুগে পাপ ও অত্যাচারের হাঁকফাক। লোকেরা প্রায় অর্থ তথা যশের কামনায় নিজের, সত্য নিষ্ঠার সাথে আপোষ করছে। সে এ জন্য করছেন কেননা তাদের মধ্যে এই সংসয় গড়ে উঠেছে যে কেবল অর্থই

তাদের পরিবারকে প্রসন্নতা দিতে পারে। তারা অর্থ তথা আরামদায়ক জীবন যাত্রায় এতই অভ্যস্ত হয়ে যান যে তা পাবার জন্য যে কোন পর্যায় পর্যন্ত যেতে প্রস্তুত। অবশ্যই এটা প্রকৃতির নিয়মের বিরুদ্ধে। অজানা লোকেরা কেশী বেশী সংখ্যায়, পাপ কর্মে লিপ্ত আছেন, সেই জন্যই আমরা এত দুঃখ কষ্ট ও মানসিক-চাপের মধ্যে থাকি। দুঃখ শব্দটি কেবল গরীব লোকদেরপ্রতিই নয় বরং সেই সব ধনী ব্যক্তিদের সাথেও যুক্ত কেননা তারাও পীড়িত। নিজের কুকর্মের কারণেই তার এই দশা। মনে রাখবেন সব উজ্জ্বল বস্তু সোনা হয় না, সুতরা যদি আপনি চিন্তা করছেন যে সমস্ত বিখ্যাত লোকেরা রাজনীতিবিদ ও ব্যবসায়ী খুবই আনন্দে আছে, তাহলে আরো একবার ভাবুন।

আসক্তি ছাড়া সততা ও সত্যনিস্ঠা বজায় রাখা কঠিন। যদি আপনি অর্থের মোহে পড়ে আছেন তাহলে সততা এবং বেইমানীর মধ্যেকার পার্থক্য পর্যন্ত জানতে পারবেন না। এটাও হতে পারে যে আপনি স্বার্থ সিদ্ধির জন্য বেআইনী ভাবে অর্থ উপার্জন করতে লাগেন। যদি আপনার অর্থ লোভ নেই তাহলে আর্থিক অবস্হা খারাপ থাকা সত্ত্বেও আপনি অচুচিত উপায়ে অর্থ উপার্জনের প্রস্তাব এড়িয়ে যাবেন। যদি কোন ধনী ব্যক্তিকে উপহার রূপে নগদ অর্থ পায়, তাহলে সেই উপহারে নয় বরং তার মধ্যে লুকিয়ে থাকা ভাবনার দ্বারা মোহিত হবে যখন নাকি যার কাছে অর্থ নেই। এ ধরনের ব্যক্তি দেওয়া উপহার কিংবা নগদ থেকেই ভাবনাকে ওজন করবে।

সুতরাং ভৌতি বস্তুর সাথে মোহগ্রস্ত মানুষ কখনে সততার সাথে বাঁচতে পারে না কেননা এতে তার মনের ক্ষিদা দেখা যায়। অন্য দিকে সাধু আচরণ, সন্তোষ, শান্তির সূচক।

যদি অন্যের কাছে সৎ থাকতে চান তাহলে প্রথমে নিজের প্রতি সৎ হোন। এটা তখনই হতে পারে, যখন আপনি সর্বদা লাভ, ক্ষতির কথা ভাববেন না। যে সব লোকেরা সর্বদা নিজের প্রয়াসের পরিণামের বিষয় চিন্তা করেন সে অসন্তুস্ট থাকে। এইসব অন্বেষনে তাঁর মনে হয় যে প্রয়াসের তুলনায় লাভ কম হচেছ। যদি কারোর মনে হয় যে সে নিজের কাজের তুলনায় বেশী বেতন পাচেছ তাহলেসে চাকরী কিংবা পদেদ থাকার জন্য চেস্টা করে যায়। সম্ভবতঃ এটাই হচেছ কারণ যে সার্বজনিক সেক্টরের কর্মচারী বেসরকারীকরণের বিরোধিতা করছেন কেনান তাদের নিজের ক্ষমতা বিষয়ে জানা আছে। তাঁদের এটাই ভয় যে নতুন কর্মচার তাঁদের জায়গায় না চলে আসে।

নিরপেক্ষ ব্যক্তির মনোভাব

- কাজের উপেক্ষা করেন না।
- লোভে পড়েন না তথা অনাশক্ত থাকেন।
- সে বস্তুগুলিকে ততটাই স্পষ্টভাবে দেখেন, যে ভাবে যোগী জীবনের উদ্দেশ্য কে স্পষ্ট দেখতে পারেন।
- সে বেইমান হওয়ার পরিবর্তে ত্যাগ করার জন্য প্রস্তুত থাকেন।
- সে মিথ্যা কিংবা ধোঁকা দিতে অক্ষম।
- প্রত্যেকের ভরসা জয় করেন।

❑

সন্দর্ভ সূচী

- ভগবদগীতা, লেখক এ.সি. ভক্তি বেদান্তা স্বামী প্রভুপ্রদা (ভক্তি-বেদান্তা বুক ট্রাস্ট 1972)
- দ পাওয়ার অফ ইয়োর ড্রিম্স (পিয়াতকুল 1992)
- অটোবায়োগ্রাফী অফ্ যোগী লেখক পরমহংশ যোগানন্দ (সেল্ফ রিয়লাইফ ফেলেশিপ 1974)
- দ হোলি সাইন্স লেখক শ্রী স্বামী যুক্তেশ্বর গিরি (1990)